河南师范大学学术专著出版基金资助

农民工代际差异及其经济效应研究

刘新争 著

中国社会科学出版社

图书在版编目（CIP）数据

农民工代际差异及其经济效应研究/刘新争著. —北京：中国社会科
学出版社，2019.5
ISBN 978 - 7 - 5203 - 4383 - 1

Ⅰ.①农⋯ Ⅱ.①刘⋯ Ⅲ.①民工—研究—中国 Ⅳ.①D669.2

中国版本图书馆 CIP 数据核字（2019）第 085112 号

出 版 人 赵剑英
责任编辑 李庆红
责任校对 王 龙
责任印制 王 超

出 版 中国社会科学出版社
社 址 北京鼓楼西大街甲 158 号
邮 编 100720
网 址 http：//www.csspw.cn
发 行 部 010 - 84083685
门 市 部 010 - 84029450
经 销 新华书店及其他书店

印 刷 北京明恒达印务有限公司
装 订 廊坊市广阳区广增装订厂
版 次 2019 年 5 月第 1 版
印 次 2019 年 5 月第 1 次印刷

开 本 710×1000 1/16
印 张 14.75
插 页 2
字 数 220 千字
定 价 69.00 元

目　录

4 ▌农民工代际差异及其经济效应研究

第一章　导论

农民工代际分化已经成为劳动力转移进程中不可忽视的重要现实。第一代农民工与第二代农民工在个人基本特征、社会保障、职业特征和工作权益等方面均存在较大差异，这导致其行为选择也不尽相同，尤其是在回流还是留城的问题上，差异较为明显。农民工群体内部结构的变化引发了我国农村劳动力转移和就业的新趋势，这种新趋势不仅有利于地区间劳动力要素资源的重新配置，推动产业结构调整、升级与转移，具有很强的经济效应，同时也为内生性的制度变迁提供了现实需求，具有较强的制度效率。本书在分析农民工代际差异的基础上，着重分析这一差异对我国技术进步路径、区域经济结构、经济增长方式与制度创新等方面的重要影响，为破解我国"新二元结构"、推动经济增长提供对策思路。本章是对全书的整体性介绍，简单描述了本书的研究背景、写作思路和主要内容。

第一节　研究背景

改革开放以来，我国在经济上取得了令人瞩目的成就。经过近40年的快速经济增长，我国已经从一个经济上非常落后的发展中国家，成为一个发展中大国，无论是人均GDP还是国家的GDP总量，都令人鼓舞。人均GDP从1978年的381元增加到2015年的53817元，GDP总量则从1978年的3645.2亿元增加到2016年的744127亿元。从人均收入衡量，我们已经进入中等收入国家之列，从GDP总量看，2013年始，我国已经成为世界上的第二大经济体。经济的发展使全体国民的物质生活、文化生活得到了极大的提高。

伴随着经济的快速发展，我国的社会结构也发生了巨大改变，大量农村剩余劳动力从农村流向城市，我国社会由农民与市民的二元结构转变为农民与市民、农民工与市民并存的"新二元结构"，农民与市民的差异进一步发展为农民与市民的差异以及农民工与市民的差异，经济发展成果未能被全体人民共享。尤其是农民工作为对经济发展有重要贡献的群体，其收入水平与其经济贡献严重不对等，生存状况长期得不到改善。有学者测算了农民工对我国非农经济的贡献，数据显示，自"民工潮"爆发以来的 20 年间（即 1991—2010 年），我国非农经济中有高达 16.40% 的产出是由农民工这一特殊群体贡献的，城镇职工的贡献率占 26.70%，就对非农经济的贡献，城镇职工是农民工的 1.63 倍。但是从收入来看，农民工与城镇职工的收入之比却为 1：3.43，相对于其对非农经济产出的贡献，农民工的收入明显偏低，存在严重的同工不同酬现象。① 这种严重的同工不同酬制约了农民工生存状况的改善，使其长期被排斥在城市正规部门之外，沦为城市的边缘群体。

进一步深入考察不难发现，伴随着劳动力转移进程的逐步推进，我国农民工的内部结构也发生了巨大变化，呈现显著的代际差异。自 20 世纪 90 年代开始我国出现"民工潮"，截至 2016 年，共有 28171 万农民工从第一产业转出，在第二产业和第三产业就业，他们中的大多数背井离乡来到城市生活。作为中国产业工人的重要组成部分，农民工为我国的产业和城市经济发展做出了重大贡献，但却未能共享产业和城市发展的成果，长期被排斥在城市主流群体之外，成为城市中的边缘人群。多年来，在中国学术界对其的研究中，农民工更多地被视为一个同质性群体，事实上，进入 21 世纪以来，农民工已经分化为第一代农民工和第二代农民工两个截然不同的群体，群体内部日益呈现多样性，不同群体之间的差异性也日渐显著。

---

① 王春超、荆琛：《中国城市化进程中农民工对经济产出的贡献与收益分享》，《经济体制改革》2012 年第 3 期。

具体而言，与第一代农民工相比，第二代农民工具有务工年龄年轻化、外出动机多样化、职业期望高移化、身份认同非农化、职业转换高频化、生活方式城市化等典型特征。2010 年全国总工会发布了《关于新生代农民工问题的研究报告》，该报告指出农民工群体中的60%都是第二代农民工，他们业已成为我国农民工的主体，在我国经济社会发展中发挥着主力军作用。而农民工群体之间的差异导致不同农民工群体的行为选择也不尽相同。以"民工荒"为例，自 2004 年开始，原本被认为自西向东无限供给的农村剩余劳动力开始出现短缺，"民工荒"现象应运而生。发展到 2007 年，"民工荒"现象发生了新的变化，除了广东等东部发达地区之外，中西部地区一些传统的劳动力输出省份也开始遭遇"用工荒"。2008 年之后，受金融危机的影响，原本集聚在我国东南部沿海地区的劳动密集型制造业遭受巨大冲击，企业"倒闭潮"频发，农民工也纷纷下岗失业，"失业潮""返乡潮"同时爆发。2010 年，我国经济快速复苏，然而农民工自东向西的回流趋势却没有减弱，导致我国东部地区遭遇了新一轮的"民工荒"，一直持续至今，呈现常态化的趋势。

农民工的代际分化就是导致这一趋势的重要原因。当第一代农民工是农民工主体时，由于其主要追求经济收益，因此提高工资便能有效缓解以第一代农民工为主体带来的"民工荒"，而第二代农民工同时追求经济收益和社会收益，在其社会收益（主要是市民化愿望）无法得到满足时，即使提高工资，第二代农民工也不会选择再转移，由此导致在第二代农民工成为农民工主体的情形下，"民工荒"演变成持续性的常态化的"民工荒"。

本书主要在分析农民工代际差异的基础上，着重分析这一差异对我国技术进步路径、区域经济结构、经济增长方式与体制机制创新等方面的理论效应，并就如何实现上述理论效应提供对策思路。

第二节　研究意义

2011 年以来，我国农村劳动力的转移和就业出现了新趋势，一是"民工荒"现象进一步升级，其区域分布由东部地区蔓延至中西部地区，其时间分布由节日和春节发展成全年，其短缺类型也从技工荒发展为普工荒，就对策而言，早期通过提高农民工工资来解决"民工荒"的对策也不再适用；二是中西部地区农民工本地转移规模快速增加，其增速甚至超过了跨省转移，东部地区对农民工外出打工的吸引力在不断降低。我们感到不解的是，与之前"民工荒"一样，2011年"民工荒"也是在农民工供过于求、就业困难的外部环境下出现的。在外部条件相同的情况下，当劳动力短缺不仅是劳动力价格高低的问题时，农民工群体内部的结构变化可以为我们提供一个新的视角，来剖析我国劳动力转移和就业趋势变化的深层次原因，寻找解决农民工问题的新渠道，同时也为我国的经济结构调整和产业转移提供新的思路。

理论上，托达罗的绝对收入差距假说认为，城乡之间的预期收入差距是导致劳动力跨城乡转移的主要原因。针对现实的转移轨迹与托达罗绝对收入差距假说的不符之处，又有学者主张用伊斯特林的相对贫困假说进行补充解释，认为农民的转移行为同时受到迁出地的相对贫困程度的影响。对于第一代农民工来说，绝对收入和相对收入差距从根本上决定了他们的迁移决策，而对于第二代农民工来说，他们几乎没有任何务农经验，因此也没有更多的生活机会去体验农村内部收入差距拉大带来的相对贫困感，然而，他们的迁移要求却比第一代农民工强得多，尤其是 2011 年出现的新一轮"民工荒"，即使提高工资也找不到工人的情况比比皆是。如此，对早期农村剩余劳动力转移具有较强解释力的研究框架遇到了障碍，其静态的分析方法已经不足以解释以第二代农民工为主体的我国农民工市场出现的新特点，本书拟以内生性制度演进理论为研究框架，为农村劳动力的转移与就业提供一个新的解释途径。

第三节　研究思路和主要内容

一　研究思路

农民工代际差异问题本质上是一个劳动力流动问题，从古典经济学家起，围绕劳动力流动出现了不同的理论解释，这些理论是我们分析的基础和出发点。围绕劳动力流动的变化及原因，出现了众多的研究文献，这些文献给我们的课题研究提供了丰富的参考视角。

已有理论和文献构成了我们研究的基础，以此为出发点，我们详细研究中国农民工的代际差异及其动态变化，从而形成对中国城乡间的劳动力流动和农民工代际差异的基本判断。而农民工的代际差异最终表现为不同农民工群体的不同行为选择，这些行为选择直接影响我国的劳动力流动。首先，"民工荒"视角下，第一代农民工自东向西大量回流，由此改变了农民工资源在不同区域之间的分布；其次，持续的"民工荒"带动了我国农民工工资的普遍上涨；再次，第二代农民工留城意愿的加强势必会推动我国的城镇化进程；最后，农民工就业结构的差异带动了不同行业要素投入结构的变动，进而引致了不同行业的技术进步。而上述结果又会对我国经济产生怎样的影响呢？这促使我们进一步研究农民工代际差异对我国技术进步路径、区域经济结构、经济增长方式与体制机制创新等方面的影响，并在此基础上，提出处理农民工问题的具体措施。

二　主要研究内容

本书共八章。

第一章"导论"。本章简要概述了本书的研究背景、研究意义、研究思路和主要内容，重点梳理了本书研究的理论基础，总结了已有关于农民工代际差异及其影响的研究。

第二章"我国农民工的生存状况"。本章主要从农民工规模及其流向、农民工个人特征、工作权益和社会保障等方面总结了我国农民工群体的生存现状。

第三章"农民工生存状况的代际差异"。本章结合 2008 年和 2015 年所作的关于农民工生存状况的问卷调查，从个人特征、职业特征、工作权益、社会保障等方面详细论述了我国农民工群体内部第一代农民工和第二代农民工的代际差异以及这种差异的动态变化。

第四章"农民工回流意愿的代际差异"。本章分析了农民工群体、第一代农民工群体和第二代农民工群体的回流意愿，揭示了第一代农民工和第二代农民工回流意愿的异质性以及造成这种异质性的主要因素，并在此基础上总结了回流农民工和留城农民工的差异化特征，为构建针对农民工代际差异的分流机制提供了依据。

第五章"农民工代际差异对我国劳动力市场的影响"。本章主要论述了农民工代际差异对我国的"民工荒"、就业结构和劳动力成本等方面的影响。

第六章"我国劳动力市场结构变动的经济效应"。本章在第五章的基础上，论述了农民工代际分化所带来的劳动力市场的变动对区域间比较优势、产业转移、技术进步和经济增长方式转型等方面的影响，从理论上揭示了农民工代际差异对我国经济增长的作用机制。

第七章"我国劳动力市场结构变动的制度效应"。本章在农民工代际分化的视角下，着重分析劳动力市场的结构性变动对我国偏向性制度安排的倒逼推动作用，阐释了我国诱致性制度变迁的发生机制。

第八章"发挥农民工代际差异经济效应的政策导向"。本章从构建农民工代际分流机制、正确应对劳动力成本上升、加快制度创新等方面提出了发挥农民工代际差异经济效应的对策。

第四节　理论基础

本节主要介绍了劳动力流动理论、异质性劳动力理论和劳动供给理论。以刘—费—拉模型、乔根森模型和托达罗模型等二元经济模型为基础的传统的劳动力流动理论揭示了农村劳动力向城市转移的动机、原因和机理，为我们研究劳动力流动提供了坚实基础。以斯塔克的新劳动力迁移经济学为主的新劳动力流动理论则弥补了传统劳动力流动理论的缺陷，进一步把家庭因素纳入劳动力流动框架。近年来，基于新经济地理学的劳动力流动理论日益盛行，该理论与传统的劳动力流动理论和经验研究着重从个人及家庭角度研究劳动力流动动因不同，它进一步为解释劳动力流向选择提供了很好的理论基础。社会分层理论、基于行为主义的劳动力理论和人力资本理论则从不同的角度分析了劳动力的异质性，为我们研究农民工群体的内部分化提供了多重视角。而劳动供给理论则有利于我们在分析农民工群体异质性的基础上，揭示第一代和第二代农民工不同的行为特征对劳动市场中劳动供给的影响。

一　劳动力流动理论

有关劳动力流动的研究已有相当长的历史，最早可追溯到 19 世纪 80 年代，英国的统计学家 Ravenstein 于 1885 年提出了"迁移法则"。至今，相关理论在不同层面有了多方位的扩展。

多个学科、多个领域都在对人口的迁移问题展开研究，但不同学科的关注点不一样，如社会学和人口学研究的是不同特征、不同背景的人口的迁移动机，而地理学则依靠建模了解与认识迁移方向、迁入迁出地的人口流动等空间概念。

经济学的研究则更关心人口迁移的经济效益。经济学意义上，迁移宏观上被定义为劳动力在不同产业和地域间的流动，微观上被视作迁移者或迁移家庭对机会成本的一种选择。从理论上讲，迁移能够提高迁移者个人的经济效益和社会的整体效益。经济学对劳动力转移的研究主要集中在以下几个方面：①迁出地与迁入地在经济领域的调整及相互作用；②迁移作为劳动力资源的再配置对经济发展的影响；③迁移给迁移者本身及其家庭带来的成本和收益；④与迁移伴随而来的新的社会经济活动或经济现象。

本节将以理论发展为线索，对劳动力流动理论进行梳理。

（一）传统的劳动力流动理论

1. 刘易斯模型

1954 年，刘易斯发表了题为《劳动力无限供给下的经济发展》的论文，文中提出了后来享誉世界的二元经济结构模型。该模型的内核为一个二元经济结构，包含着存在过剩劳动力的生产率近于零的传统农业部门，和有旺盛劳动力需要的生产率较高的现代城市工业部门。该模型认为，农业部门和工业部门之间生产率的差异引发了由农村向城市的人口迁移现象。农村劳动力的流入为现代工业部门的生产扩张提供了大量廉价劳动力，推动了城市经济发展。

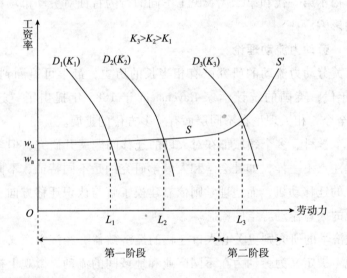

图 1-1 刘易斯模型的基本思想

在图 1-1 中，D_1、D_2 和 D_3 表示不同时间点的劳动力需求，K_1、K_2 和 K_3 与 D_1、D_2 和 D_3 相对，指代这三个时期资本积累水平；S、S' 为劳动力供给量；w_a 为农业劳动力的工资水平；w_u 为城市工业部门劳动力的工资下限。发展中国家具有人口基数大、新增人口多的特点，刘易斯模型认为，在这些国家里，传统农业部门缺乏技术和资本的投入，加上有限的土地资源，农村劳动力存在严重的相对过剩，根据边际递减规律，农业劳动力边际生产率水平很低，因而他们的收入同样处于一个很低的水平，即 w_a。w_a 低于城市工业部门的工资下限 w_u，因此城市工业部门总能从农业部门中雇用到其所需要的任何数量的劳动力人口，用于生产扩张。

根据劳动力供给程度的变化，经济发展分为两个阶段：第一阶段为劳动力供给充足阶段，劳动力资源丰富，其他生产要素特别是资本欠缺，推动经济增长的主要动力来自资本积累，随着资本投资的不断增长，劳动力稀缺程度下降，劳动力开始不断由农村向城市转移。当城市完全吸纳了农村过剩的劳动力，随着城市经济的进一步扩张，此时农村的劳动力表现出稀缺的一面，在供求理论的作用下，为进一步争取农村的劳动力，需适当提高城市部门的工资水平，劳动力越稀缺，工资增加越多。

二元经济模型着眼点为传统农业部门和现代工业部门间的结构性差异，在总结发达国家发展经验的基础上，将经济发展与劳动力资源的流动相结合，得出劳动力由农村向城镇转移是经济发展的必然趋势，其理论整体上也符合多数发展中国家的发展情况，对指导经济学的发展具有重要的作用和参考价值。

2. 拉尼斯—费景汉模型

刘易斯模型具有很大的影响，但其理论也存在诸多缺陷，招致一些学者的批评，主要集中在：①劳动力无限供给的假设有悖于实际；②仅关注现代工业部门的发展，忽略了农业经济的进步、农业劳动力生产率的提升及农业经济发展对劳动力需求的增加；③刘易斯模型的实现需要一个前提条件，即生产中劳动量和资本量的比率保持恒稳，该假设显然与现实不符；④刘易斯模型认为城市不存在失业，这与发展中国家经济发展的实际不符，事实上，绝大多数发展中国家的城市存在不同程度的失业问题。

针对刘易斯模型的诸多缺陷，部分学者尝试对其进行补充和修正，如拉尼斯和费景汉（Ranis & Fei, 1961）。[①] 这两位学者坚持并发

① G. Ranis, J. C. H. Fei, "A Theory of Economic Development", *American Economic Review*, Vol. 51, No. 4, Sep1961, pp. 533–565.

展了无限劳动力供给假设，完善了农业发展与工业发展的契合问题。他们对模型的发展主要体现在：①提出农业发展不仅为工业发展提供廉价劳动力，还产生农业剩余来实现工业扩张；②强调技术进步对经济发展的作用，及其带来的生产要素需求的变动，因而发展中国家应在充分认识本国劳动力资源后再行引进新技术；③认为人口增长过快会阻碍劳动力资源的转移，且有可能成为经济发展的羁绊，故而认为发展中国家可适当控制人口增长；④只有当劳动力转移速度超过人口增长速度时，刘易斯模型中的第二阶段才会到来。

当然，拉尼斯和费景汉对刘易斯模型的发展同样是不完善的：①该模型依然沿用刘易斯模型中关于城市工业部门不存在失业情况、与发展中国家实际情况不符的假设；②仍然认为无论农业生产率如何变动，农业劳动力工资始终是一个不变的常数，这也不符合实际，事实上，农业经济的发展会带来农民收入水平的提升；③农业劳动力的工资是固定不变的，而工业部门的工资水平只能由农业部门的收入水平决定，因此城市工资水平也是固定的，但事实上，随着经济的发展，城市工资的上升是显而易见的。

3. 乔根森模型

乔根森于 1967 年也建立了一个二元经济模型[①]，将经济部门划分为：以农业为代表的传统部门和以城市工业为代表的现代部门（Jorgenson，1967）。区别于刘易斯模型和拉尼斯—费景汉模型，该模型放弃了劳动无限供给、农业劳动力工资和工业劳动力工资不变的假设。乔根森模型认为，农业工资和工业工资由资本积累率和技术进步率决定，所以工资水平是变动的，在技术进步的不断推动下，两个部门的工资是逐渐上升的。

乔根森认为，人口的增长依赖于粮食的供给，粮食供给增长率上升，人口增长率上升，当粮食供给充足的情况下，人口增长就会达到极大值，此时就出现了农业劳动力剩余。随着工业的发展，过剩的农

---

① Dale W. Jorgenson, "Surplus Agricultural Labour and the Development of A Dual Economy", *Oxford Economic Papers*, Vol. 19, Issue 3, November 1967, pp. 288 – 312.

业劳动力开始向工业部门转移。进一步地，乔根森模型内化了人口增长，假定人口增长受经济因素的影响，人口增长在经济增长所允许的范围内，则不会出现劳动力剩余，但人口增长具有生理意义上的上限，一旦人口增长达到这个上限，经济的发展将会带来农业剩余的出现并且逐渐增加。

与其他模型相比较，乔根森模型放弃了一些不合实际的假设，更贴近现实。但由于其存在忽视城市失业、建立农业收入需求弹性假设模型等问题，依然没有得到一致认可。

4. 托达罗模型

20世纪60年代以来，一些发展中国家出现大规模的劳动力人口迁移，给城市带来巨大负担，出现严重的失业问题，不受管制的迁移给经济的发展带来诸多的问题，旧的迁移理论已不能用于解决这一问题，于是学术界出现了新的迁移理论，这便是著名的托达罗模型。

托达罗模型是在一系列假设的前提下设立的，这些假设主要围绕着城乡劳动力市场的结构：①假设农村的劳动力市场是完全竞争的市场；②在城市，由于工会和政府关于工资立法的保护，使得城市劳动力工资高于市场出清水平，即城市劳动力工资水平高于由供求均衡决定的工资水平；③假设大部分迁移者首先选择进入城市的非正规部门，其次试着在正规部门找到工作；④当城市正规部门的劳动力数量超过岗位需求时，进入城市的迁移者将被随机分配至城市的非正规部门。托达罗认为，劳动力的迁移是由其对迁移前后的预期收入差距所作的选择，其目的主要是实现更高的个人收益。

与刘易斯等人的模型不同，托达罗认为农村存在剩余劳动力，同时城市也存在普遍的失业问题，他的模型的侧重点在于如何约束城乡人口迁移的步伐，以缓解城市存在的就业问题，其理论的政策含义如下。

第一，农村工资的边际下降和城市工资的边际增长会刺激人口由乡到城的迁移，迁移使得城市的就业问题不容乐观，为缓解城市的失业问题，最低工资法和工会管制等相应的制度可取消，但鉴于工资的刚性特征，上述措施无法实施，有效的方法是通过提高农村的生产生活条件，从源头减少人口的流出。

第二，城市的就业岗位越多，人口迁移率就越高，农村人口向城市流动的倾向就越强。托达罗认为，每增加一个就业岗位，就会吸引2—3名的农村迁移者，结果造成城市创造越多的岗位，失业率反而越高的矛盾现象，从而论证了盲目的扩张并不能降低城市失业率。

第三，迁移成本与迁移率呈负相关关系，迁移成本越高，农村的迁移动机就越小，因此，为了降低迁移率，可制定相应的制度条款，来增加迁移成本。

第四，发展农村经济，改善农村生活环境是降低人口转移倾向的最长久有效的方法。因此，托达罗建议政府应该加大对农村地区资本的投入，重视农村经济的发展，鼓励农业技术的研发和输入，改善农民的生活面貌，以压制农村人口向城市迁移的动机。

托达罗模型直观而清晰地解释了人口迁移和城市失业问题，同大部分发展中国家的发展实际相契合，应用十分广泛。学者们以该理论为基础，对发展中国家进行了实证研究（Levy & Wadycki，1974；Lucas，1985；Taylor，1987；Agesa，1999）。[1] 部分学者放宽了托达罗模型一些假设，对该模型进行了补充和扩展（Zenou & Smith，1995）[2]，有些学者（Bardhan & Udry，1999）没有采用城市工资是由外部因素决定的外生变量这一假设，但得出了与托达罗模型相同的结论，城市正规部门工资高于农业部门工资，而城市非正规部门的存在

---

[1] M. B. Levy, W. J. Wadycki, "What is the Opportunity Cost of Moving? Reconsideration of the Effects of Distance on Migration", *Economic Development and Cultural Change*, 22 (2), 1974, pp. 198 –214; R. E. B. Lucas, "Migration from Botswana", *Economic Journal*, 95, 1988, pp. 358 –382; J. E. Taylor, "Undocumented Mexico – U. S. Migration and the Returns to Households in Rural Mexico", *American Journal of Agricultural Economics*, 69 (3), 1987, pp. 626 – 638; J. Agesa, R. U. Agesa, "Gender Differences in the Incidence of Rural to Urban Migration: Evidence from Kenya", *The Journal of Development Studies*, 35 (6), 1999, pp. 36 –58.

[2] Zenou, Yves, T. E. Smith, "Efficiency Wages, Involuntary Unemployment and Urban Spatial Structure", *Regional Science and Urban Economics*, Vol. 25, Issue 4, August 1995, pp. 547 –563.

缓解了这一差距。[①] 托达罗模型是建立在城市失业基础上的，而有些学者并不认可这一观点，他们认为城市的失业率被一定程度的夸大了，因为非政府部门吸纳了相当一部分的农村迁移人口。另外，有学者认为，托达罗模型忽视了人口迁移中人力资源禀赋的问题，迁移者的迁移能力和收入很大程度是由其资源禀赋决定的，因而可通过提高迁移者的受教育水平，来改善人口迁移的质量。

托达罗不采用劳动力无限供给的假设，认为农村边际生产率为零的劳动力并不存在，而一些发展中国家的农村地区确实存在这样的劳动力。如对于典型的发展中国家中国来讲，农村人口的过快增长和农地资源的缩减，使得农村存在大量的剩余劳动力。此外，根据托达罗的理论，农村收入的增加将抑制劳动力向城市转移，但实际上，短期内这一作用并不明显。一些农村在实施发展计划的初期反而出现了更高的迁移率，且这种现象十分普遍，因为农业收入的小幅度提高使得他们具有支付迁移成本的能力。此外，托达罗模型没有考虑迁移者对风险的态度问题，在充分考虑迁移者的风险承受能力的基础上，有学者认为，平衡点的迁移率比风险中性条件下的平衡点的迁移率要低（Ghatak 等，1996）。[②] 综上，托达罗模型在解释发展中国家劳动力流动问题时也存在一定的局限性。

（二）新劳动力流动理论

以上所述劳动力流动理论并不完善。斯塔克（Stark）于20世纪80年代提出了"新劳动力迁移经济学"，从农业生产方面对传统理论进行补充。发展中国家普遍存在一种特殊现象：乡城迁移者难以在城市获得正规企事业单位的职务，因此他们无法顺利得到高收入和高福利，更多人收入较低或干脆失业，如此一来，他们在城市的收入水平可能尚不及农村。但即便如此，仍然不断有更多的迁移人口前往城市。对于这种现象，托达罗认为是迁移者在城市里获得了比在农村更

---

① Bardhan, Pranab, Christopher Udry, *Development Microeconomics*, Oxford University Press, 1999.

② Subrata Ghatak, Paul Levine and Stephen Wheatley Price, "Migration Theories and Evidences: An Assessment", *Journal of Economic Surveys*, 10 (2), 1996, pp. 159 - 198.

高的预期收入，足以弥补其实际收入的暂时减少，而新劳动力迁移经济学则认为其原因是多方面的。在这些因素中，研究较多的有以下内容。

1. 迁移和风险多样化

在发展中国家，城市收入相比农村收入更为稳定，风险更小。新劳动力迁移经济学认为在个人迁移行为中，除了实实在在地增加家庭收入外，同时还实现了降低因市场不完备而造成的风险。而这些迁移决策经常受紧密联系的家庭群体的影响。在此基础上，迁移便达到了分摊家庭风险的作用。

斯塔克的观点基于一些发展中国家的农村产业，针对风险问题进行的分析。发展中国家的农民会在生产中遇到很多问题，其中一个关键点就是生活来源几乎全部基于农业，而农产品向来是"靠天吃饭"，这样一来，农民的生产就受到自然环境、天气变化、农产品价格波动等多方面因素的制约。在这种条件下，生产农产品风险巨大，它会直接或间接地使农业生产成本升高，收益下降，且难以做到风险的预期与防范。此外，一些小农户愿意尝试那些有风险却可以提高生产能力的新技术，为使新技术及更高的预期收入得以保全，人们会选择信贷市场或购买保险的方式规避风险，然而发展中国家的金融市场发展不完善，特别是农村地区，大多数农民几乎很难获得这两种金融服务，在此情况下，经营风险和风险厌恶间的矛盾唯有通过家庭资源重组得以解决。

当信贷和保险市场不完善时，在不同的区域和不同领域的劳动力市场进行分散劳作，对于农民来讲也是一种规避风险的行为。特别是，家庭和家庭成员之间资金的流转所能起到的作用相当于"信贷中介"。迁移劳动力和留守劳动力相互对冲，共享利益和分担风险。如果收成不好，迁移人员的汇款可以帮助留守人员渡过难关；同样，如果迁移人员暂时失业，留守人员的收入则可以支持迁移人员继续找到下一份工作。家庭不同的经济结构间互相扶助，降低风险。

有数据表明，当农村产业因干旱歉收造成损失时，来自城市的汇款额度明显提高。因此，发展中国家迁移行为的产生并非仅缘于城乡收入差距，更多的是克服农村信贷、保险市场不完善的手段。在此基础上，斯塔克认为，加强农村信贷及保险市场，比起减少城乡收入差距，更有利于抑制农村劳动人口向城镇迁移的倾向。

2. 迁移和收入分布

迁移和收入分布与劳动力迁移具有高度相关关系，这也是迁移学研究的重要领域，其内容主要涵盖两个方面：第一是迁出地收入分布情况对迁移意愿的影响；第二是迁移行为对迁出地收入分布的反作用。

在解释上述第一个问题时，伊斯特林（Easterlin）较早地借用"相对贫困假说"来解释人的经济行为。在他看来，相对收入决定人们的行为，而所谓的相对收入，是指一个人根据一个内在化的期望生活标准对收入做出的评价，或者说是一种社会决定的生存水平（Macunovihc，1997）。[1] 根据这种假说来解释城乡之间的迁移现象，农村劳动力是否迁移，不仅决定于他们与城市劳动力之间的预期收入之差，而且还决定于他们在家乡感受到的相对贫困，以及迁移之后按照接收地的期望生活标准感受到的相对贫困（Stark and Taylor，1991）。[2]

斯塔克等人（Stark and Taylor，1991）用相对贫困这个概念来解释迁移问题，以弥补托达罗"预期收入假说"解释力的不足。他们假设人们迁移不仅受城乡收入差距的拉动，还受到农村户与户之间收入相对差距的影响。针对这一问题，斯塔克提出了两个假设前提：其一，在当前收入既定的条件下，相对贫困度与区域内收入分布情况呈函数关系；其二，迁移劳动者的迁移行为能够提高其所在区域收入分布的地位。在第一点假设中，劳动者将自己的收入水平同区域内其他成员作出比较，得到"相对贫困"或"相对富足"的感受。在第二点假设中，劳动者的迁移行为会降低第一点中所产生的"相对贫困"感受。按照这一研究思路，影响农户迁移的经济因素不只是城市更高

① Diane J. Macunovich, "A Conversation with Richard Easterlin", *Journal of Population Economics*, No. 10, 1997, pp. 119 - 136.

② Oded Stark and J. Edward Taylor, "Migration Incentives, Migration Types: The Role of Relative Deprivation", *The Economic Journal*, Vol. 101, No. 408, 1991, pp. 1163 - 1178.

的收入水平，只要农户在村里感受到经济地位相对下降，他们便愿意迁移出去。

关于第二个问题，通过各个时期的多项研究，迁移劳动力对迁出地收入分布具有反作用已经成为共识。然而影响的方式、影响的结果却各有不同，无法得出公论。理论上，劳动力流动可以实现劳动力及依附于劳动力身上其他要素的合理配置，进而提高收入水平与缩小收入差距，起到减贫的效应（Nguyen et al.，2011）。[①] Sabates 等（2008）研究发现，农村劳动力转移不仅对收入贫困具有缓冲作用，而且对多维贫困具有显著效应。[②] Bertoli 等（2014）基于厄瓜多尔的调查发现，劳动力迁移在某种程度上减轻了农户贫困，使得农户贫困度下降了 20% 左右。[③] 我国部分学者的研究也支持上述观点，如柳建平等（2009）[④]、樊士德等（2016）[⑤] 的研究结果表明，劳动力流动既改善了农村家庭绝对收入状况，又降低了陷入贫困的相对概率，劳动力流动所起到的减贫效应较为突出。但是杨靳（2006）[⑥]、李翠锦（2014）[⑦] 等学者的研究则表明劳动力流动所起到的减贫效应具有不确定性，如果劳动力的流动建立在破坏农村社会秩序与文明的基础上，那么劳动力流动将给农村带来较高的社会成本，不利于农村居民反贫与脱贫，在某种情况下甚至会加剧农村贫困。

---

① Nguyen, Cuong Viet, Van den Berg, Marrit, Lensink, Robert, "The Impact of Work and Non – work Migration on Household Welfare, Poverty and Inequality", *Economics of Transition*, 19 (4), 2011, pp. 771 –799.

② Rachel Sabates – Wheeler, Ricardo Sabates, Adriana Castaldo, "Tackling Poverty – migration linkages: Evidence from Ghana and Egypt", *Social Indicators Research*, 87 (2), 2008, pp. 307 –328.

③ Bertoli, Simone, Marchetta, Francesca, "Migration, Remittances and Poverty in Ecuador", *Journal Development Studies*, 50 (8), 2014, pp. 1067 –1089.

④ 柳建平、张永丽：《劳动力流动对贫困地区农村经济的影响：基于甘肃 10 个贫困村调查资料的分析》，《中国农村观察》2009 年第 3 期。

⑤ 樊士德、江克忠：《中国农村家庭劳动力流动的减贫效应研究：基于 CFPS 数据的微观证据》，《中国人口科学》2016 年第 5 期。

⑥ 杨靳：《人口迁移如何影响农村贫困》，《中国人口科学》2006 年第 4 期。

⑦ 李翠锦：《贫困地区劳动力迁移、农户收入与贫困的缓解：基于新疆农户面板数据的实证分析》，《西北人口》2014 年第 1 期。

（三）基于新经济地理学的劳动力流动理论

新经济地理学派对劳动力流动的研究，突破了传统单纯地从个人或家庭的角度研究人口流动的动因，而是将劳动力的流动内化为城市集聚的形成问题来研究，这为人口迁移提供了新的研究视角。克鲁格曼（Krugman，1991）就是从城市集群的视角建立了"中心—外围"理论，通过探讨经济发展和区域差距的增加，来解释劳动力流动的原因及选择的动机。该理论是建立在一个 2×2×2 的分析架构下的，即两个地区、两个部门、两种要素，两个地区指的是南部地区和北部地区；两个部门指的是农业部门和制成品部门，农业部门是完全竞争的部门，其规模收益不变、无交易成本，制成品部门是垄断竞争的部门，其规模收益递增、有运输等交易成本；两种要素指的是农民和工人，农民在地区之间不可转移，工人在地区之间可自由流转。在"中心—外围"理论中，厂商根据不同地区的获利能力来决定生产厂址，中心区域带来"生活成本效应""本地市场效应"以及"产品和要素市场的拥挤效应"，其中前两个效应会形成劳动力流转的"向心力"，第三个效应将产生"离心力"，劳动力的流转来自于"向心力"和"离心力"的共同作用。①

第一，市场潜能较大的中心区域容易引起厂商集聚，商品的供应会比较充足和丰富，消费者可在该区域以较低的成本购买多样性的商品，劳动者倾向于在厂商集聚的地方工作和生活，在这个过程中，厂商数量和规模的不断增加，会导致更多的劳动力不断地进入这一集聚区域，人口的迁移又会给这个市场带来更多的消费需求，进而又促进更多厂商的进入，产生"本地市场效应"。

第二，市场潜能较大的中心区域生产的商品众多，有相对完整的供应链，减少了商品的物流成本和贸易成本，激烈的市场竞争使得商品的价格相对较低，这会使消费者产生货币收入幻觉，形成"生活成本效应"，能够吸引更多的劳动力迁入该区域，外来人口的增加，又

① 参见余运江《城市集聚、外部性与劳动力流动研究》，博士学位论文，华东师范大学，2015 年。

会使该地区焕发更大的发展潜能，吸引更多的厂商集聚。

第三，市场潜能较大的中心区域"离心力"的产生主要是基于"产品和要素市场的拥挤效应"。随着厂商不断向中心区域集聚，厂商的数目不断增加，厂商之间的竞争也会更加激烈，这种激烈的竞争会使厂商的利润受损，形成"产品的拥挤效应"。劳动力不断向中心区域集聚，会使得劳动力市场的竞争也相对激烈，要素供给增加会减少劳动者的工资收入，影响劳动者的工作环境，也就是"要素的拥挤效应"。"产品和要素市场的拥挤效应"将会导致厂商选择新的区位，劳动者向外围地区转移。

（四）其他劳动力流动理论

1. 劳动力流动的社会网络理论

社会网络理论强调的是社会关系网对农村劳动力流动的影响，因地缘、族缘、亲缘结成的人际关系网络可降低劳动力转移的成本和风险，影响着劳动力的流动决策。一方面，通过人际关系可节约在城市寻找工作的时间和费用，降低了劳动力流动的成本；另一方面，通过社会网络可为转移者提供更多的就业信息和就业机会，减少转移风险，提高劳动力流动的收益。

卡林顿等（Carrington et al. , 1996）建立了动态的成本内生化的劳动力迁移模型，对劳动力流动的社会网络理论做了补充和修正，得出社会网络的存在对劳动力流动的成本和速度产生重要的影响。[①] 在我国的农村地区，劳动力的对外转移受社会网络的影响十分明显。很多农村外出务工人员往往都是通过"熟人"介绍的途径，他们直接从老乡那里获得就业岗位的信息，从而做出是否进城务工的决定。由此可见，社会网络理论对我国农村劳动力的城市转移具有很好的解释作用。

2. 推拉理论

英国的雷文斯坦（E. Ravenstein, 1885）较早开始了针对人口迁

---

① Carrington, J. William, Detragiache, Enrica, Vishwanath, Tara, "Migration with Endogenous Moving Costs", *American Economic Review*, 86 (4), 1996, pp. 909 – 930.

移的研究，赫伯尔（Heberle，1938）在雷文斯坦理论的基础上对人口迁移的影响因素进行了系统的分析，并将其划分为原住地的推力和迁入地的拉力，第一次提出了推拉理论，并对其进行了更深入的研究。① 巴格内（Bagne，1969）在研究推拉理论时指出，人口迁移的动力在于改善现有的生活条件，其中人口流出地的现有生活条件是人口流出的推力，而人口流入地的预期生活水平是人口流入的拉力，在推力和拉力的共同作用下，劳动力实现了转移。② 美国学者李（E. S. Lee）的《移民人口学之理论》一文进一步对推力和拉力进行了扩展，他认为流入地和流出地既具有拉力又具有推力，且将流动中存在的中间障碍因素（距离、文化差异、环境差异、饮食差异、物质差异等）视为影响人口流动的重要因素。③ 到目前为止，推拉理论已在人口流动问题上被广泛应用，影响人口流动的推力和拉力也被进一步数量化。

农村劳动力的转移行为是在国家政策、区域特性、技术条件、自身特性等多重因素产生的推力和拉力的共同作用下产生的结果。劳动力从农村转向城市，一方面，农村地区对其具有推力，包括农地减少和生产效率的提升带来过剩的农村劳动力、农村人口的增长速度、农民收入增加缓慢、城乡收入差距扩大等；另一方面，城市地区对其具有拉力，包括城市丰富的生活方式、较高的工资收入、较好的教育资源、较好的公共基础设施、较多的发展机遇等。与此同时，农村地区对劳动力的流动也具有拉力，包括较高的空气质量、较低的生活成本、家庭的社会关系等，而城市地区对劳动力的流动也具有推力，包括严重污染的空气、紧张的工作环境、攀比和歧视心理等。这几种推力和拉力的力量对比决定了劳动力的流动，如在"民工潮"时期，对应的就是农村地区的推力和城市地区的拉力强，而农村地区的拉力和

---

① Rudolph Heberle, "The Causes of Rural – Urban Migration a Survey of German Theories", *American Journal of Sociology*, Vol. 43, No. 6, 1938, pp. 932 – 950.

② D. J. Bagne, *Principles of Demography*, New York, Johnson Wiley and Sons, 1969.

③ Everett S. Lee, "A Theory of Migration", *Demography*, Vol. 3, Issue 1, March 1966, pp. 47 – 57.

城市地区的推力弱，使得农村的剩余劳动力大量地涌入城市；而在"民工荒"时期则正好相反，导致农民工向农村的大量回流。

二 异质性劳动力理论

（一）社会分层理论

地质学中存在地质分层一说，从社会学的角度看，人类作为一个整体，其社会成员之间也存在若干分层，处于不同层级上的社会成员，其政治、经济、文化、精神等各个方面的差异也比较显著，有的政治权力较高、经济较为富裕、文化生活较为丰富，有些则缺乏政治权力、缺少财富来源，文化生活也相对贫乏。

在功能主义看来，不平等是导致人类社会成员分层的源头，不平等程度越高，不同层级社会成员的差异就越显著。功能主义认为，不同层级社会成员之间的差异主要体现为以下几点：①职位不同；②技能水平不同；③具有特殊才能。基于以上三点，职位越重要，基于职位获得的职位报酬也越高，具有特殊才能和技术水平较高的人经济报酬也较高，这些人同时拥有较高的权力、社会地位与声望。当然，上述这些人同时也担负着更高的工作成本。

功能主义学说认为，基于上述不平等的社会分层不可避免，但是这种不平等带来的社会分层并不一定都是坏的，这一观点与冲突论所主张的社会分层的负向调节作用正好相反。认为社会分层是坏的冲突论学者认为，不平等带来的社会分层会进一步加剧不平等，导致整个社会的不平等程度逐渐加深，更关键的是，更高的社会地位和声望并不一定来自更重要的职位，趋和利益集团需要但并不重要的人也可能因为符合某些利益集团的利益诉求而获得更高的社会地位和声望。此种情形下，社会分层就不是不平等的产物，而是由利益集团强加的结果，这种社会分层不是社会成员基于职位、技术、才能的分层需求，因此是负面的。

进化论学者在综合功能论和冲突论的基础上提出了自己关于社会分层的主张，他们在承认功能论学者关于导致社会分层原因的基础上，进一步指出，竞争和冲突最终也会导致社会分层。

理论上占主导地位的社会分层理论主要是马克斯·韦伯的社会分

层理论。在该理论框架内，韦伯利用经济、社会和政治等三个标准划分群体内部的社会层次。经济标准主要衡量群体成员的经济财富，其衡量指标主要是成员的收入水平；社会标准主要衡量群体成员的社会地位，包括群体成员在其所处社会环境中所获得的社会名誉和声望，其衡量指标主要包括受教育程度、生活方式等；政治标准主要衡量群体成员的政治权力，在韦伯看来，这种权力是一种支配他人意志的能力。正如韦伯所述，"权力意味着在一种社会关系里哪怕是遇到反对也能贯彻自己意志的任何机会，不管这种机会是建立在什么基础之上"①。在韦伯看来，经济标准、政治标准和社会标准的相互联系共同决定了社会分层。

总之，社会分层理论的实质在于：处于不同社会层级的群体，包括经济的、政治的、社会的等在内的个体特征也不尽相同。自 20 世纪 90 年代以来，我国农村劳动力的流动已经持续了近 30 年时间，在这长达 30 年的时间里，农民工群体已经发展成为第一代农民工和第二代农民工共存的分化群体，任何一代农民工的行为特征不同，其转移与就业行为选择也不尽相同。

（二）行为主义的劳动力理论

新古典经济学在研究劳动力流动时，通常把劳动力要素看作与资本要素一样的生产要素，把劳动力要素的流动看作一种简单的经济现象和经济行为。然而，劳动力流动理论的深入发展告诉我们，单用经济原因是无法解释劳动力要素为何要选择跨区域、跨部门流动的。正如社会分层理论开始关注劳动者个体因素对劳动力流动的影响，行为主义的研究方法也把影响劳动力流动的因素着重放在个体特征上，侧重于研究性别、年龄、受教育程度等个体因素对劳动力流动决策的影响，进而从劳动者的微观视角来研究宏观的劳动力流动。

用行为主义方法研究劳动力流动的典型代表是博加斯的自我选择模型（Borjas，1988）。在博加斯的自我选择模型中，他主要分析了劳动力个体特征与劳动力收入之间的相关关系，他的研究表明：劳动者

---

① ［德］马克斯·韦伯：《经济与社会》（上卷），商务印书馆 1997 年版，第 81 页。

的流动是一种自我选择机制，这种机制会使劳动者的个人禀赋在相对
应的劳动力市场内得到充分发挥。个人禀赋较高的劳动者最终会流入
一种劳动力市场，在这一市场内部，不同劳动者之间因为禀赋差异导
致其收入差异也较大，个人禀赋越高的劳动者越能获得高收入，而个
人禀赋不高的劳动者最终会流入另外一种劳动力市场，在这一市场内
部，不同劳动者之间的收入水平差距较小，个人禀赋较低的劳动者不
会因为个人禀赋不高而获得与其他劳动者差异较大的收入。[1]

　　洛伯兹（Lopez，1998）进一步利用行为主义的研究方法，主要
关注劳动者年龄对劳动者择业的影响。在洛伯兹看来，劳动者的生命
周期包括多个阶段，劳动者主要在正规部门和非正规部门之间进行择
业。生命周期的不同阶段，劳动者的择业选择会发生一定的变化。年
轻时期，劳动者可能更加倾向于到非正规部门就业，伴随着其工作经
验的累积和技能水平的提高，该劳动者会在 30 岁左右选择到正规部
门就业。等到劳动者 40 岁时，他会重新返回到非正规部门就业。不
过，同样是在非正规部门就业，年轻时期的劳动者主要以雇工的身份
就业，40 岁时的劳动者在非正规部门通常是以创业者的身份存在
的。[2] 洛伯兹把年龄作为影响劳动力择业的重要因素，这对本书的研
究有较大的借鉴作用。

　　（三）人力资本理论

　　20 世纪 60 年代舒尔茨和贝克尔创立了人力资本理论，在该理论
看来，"经济增长的源泉不是主要取决于各地区自然资源禀赋的差别，
而主要取决于知识的进步以及人们在经济努力中有用能力的巨大增
进"[3]。在人力资本理论随后的发展过程中，有诸多学者利用该理论来
研究劳动力流动。

────────────────

　　① Borjas, J. George, "Self - Selection and the Earnings of Immigrants", *American Economic Review*, 77 (4), 1988, pp. 531 - 553.

　　② R. Lopez, M. Schiff, "Migration and the Skill Composition of the Labour Force: the Impact of Trade Liberalization in LDCs", *The Canadian Journal of Economics*, Vol. 31, No. 2, 1998, pp. 318 - 336.

　　③ Theodore, W. Schultz, "Investment in Human Capital", *American Economic Review*, Vol. 51, No. 1, Mar. 1961, pp. 1 - 17.

在人力资本理论的框架里，人力资本投资水平对劳动力跨城乡的迁移有着显著的影响，具体包括以下四点。第一，在新古典的劳动力流动理论中，农民工进城务工主要是为了获得更高的预期收入，而在人力资本理论看来，进行人力资本投资的劳动者，其获取预期收入的能力也高。第二，人力资本投资同样影响农民工的市民化意愿，人力资本理论认为，人力资本投资会影响劳动者接受新事物的能力，相对于没有进行人力资本投资的劳动者，进行人力资本投资的农民工更容易接受新鲜事物，其市民化的意愿相对更强，跨城乡流动的最终结果往往是留在城市，而不是回流至农村。第三，人力资本投资通过影响农民工获取信息的能力进而影响农民工转移。农民工选择是否向城市转移在一定程度上取决于农民工掌握的信息是否全面，如果农民工较好地掌握了进城以后的务工信息，其更倾向于进行转移，如果农民工对进城以后的工作并无多大把握，他很可能不会选择转移。而人力资本投资水平直接影响农民工获取信息的能力，一般而言，人力资本投资水平越高，农民工获取信息的能力就越强，其转移与就业的行为选择会更加理性。第四，人力资本对劳动力流动有较强的示范效应，一般而言，人力资本水平越高的农民工，其向城市迁移的时间越早，而其在城市更高的收入和更现代化的生活方式无疑会对尚未向城市转移的农村劳动力形成一种示范效应，进而推动农村劳动力从农村向城市的转移进程。

从以上影响路径不难看出，人力资本水平的高低把农民工群体内部划分成了不同的类型，部分农民工人力资本水平较高，部分农民工人力资本水平较低，人力资本水平高低不同，其转移与就业的行为选择也不同。因此，基于人力资本的劳动力流动理论实际上也是一种分层理论，只是其分层的依据是人力资本水平的高低。在将近30年由农村向城市、由中西部地区向东部地区的转移过程中，我国农民工群体内部的人力资本水平开始呈现明显的差异，农民工的异质性越来越强。而这种异质性不仅体现在不同的农民工个体身上，同时体现在第一代农民工和第二代农民工身上，从而导致第一代农民工和第二代农民工呈现出显著的差异，群体之间的异质性越来越强。而这种异质性对我国劳动力市场有着重要的影响。

三 劳动供给理论

早期的劳动供给理论认为，劳动力市场是一个买方市场，在这一市场内部，劳动供给意愿并不影响劳动力价格水平的高低，每一个劳动者都只能接受既定的劳动力价格。在刘易斯二元经济模型中，当传统劳动力部门劳动力非常丰富且接近无限供给时，劳动力市场就是一个类似于这样的买方市场，劳动力价格并不受劳动供给意愿的影响。伦德伯格（Lundberg，1985）的劳动供给理论也持有同样的观点。

但是发展到闲暇—消费替代模型，上述理论观点发生了变化。一般情况下，劳动力价格水平的高低会影响劳动供给意愿，劳动力价格水平越高，劳动供给越会增加，相反，劳动力价格水平下降，劳动供给会减少。在闲暇—消费替代模型中，当劳动者在闲暇和工作之间进行替代选择时，劳动供给意愿反过来也会影响劳动力价格水平的高低。该模型中，劳动力价格水平高低与劳动供给意愿的影响可以用收入效应和替代效应来分析。① 当劳动力价格水平较低时，伴随着劳动力价格水平的上涨，劳动供给会增加，此时主要发生劳动供给的收入效应，劳动供给曲线向右上方倾斜。伴随着劳动力价格水平的进一步上涨并突破一定界限之后，劳动供给的替代效应转而起主导作用，受替代效应的影响，劳动供给并不一定会随劳动力价格水平的上涨而增加，相反，更高的劳动力价格意味着闲暇具有更高的价值，当劳动力在闲暇和工作之间进行选择时，劳动力更可能会选择闲暇，由此导致劳动供给不仅没有增加反而会减少。伴随着劳动供给的减少，劳动力价格水平会进一步上涨，进而形成了一条向后弯曲的劳动供给曲线。到底是选择闲暇还是选择工作，要视劳动者的异质性而定。

----

① 收入效应是指工资的提高可以使工人得到更多的收入，这样劳动供给会增加。所以收入效应使得劳动供给与工资呈正相关关系，工资越高，劳动供给越多。替代效应是指当工资高到一定程度时即闲暇的机会成本很高时，人们将会放弃劳动而转向更多的闲暇，因为一方面工资已经很高，工人的收入相当多了，他不用那么努力地工作了；另一方面工作的另一面是闲暇，所以闲暇的机会成本就是工作的收入——工资，当工资很高意味着闲暇的机会成本很高，这说明此时闲暇的价值很高，所以工人会选择多闲暇少工作。因此，替代效应使得劳动供给与工资呈负相关关系，工资越高，劳动供给越少。

之后的家庭供给理论则主要分析了家庭因素对劳动力供给的影响。在家庭供给理论看来,之前的劳动供给理论大多研究劳动者个人效用对劳动供给意愿的影响,忽视了家庭因素在劳动供给决策中的重要作用。在家庭供给理论的框架内,家庭成员的共同偏好、家庭成员优势的不同、家庭成员地位的高低都会影响家庭中单个成员的劳动供给意愿。

综上,劳动供给理论实际上分析了具有不同个人特征和家庭特征的劳动者的劳动供给行为,这些都为我们分析农民工劳动供给意愿提供了很好的分析范式,能够帮助我们了解存在代际分化的条件下,不同代际农民工的劳动供给意愿差异。

第五节 文献综述

本节关于国内外文献的梳理主要从以下三方面进行:第一,如何界定第一代农民工与第二代农民工。结合已有文献的界定标准,本书以年龄、外出务工时间等多重标准为限,对农民工内部的代际分化做出了明确界定。第二,农民工代际差异的表现。本部分总结了已有文献研究中关于第一代农民工和第二代农民工在城市融入、社会认同、消费结构等多个方面的差异,为后文从实证的角度综合分析农民工的代际差异提供了可供参考的变量。第三,农民工代际差异的影响研究。在总结已有研究时,我们发现,对于农民工代际差异的研究较多,但农民工群体内部的这种代际分化对中国经济社会将产生何种影响,这方面研究相对较少。我们认为农民工群体内部结构的变化导致了我国农村劳动力转移和就业的新趋势,这种新趋势不仅有利于地区间劳动力要素资源的重新配置,推动产业结构调整、升级与转移,具有很强的经济效应,同时也为内生性的制度变迁提供了现实需求,具有较强的制度效率。因此,本书通过研究农民工生存状态的代际差异,分析代际差异对我国劳动力市场的影响,明确农村劳动力转移和就业的动态演变趋势,并在此基础上分析农民工转移和就业的变动对区域间比较优势、区域经济结构、产业转移、技术进步等方面的积极作用，及其对我国偏向性制度安排的逆向调整作用。

一 关于农民工代际分化的界定

中国社会科学院的张雨林在 1984 年最早提出了农民工的概念。伴随着劳动力转移进程的不断深入，原本高度同质性的农民工群体，其内部结构开始出现明显的代际分化，分化出的不同群体，其个人和家庭特征也不尽相同。王春光（2000）较早注意到了农民工群体的内部分化，他在针对温州、深圳和杭州三个地区农民工的调查研究中发现了农民工群体内部的异质性，倡导将流向城市的农村流动人口划分为第一代农村流动人口和第二代农村流动人口。[①] 此后学术界对于农民工群体内部代际分化的研究继承和发扬了王春光的观点，纷纷开始转而研究农民工群体内部不同代际农民工的特征差异，如刘传江、程建林（2007）[②]，徐小霞、钟涨宝（2006）[③]，钱正武（2006）[④] 等，只是不同学者对农民工代际分化的界定标准不一。综合来看，已有的研究大多从以下方面对农民工的代际分化进行划分。

（一）以出生年代为限

以出生年代来区分农民工群体内部的代际分化主要秉承了以下观点：出生于 20 世纪 80 年代以后的农民工群体与老一代农民工一样，开始从农村进入城市务工，一样都是农村户籍，但是其行为特征发生了截然不同的变化。因此出生于 20 世纪 80 年代的这部分农民工被称为新生代农民工或第二代农民工，其前辈则被称为第一代农民工。早期关于农民工代际分化的研究主要以学者为主，如徐小霞、钟涨宝（2006）就把出生于 20 世纪 70 年代后期或 80 年代初期的农民工作为新生代农民工来研究。2010 年，国务院印发的中央一号文件中首次正

---

① 王春光：《新生代的农村流动人口对基本公民权的渴求》，《社会学研究》2000 年第 1 期。

② 刘传江、程建林：《我国农民工的代际差异与市民化》，《经济纵横》2007 年第 7 期。

③ 徐小霞、钟涨宝：《新生代农民工权利缺失现象的理性思考》，《中国青年研究》2006 年第 4 期。

④ 钱正武：《新生代农民工的主观诉求与政策建议》，《中国青年研究》2006 年第 4 期。

式提到了新生代农民工的概念，自此农民工群体的代际分化开始得到政界的广泛关注。在此背景下，全国总工会新生代农民工课题组（2010）给新生代农民工下了明确的定义，该课题组把出生于20世纪80年代以后，在异地以非农业就业为主的农业户籍人口作为新生代农民工加以研究。

以出生年代对农民工进行划分时，两代农民工的差异主要体现在年龄上。因此，许多学者进一步对第二代农民工的年龄阶段进行了界定。在年龄阶段的下限上，学者的观点较为一致，大多数学者认为第二代农民工的年龄在16岁以上。研究的分歧主要集中在年龄阶段的上限上，周莹等（2009）认为第二代农民工的年龄上限为25岁[①]，彭国胜等（2008）则把第二代农民工的年龄上限增加至35岁，把第二代农民工定义为年龄在16—35岁的农民工[②]。钱正武（2006）[③]、刘俊彦等（2009）[④] 则折中地把第二代农民工的年龄上限定为30岁。

无论年龄上限如何，但第二代农民工出生于20世纪80年代的特征被广泛认同。之所以按照这一标准来划分农民工群体，主要因为：①从20世纪80年代开始的改革开放进程推动了我国经济社会的快速发展，是我国社会转型发展的起始时期，伴随着社会剧烈转型而出生的农民工其成长环境发生了重大改变；②20世纪80年代伊始，农村和农业生产发生了巨大改变，家庭联产承包责任制的实施在较大程度上解放了农村劳动力，此后出生的农民不再像其祖辈一样世世代代耕种土地，而是成为剩余劳动力，其务农经验相对较少；③20世纪80年代之后是互联网飞速发展时期，互联网技术的应用加快了全球化和信息化的进程，改变了20世纪80年代以后出生的农民工的思维方式和价值观念。

[①] 周莹、周海旺：《新生代农民工融入城市的影响因素分析》，《当代青年研究》2009年第5期。

[②] 彭国胜：《青年农民工的就业质量与阶层认同——基于长沙市的实证调查》，《青年研究》2008年第1期。

[③] 钱正武：《新生代农民工的主观诉求与政策建议》，《中国青年研究》2006年第4期。

[④] 刘俊彦、胡献忠：《新一代农民工发展状况研究报告》，《中国青年研究》2009年第1期。

（二）以外出务工时间为限

第二种界定标准以农民工外出务工时间为依据。何瑞鑫、傅慧芳（2005）①，徐小霞、钟涨宝（2006）②，刘传江、程建林（2007）③等学者就以农民工外出务工时间在20世纪80年代还是20世纪90年代为限对农民工进行了划分。其中，何瑞鑫、傅慧芳（2005）将20世纪80年代外出打工的农民工称为"旧生代农民工"，将20世纪90年代外出打工的农民工称为"新生代农民工"。刘传江、程建林（2007）则将20世纪80年代开始外出打工的第一批农民工称为第一代农民工，将20世纪90年代中后期开始外出打工的农民工称为第二代农民工。上述学者主要从人口学和经济学的视角出发，把第二代农民工从农民工群体中分化出来。在他们看来，第二代农民工是出生在20世纪80年代以后，并于20世纪90年代中后期开始进入城市打工且在非农产业就业的农民工群体。

（三）其他划分标准

林彭等（2008）着重从户籍出发，把新生代农民工看作户籍依然在农村的外省务工人员。④应培礼、肫宏海（2007）则主要从父母的身份和户籍的双重角度来界定新生代农民工，他们认为新生代农民工是指父母双方至少有一方在城市打工的农民工的后代。⑤另外，也有学者以"三高一低"来区分第一代农民工和第二代农民工，认为相对于第一代农民工，第二代农民工特指受教育程度相对较高、职业期望较高、对城市生活的物质和精神享受要求较高但工作耐受力较低的农民工。

总体上看，第一代农民工与第二代农民工的差异具体表现在年龄

---

① 何瑞鑫、傅慧芳：《新生代农民工的价值观变迁》，《青年探索》2005年第6期。

② 徐小霞、钟涨宝：《新生代农民工权利缺失现象的理性思考》，《中国青年研究》2006年第4期。

③ 刘传江、程建林：《我国农民工的代际差异与市民化》，《经济纵横》2007年第7期。

④ 林彭、余飞、张东霞：《"新生代农民工"犯罪问题研究》，《中国青年研究》2008年第2期。

⑤ 应培礼、肫宏海：《关于农民工第二代犯罪问题的若干思考》，《青少年犯罪问题》2007年第5期。

上，但附着在年龄上的是两代农民工生活的经济社会背景及其自身文化、观念及行为上的差异。因此，学者结合第二代农民工群体（新生代农民工群体）的社会属性，分别从务工年龄、外出动机、职业期望、教育背景、身份认同、群体文化、群体行为等不同视角对其进行了研究界定。

从以上研究不难看出，此前理论界对农民工代际的划分并不一致，有的称其为第一代农民工与第二代农民工，也有称其为第一代农民工和新生代农民工。我们认为，中国的劳动力转移是一个长期的过程，在这一过程中农民工群体内部有可能进一步分化出第三代农民工甚至是第四代农民工，因此，考虑到劳动力转移的长期性和学术研究的前后一致性，我们将农民工群体划分为第一代农民工和第二代农民工。其中，第二代农民工与当今学术界所研究的新生代农民工本质一样。

结合上述划分标准，本书中的第二代农民工就是指 20 世纪 80 年代以后出生、90 年代中后期开始外出务工经商的农民工群体。这个群体与第一代农民工相比，具有务工年龄年轻化、外出动机多元化、职业期望高移化、身份认同非农化、职业转换高频化、生活方式城市化等典型特征。

二 我国农民工代际差异的表现

（一）农民工代际差异的整体表现

唐灿、冯小双（2000）[1] 较早注意到了农民工群体的代际更替，"民工荒"现象的出现使得国内学者开始针对两代农民工的个体差异进行实证研究。而且大多数研究分析了两代农民工的总体差异，如王东、秦伟（2002）利用对成都市的调查数据总结了两代农民工在流动动机和目的、收入、消费，对城市的适应性，对家乡的回归性等方面的差异[2]；成艾华、姚上海（2005）以湖北省为例，着重论述了第二

---

① 唐灿、冯小双：《"河南村"流动农民的分化》，《社会学研究》2000 年第 4 期。
② 王东、秦伟：《农民工代际差异研究——成都市在城农民工分层比较》，《人口研究》2002 年第 5 期。

代农民工在迁移动因、受教育程度、职业和行业结构四个方面的新特点①；王艳华（2007）通过调研数据研究了新生代农民工在角色认同、印象管理、闲暇时间、消费方式等方面的特性②；钱正武（2006）研究了新生代农民工在自身价值、自我发展、社会认同等方面的主观诉求③；许传新（2007）进一步通过回归分析验证了性别、城市生活体验、与市民的社会交往状况、与市民之间的社会差异感、城市社会生活的满意度，以及是否参与当地城市社区组织等因素对两代农民工身份认同的不同影响④；刘传江、程建林（2007）认为新生代农民工在就业模式上与第一代农民工有着较大差异，他们越来越多地就职于城市正规部门⑤。正是第二代农民工在诸多方面的新特性，使其较第一代农民工而言，行为的选择更趋理性化，如王正中（2006）就曾指出"民工荒"是新生代农民工在现实的务工环境中理性选择的结果。⑥

（二）农民工代际差异的个别特征

1. 农民工代际差异的城市融入问题

国内学者大多在移民理论的基础上研究农民工进入城市之后的融入问题。其中较为典型的如刘传江（2007），他把农村劳动力的市民化进程划分为两个阶段，以此为基础着重对第二个阶段中的农民工城市融入问题进行了研究。在他看来，农民要实现真正的市民化需要分两步走，经历两个发展阶段。第一步，从农民变为农民工，即在不改变户籍的情况下从农村流向城市，在非农产业就业，成为一名产业工人；第二步，从农民工变为市民。第一个阶段的关键在于农民如何摆脱土地进城务工，这涉及农村推出和城市进入两个环节。第二个阶段的关键在于农民工进入城市务工以后能否真正融入城市，能否消除城

① 成艾华、姚上海：《农民工的代际差异分析》，《统计与决策》2005 年第 20 期。

② 王艳华：《新生代农民工市民化的社会学分析》，《中国青年研究》2007 年第 5 期。

③ 钱正武：《新生代农民工的主观诉求与政策建议》，《中国青年研究》2006 年第 4 期。

④ 许传新：《新生代农民工的身份认同及影响因素分析》，《学术探索》2007 年第 3 期。

⑤ 刘传江、程建林：《我国农民工的代际差异与市民化》，《经济纵横》2007 年第 7 期。

⑥ 王正中：《民工潮到"民工荒"：当代中国农民的理性跃迁》，《求索》2006 年第 2 期。

乡二元分割的户籍制度"墙",享受和城市市民完全平等的经济和政治待遇。①

在此基础上,有学者着重分析了两代农民工在城市融入方面的差异。如刘传江等(2006)在分析农民工的市民化意愿时指出,相对于第一代农民工,第二代农民工更容易接受外界新鲜事物,自我认同感较强、对城市的未来归属感也更强,其具有更强的市民化意愿。② 佴传振等(2010)的研究不仅指出了两代农民工市民化意愿的差异,同时指出了两代农民工市民化能力的差异,认为相对于第一代农民工,新生代农民工不仅市民化意愿较强,其市民化能力也较高。③ 魏万青、陆淑珍(2012)也重点分析了两代农民工城市融入的难易度,在他们看来,相对于第一代农民工,新生代农民工的人力资本水平较高,社会资本更加丰富,更容易接受城市的生活方式,因此他们更容易融入城市,适应城市生活。④ 何军(2011)针对江苏省农民工城市融入问题的研究重点强调了新生代农民工与第一代农民工城市融入手段的差异,他指出第一代农民工主要依靠受教育程度作为融入城市的主要手段,而新生代农民工则主要依靠社会资本融入城市。⑤ 在此基础上,何军(2012)进一步构建了农民工融入城市的指标体系,通过经济、社会和心理等多种维度的综合分析来判定农民工的城市融入程度。结果证明,新生代农民工的城市融入度明显高于第一代农民工。⑥

尽管第二代农民工更容易融入城市,但其在城市融入过程中依然面临着自身条件的束缚和客观障碍。自身条件上,尽管新生代农民工

---

① 刘传江:《第二代农民工及其市民化研究》,《中国人口·资源与环境》2007年第1期。

② 刘传江、徐建玲:《"民工潮"与"民工荒"——农民工劳动供给行为视角的经济学分析》,《财经问题研究》2006年第5期。

③ 佴传振、崔琳琳:《农民工城市融入意愿与能力的代际差异研究——基于杭州市农民工调查的实证分析》,《现代城市》2010年第1期。

④ 魏万青、陆淑珍:《禀赋特征与机会结构——城市外来人口社会融合的代际差异分析》,《中国农村观察》2012年第1期。

⑤ 何军:《代际差异视角下农民工城市融入的影响因素分析——基于分位数回归方法》,《中国农村经济》2011年第6期。

⑥ 何军:《江苏省农民工城市融入程度的代际差异研究》,《农业经济问题》2012年第1期。

相对于第一代农民工而言其人力资本和社会资本水平均有所提高，但是与城市市民相比依然存在较大差距，同时受限于有限的经济能力，导致其城市融入问题依旧十分突出。客观上，新生代农民工同第一代农民工一样，依然面临着以户籍制度为基础，包括就业制度和社会保障制度在内的诸多制度性障碍，使得其市民化进程依然充满艰辛。

2. 农民工代际差异的社会认同问题

多数研究认为，新生代农民工整体受教育程度偏高、向往城市，相应地，社会认同状况优于第一代。如周明宝（2004）认为，农民工的自我认同是他们社会身份认同的关键。[1] 新生代农民工主观上有着挣脱"农民工"标签和竭力融入城市社会的强烈愿望，可现实状况是，他们难以真正融入城市社会，也难以回归农村社会。任远、邬民乐（2006）认为，新生代农民工受到户籍制度、就业制度、社会保障制度等影响，导致被排斥在城乡体系之外，使他们市民化进程受阻，社会认同难以实现。[2] 卢小君、孟娜（2014）也指出，与第一代农民工相比，新生代农民工尽管身份认同模糊，但仍比上一代农民工的认同状况更优。[3] 同时，也有研究认为新生代农民工并不具有融合优势，他们无根无助、缺乏引领，对城市的认同感更低（杨菊华，2010[4]；李培林、田丰，2012[5]）。据此，赵立（2014）总结性地指出，新生代农民工的市民化心理适应呈复杂、多元化态势，从不同的层面上看，新生代农民工的身份认同水平不一。[6]

而农民工身份认同的复杂性使不同研究结论差别甚大。国家统计局专项调查（2007）结果表明，只有55.14%的农民工希望未来在城

① 周明宝：《城市滞留型青年农民工的文化适应与身份认同》，《社会》2004年第5期。
② 任远、邬民乐：《城市流动人口的社会融合：文献述评》，《人口研究》2006年第3期。
③ 卢小君、孟娜：《代际差异视角下的农民工社会融入研究——基于大连市的调查》，《西北农林科技大学学报》（社会科学版）2014年第1期。
④ 杨菊华：《流动人口在流入地社会融入的指标体系——基于社会融入理论的进一步研究》，《人口与经济》2010年第2期。
⑤ 李培林、田丰：《中国农民工社会融入的代际比较》，《社会》2012年第5期。
⑥ 赵立：《新生代农民工的市民化心理适应——对浙江省904个样本的调查与分析》，《管理世界》2014年第11期。

市发展和定居；基于"中国社会综合调查"（CGSS2011）的研究则发现，认同自己流入城市本地人身份的超过六成（崔岩，2012）；国家卫生计生委2010—2015年发布的年度性《中国流动人口发展报告》显示，流动人口对流入地有较强的融入意愿。

3. 农民工代际差异的择业问题

农民工择业的代际差异首先体现在择业动机上。第一代农民工进城务工的基本动机是谋求更高的经济收益以缓解农村生活压力、改善家庭生活水平。第二代农民工之所以选择进城务工，除了追求经济利益的最大化以外，他们同时还谋求自身更好的发展，他们希望能够体验城市更高水平的生活，希望能够在务工过程中提升自身的技能水平，谋求最终留在城市。因此，相对于第一代农民工，第二代农民工的择业动机更加多元化（任太增、刘新争，2009）①。甄月桥等（2007）的研究除了分析两代农民工择业动机的差异之外，进一步分析了其在择业类型、择业途径、就业满意度等方面的差异。他们认为，在择业类型上，第一代农民工主要从事体力型劳动，新生代农民工更加倾向于从事技术型劳动；在择业途径上，第一代农民工的择业途径主要以非正式渠道为主，第二代农民工的择业途径倾向于正式化；但是两代农民工的就业满意度比较一致，现阶段在城市的就业都未达到两代农民工的预期要求。② 周可、王厚俊（2009）则在分析两代农民工特征差异的基础上，指出了两代农民工进城务工结果的不同，在他们看来，新生代农民工更加倾向于留守城市，继续在城市打工，而第一代农民工的返乡意愿较强，他们更加倾向于返乡务工或创业③；金晓彤、杨潇（2015）分析认为，就业差异性已成为研究新生代农民工收入机理的重要影响因素，所处行业、受雇方式、务工地跨

① 任太增、刘新争：《进城农村劳动力代际差异的实证研究》，《经济问题》2009年第1期。
② 甄月桥、陈蔚、葛列众：《农民工就业心理的代际差异探析》，《杭州电子科技大学学报》（社会科学版）2007年第3期。
③ 周可、王厚俊：《两代农民工流动动因与择业期望代际差异的比较》，《统计与决策》2009年第16期。

度等就业差异性变量显著影响农民工不同群体的收入水平。①

4. 农民工代际差异的消费表现

现有文献从多重角度分析了影响农民工消费行为的因素。其中，于丽敏、王国顺（2009）把农民工消费水平较低的原因归结为农民工工资的不稳定性②；幸丽萍（2010）则从二元经济理论出发，把建立在城乡分割二元结构基础上的二元就业制度、二元医保制度等看作限制农民工消费水平的制度性障碍③；刘伟（2011）针对东莞农民工的研究表明，在诸多因素中，收入水平、家庭负担和婚姻状况是影响农民工消费行为的最主要因素④；秦晓娟（2014）的实证研究则证明了城镇化、自我市民身份认同等因素对农民工消费行为的影响⑤；于丽敏（2014）的研究重点强调了制度因素对农民工消费的影响，认为制度因素是当前农民工不能大胆消费的最大瓶颈，而户籍限制是影响农民工消费行为的制度根源。⑥

除了关注农民工消费的影响因素之外，诸多学者也开始关注农民工消费行为的代际差异。如孙超骥、郭兴方（2010）研究指出，相比老一辈农民工来说，新生代农民工具有较高的消费倾向及品牌意识，消费的低廉性、群聚性、个体消费的有限性以及对技能培训等专项消费需求增加，消费转型后潜力巨大，等等⑦；邢海燕等（2012）在对比两代农民工消费时发现，相对于第一代农民工，新生代农民工食品消费占其总消费的比例明显降低；申鹏（2014）则侧重研究了成长环境、进城务工结果和进城务工目的等因素对两代农民工消费行为代际差异的重要影响；王冬、刘养巧（2015）在对兰州农民工消费行为进

---

① 金晓彤、杨潇：《差异化就业的新生代农民工收入影响因素分析——基于全国31省（市）4268个样本的实证研究》，《青年研究》2015年第3期。

② 于丽敏、王国顺：《促进农民工消费对我国扩大内需的影响分析》，《工业技术经济》2009年第9期。

③ 幸丽萍：《城乡二元结构视角下的农民工消费研究》，《中国城市经济》2010年第5期。

④ 刘伟：《基于WLS的农民工消费影响因素分析》，《统计与决策》2011年第13期。

⑤ 秦晓娟：《城市对中国农民工消费行为影响的实证分析》，《经济问题》2014年第9期。

⑥ 于丽敏：《农民工消费行为影响因素研究——以东莞为例》，博士学位论文，中南大学，2014年。

⑦ 孙超骥、郭兴方：《新生代农民工的消费行为研究》，《价格月刊》2010年第11期。

行研究时发现，新生代农民工的消费方式更加多样化，相对于第一代农民工，其消费开始由生存型向享受型转变，新生代农民工的消费理念与城市市民日趋接近；金晓彤等（2017）认为，与第一代农民工相比，新生代农民工受城市和农村双重生活环境与文化的影响，在消费形式上呈现与自我身份"不匹配"的现象，他们更倾向于关注城市群体的消费趋势，以期通过地位消费获取市民的认同，融入城市群体[①]；卢海阳、李祖娴（2018）基于福建省农民工消费状况的实证研究表明，迁移模式对第一代农民工和新生代农民工产生了不同的影响，其中就近迁移对新生代农民工的家庭消费有显著的负向影响，但是对老一代农民工的影响不显著[②]。

综上，针对农民工代际差异的研究成果非常丰富，这为我们在实证调查中设计相关指标体系提供了丰富的材料和依据。

三　农民工代际分化的影响研究

已有研究表明，农民工的跨城乡流动对经济社会发展有着显著影响，具体表现在以下几方面。

第一，农民工的跨城乡流动影响城乡收入差距。关于农民工流动究竟扩大还是缩小了收入差距，学术界并未形成一致意见。一种观点认为，农民工的跨城乡流动推动了收入分配的均等化。一方面，农民工外出务工缩小了农村居民间收入差距，有利于改善农村的贫困状况。如柳建平等（2009）认为，如果家庭中有劳动力外出务工，将改善整个家庭福利状况，降低家庭陷入贫困的概率[③]；樊士德等（2016）的研究结果表明，从全国范围的全样本看，劳动力流动既改善了农村家庭绝对收入状况，又降低了陷入贫困的相对概率，从分地区实证结果看，在发达地区，劳动力流动所起到的减贫效应更为突

---

①　金晓彤、韩成、聂盼盼：《新生代农民工缘何进行地位消费？——基于城市认同视角的分析》，《中国农村经济》2017年第4期。

②　卢海阳、李祖娴：《迁移模式、市民化意愿与农民工消费——基于2016年福建省的调查数据》，《调研世界》2018年第9期。

③　柳建平、张永丽：《劳动力流动对贫困地区农村经济的影响：基于甘肃10个贫困村调查资料的分析》，《中国农村观察》2009年第3期。

出，且在提升家庭绝对收入上呈边际效率递减①；刘一伟（2018）分析认为劳动力流动能够提高农村居民收入水平，缩小农村居民的收入差距，改善贫困农村居民的收入不平等进而缓解农户的贫困状况。②另一方面，农民工的跨城乡流动缩小了城乡居民的收入差距。自 1954年刘易斯在《劳动力无限供给条件下的经济发展》中提出"刘易斯模型"以来，诸多发展经济学的经典理论（包括"拉尼斯—费景汉模型""哈里斯—托达罗模型"及"乔根森模型"等）均论证了农村劳动力流动能够使城乡收入差距收敛。诸多学者的实证研究也证实了这一点，如蔡昉等（2009）研究发现劳动力流动不仅在理论上而且在事实上正在缩小城乡收入差距，现实中城乡收入差距扩大的原因在于现行的调查制度不能覆盖"常住流动人口"，从而在住户统计中低估了这个群体的收入，造成城市收入水平的夸大和农村收入水平的低估③；钟甫宁（2010）认为劳动力市场的调节对缩小我国城乡收入差距发挥了巨大作用，并且其大小远远超过从统计数据简单计算得到的结果④；应瑞瑶等（2011）的实证分析发现，农村劳动力流动的确缩小了城乡收入差距，而城乡收入差距统计值变大的原因在于居民身份的转换⑤；廖显浪（2012）认为，我国农村劳动力流动确实缩小了城乡收入差距，而出现农村劳动力流动规模与城乡收入差距同步扩大现象的原因在于城市经济的快速发展又扩大了城乡收入差距⑥；刘慧等（2017）构建数理模型发现，劳动力流动能缩小城乡收入差距且具有门槛效应⑦；张志新等（2018）的研究表明，对于劳动力净流入地区和净流

① 樊士德、江克忠：《中国农村家庭劳动力流动的减贫效应研究：基于 CFPS 数据的微观证据》，《中国人口科学》2016 年第 5 期。

② 刘一伟：《劳动力流动、收入差距与农村居民贫困》，《财贸研究》2018 年第 5 期。

③ 蔡昉、王美艳：《为什么劳动力流动没有缩小城乡收入差距》，《经济学动态》2009年第 8 期。

④ 钟甫宁：《劳动力市场调节与城乡收入差距研究》，《经济学动态》2010 年第 4 期。

⑤ 应瑞瑶、马少晔：《劳动力流动、经济增长与城乡收入差距——基于 1993—2007 年重新估算的面板数据》，《南京农业大学学报》（社会科学版）2011 年第 2 期。

⑥ 廖显浪：《我国农村劳动力流动与城乡收入差距研究》，《人口与经济》2012 年第 6 期。

⑦ 刘慧、伏开宝、李勇刚：《产业结构升级、劳动力流动与城乡收入差距——基于中国 30 个省级面板数据实证分析》，《经济经纬》2017 年第 5 期。

出地区以及地区整体，农村劳动力的流动均缩小了其城乡收入差距。相对于劳动力净流入地区，农村劳动力流动对劳动力净流出地区城乡收入差距的缩小作用更加明显[①]。

另一种观点认为，农民工流动对收入分配差距的影响并没有理论上那么显著。其一，在缩小农村居民收入差距方面，杨靳[②]（2006）、李翠锦[③]（2014）等学者的研究表明劳动力流动所起到的减贫效应具有不确定性，如果劳动力的流动建立在破坏农村社会秩序与文明的基础上，那么劳动力流动将给农村带来较高的社会成本，不利于农村居民反贫与脱贫，在某种情况下甚至会加剧农村贫困。其二，在缩小城乡收入差距方面，安虎森等（2011）通过研究发现，城乡市场开放度较低时，城市高房价扩大了城乡收入差距，户籍制度缩小了城乡收入差距；而城乡市场开放度较高时，两者的作用恰恰相反。而这种"门槛效应"正是导致目前劳动力流动扩大了城乡收入差距的原因[④]；樊士德（2011）分析认为，在理论层面无论是将外流劳动力归入欠发达地区还是发达地区进行考察，单纯的劳动力流动都未熨平收入差距，反倒拉大了差距[⑤]；蔡武等（2013）通过研究异质型农村劳动力外流发现，农村劳动力流动规模的扩大以及低技能劳动力的流出扩大了收入差距，同时高技能劳动力的流出缩小了收入差距。由于农村劳动力流动中低技能劳动力比重偏高、高技能劳动力比重偏低，因此，劳动力流动扩大了城乡收入差距[⑥]。

---

① 张志新、杨琬琨、何双良：《农村劳动力流动对城乡收入差距的影响——基于山东省 17 地市的面板数据分析》，《华东经济管理》2018 年第 5 期。

② 杨靳：《人口迁移如何影响农村贫困》，《中国人口科学》2006 年第 4 期。

③ 李翠锦：《贫困地区劳动力迁移、农户收入与贫困的缓解：基于新疆农户面板数据的实证分析》，《西北人口》2014 年第 1 期。

④ 安虎森、颜银根、朴银哲：《城市高房价和户籍制度：促进或抑制城乡收入差距扩大？——中国劳动力流动和收入差距扩大悖论的一个解释》，《世界经济文汇》2011 年第 4 期。

⑤ 樊士德：《中国劳动力流动与收入差距的库兹涅茨效应研究》，《经济评论》2011 年第 4 期。

⑥ 蔡武、陈广汉：《异质型人力资本溢出、劳动力流动与城乡收入差距》，《云南财经大学学报》2013 年第 6 期。

第二，农民工流动影响经济增长。一种观点认为，劳动力流动推动了我国的经济增长。盛来运（2007）研究表明农村劳动力向城市流动不仅没有导致农业生产的萎缩，反而推动了传统农业改造和现代农业的发展，进而刺激了经济增长①；张爱婷（2009）的实证结果也表明，我国农村劳动力流动对国民经济增长具有显著的促进作用，农村劳动力边际生产力的明显改善，是我国经济增长的一个重要源泉②；薛伟玲（2014）的研究进一步表明，省际人口流动对流入地和流出地的经济增长都具有积极作用③；刘晓光、苟琴（2017）通过对中国31省区1992—2010年工业部门面板数据分析发现，农业劳动力转移对中国全要素生产率具有显著的促进作用，通过增加劳动要素投入和促进技术进步可以有效提升资本回报率④。

第三，农民工的跨区域流动影响区域发展差距。大部分学者针对我国的实证研究表明，劳动力流动扩大了我国区域间的发展差距，如周加来、李刚（2008）认为，在新经济地理因素的影响下，具有区位优势的东部沿海地区吸引了中西部地区大量的生产要素进行跨区域流动，这增强了东部沿海地区的经济集聚能力，推动其经济更快的发展，而中西部等落后地区则由于资源禀赋的限制，不能充分利用要素流动带来的效益，最终导致地区间的经济差距不断扩大⑤；段均、杨俊（2011）认为理论上劳动力流动对区域经济具有收敛作用，但由于收入效应以及分配效应效率的下降，劳动力流动最终导致地区间的经济差距不断扩大⑥；樊士德等（2011）对劳动力流动与地区内、地区

① 盛来运：《农村劳动力外出的动因》，《中国统计》2007年第8期。
② 张爱婷：《农村劳动力流动的经济增长效应理论模型》，《统计与信息论坛》2009年第8期。
③ 薛伟玲：《嵌于流动的增长：空间格局、经济增长》，《宏观经济研究》2014年第10期。
④ 刘晓光、苟琴：《劳动力转移、技术进步与资本回报率变动》，《产业经济研究》2017年第2期。
⑤ 周加来、李刚：《区域经济发展差距：新经济地理、要素流动与经济政策》，《经济理论与经济管理》2008年第9期。
⑥ 段均、杨俊：《劳动力跨部门配置与居民收入差距——基于省级面板数据的实证分析》，《数量经济技术经济研究》2011年第8期。

间经济增长差距的内在关系进行理论推导发现，劳动力流动加快了中国发达地区经济增长收敛速度，降低了欠发达地区的经济增长收敛速度，同时也拉大了发达地区与欠发达地区的差距①；江小国等（2016）的研究也验证了人口流动会拉大人口流入地与流出地的差距这一观点②。

综上，关于农民工跨区域流动影响方面的研究则非常丰富，但是关于农民工的代际差异对经济增长效率的研究较少，主要集中于农民工代际差异对农民工市民化的影响。如刘传江、程建林（2007）③指出，第二代农民工具有较高的留城意愿，也具备一定的留城能力，拥有比第一代农民工更为强烈的市民化愿望，更容易市民化，也更容易推动我国的城镇化建设；温馨（2018）也较为全面地分析了不同代际农民工在留城意愿、留城能力上的差异，并分析了这些差异对农民工市民化的影响④。

综合已有研究不难看出，对于农民工代际差异的研究较多，但农民工群体内部的这种代际分化对中国经济社会将产生何种影响，这方面研究相对较少。本书认为，农民工群体内部结构的变化导致了我国农村劳动力转移和就业的新趋势，这种新趋势不仅有利于地区间劳动力要素资源的重新配置，推动产业结构调整、升级与转移，具有很强的经济效应，同时也为偏向性制度安排的逆向调整提供了现实需求，具有较强的制度效率。因此，本书通过研究农民工生存状态的代际差异，明确我国农村劳动力转移和就业的动态演变趋势，着重分析农民工就业变动对我国区域结构、产业结构、技术进步以及制度安排逆向调整的积极作用。

---

① 樊士德、姜德波：《劳动力流动与地区经济增长差距研究》，《中国人口科学》2011年第2期。

② 江小国、贾兴梅、成祖松：《人口流动的经济增长效应及其模型解释》，《统计与决策》2016年第17期。

③ 刘传江、程建林：《我国农民工的代际差异与市民化》，《经济纵横》2007年第7期。

④ 温馨：《农民工市民化研究——基于农民工内部分化的视角》，博士学位论文，吉林大学，2018年。

第二章　我国农民工的生存状况

本章主要从农民工规模及其流向、个人基本特征、工作权益和社会保障等方面概括我国农民工的生存现状。2010年以来，尽管农民工总量规模不断扩大，但其增速却从2010年的最高点下降至2016年的1.53%，其区域分布也发生了重大变动，省内转移趋势明显。男性农民工依然占农民工的60%以上，第二代农民工已经成为农民工的主体。农民工的文化程度有所提高，工资收入也明显增加，但区域和行业差异依然存在，与城镇职工的工资差距依然较大，同工不同酬现象仍旧存在，农民工社会保障覆盖率长期在低水平徘徊不前。

中华人民共和国成立伊始，为了快速推进工业化发展战略，国家允许农民向城市自由迁移，城市常住人口迅速增加，大量农民定居城市，转变为市民和工人。但是这一时期城市的就业机会并没有增加，因此大量农民的涌入反而加剧了就业竞争，进而使得城市资源变得愈加短缺，劳动力流动对工业化的推动作用十分有限。因此，1958年，我国颁布了《中华人民共和国户口登记条例》，农村人口向城市的自由迁移被阻滞，人口流动被严格控制。也正是从这一条例颁布开始，我国正式形成了城乡分割的二元体系，由此导致中国的城镇化进程陷入长达20年的停滞，农民被迫困守于农村从事农业生产，城乡发展差距和工农业发展差距日益扩大。

为了解放和发展农村和农业生产力，1978年开始，我国农村实行了家庭联产承包责任制，农业和农村劳动力开始出现大量剩余。这一时期乡镇经济的快速发展吸引了大量的农村劳动力，他们纷纷开始进入乡镇企业就业，由此开始了"离土不离乡"的劳动力转移模式。有关数据统计，乡镇企业发展的黄金时期（1983—1988年），全国乡镇企业共计吸收农村剩余劳动力 6300 万人。针对这种情况，中国社会科学院在 1984 年的《社会学通讯》中将离开农业从事非农产业的农民称为"农民工"，从此农民工这一称谓被越来越广泛地使用。

伴随着改革开放进程的不断深入，我国东南部沿海地区的经济得以迅速发展，其对劳动力要素的需求日益迫切。为了推动东南部沿海地区的经济发展，国家对劳动力迁移政策做出了适当调整，放开了农村人口向城市的转移，允许农村劳动力在不改变户籍身份的条件下进城务工就业，农民工"离土不离乡"的就业模式进一步发展成为"离土又离乡"，并形成了规模宏大的"民工潮"。该时期农村劳动力向东部沿海地区的转移和就业极大地推动了该地区的经济发展，这进一步吸引了越来越多的落后地区的农村劳动力向东部转移。相关数据调查显示，改革开放初期，我国的农民工数量尚不足 200 万人，到1989 年这一数据骤增至 3000 万人，农民工规模日益扩大。这一趋势一直延续到 20 世纪 90 年代中后期，伴随着 20 世纪 90 年代中后期开始的国有企业改革，大量城市工人下岗失业，为了缓解城市的就业压力，农村劳动力的转移进城被抑制，农民工增长速度有所放缓。进入21 世纪之后，国内外经济形势发生了新的变化，农村劳动力向城市的流动被进一步放开，农民工问题日益受到各级政府部门的广泛重视。在一系列政策的积极引导下，农民工数量持续增加。2004 年，国家统计局在全国范围内的抽样调查研究表明，当年我国外出农民工的总量达到 1.18 亿人，其总量占农村劳动力总量的 20% 以上。但是当时并没有建立专门的统计制度来统计农民工数量，导致不同部门的推算有所偏差。如农业部估计的 2004 年我国农民工总量为 1 亿人，而劳动和社会保障部估计的数据为 9000 万人。

为定期、准确、及时地反映农民工的数量及其生活、工作、就业等多方面的状况，国家统计局建立了农民工监测调查制度，定期发布农民工监测调查报告。但由于该项制度实施较短，其数据来源仅从2009 年开始。为全面反映农民工的生存状况，观察其生存状况的动态变动，本章我们结合《中国农村住户调查统计年鉴》中有关农民工的调查数据和 2009 年以来历年《农民工监测调查报告》的数据来反映农民工的生存状况。

<h1 style="text-align:center">第一节 农民工规模及其流向</h1>

一 农民工总量变动

数据显示，我国农民工总量持续增加，2006 年全国农民工共计
21846 万人，2016 年增加至 28171 万人，年均增速 2.58%。其中，外
出农民工增加至 16934 万人，本地农民工增加至 11237 万人。但是从
增长速度的变动来看，2006 年以来，农民工的数量变动可分为两个阶
段（详见图 2 - 1）。

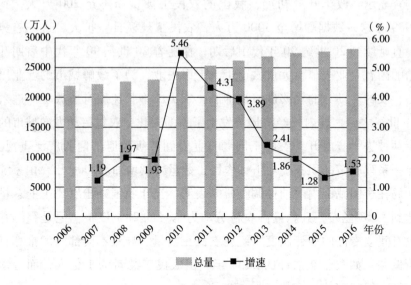

图 2 - 1 农民工总量及其增速

资料来源：2007—2009 年的《中国农村住户调查统计年鉴》和 2009—2016 年《农民工
监测调查报告》。

第一阶段：2006—2010 年。这一阶段，不仅农民工总数持续增
加，农民工总量的增速也呈上升趋势，2010 年其最高增速为 5.46%。
第二阶段：2010—2016 年。这一阶段，尽管农民工总量规模不断扩

大，但其增速却持续回落，一直从 2010 年的最高点下降至 2016 年的
1.53%。其中，外出农民工规模持续增加，本地农民工在 2006—2008
年小幅减少之后也呈持续上升态势。从增速看，2010 年之前，外出农
民工增速明显快于本地农民工，2010 年之后，外出农民工和本地农民
工增速均回落，而且较为明显的是，外出农民工增速回落的速度要快
于本地农民工（详见图 2-2）。2015 年在新增的 352 万农村转移劳动
力中，只有 17.90% 的农村转移劳动力外出打工，而且均为省内转移，
其中本地就业的农民工占 82.10%，农村转移劳动力的就地转移态势
显著。

与此同时，农民工回流现象日益突出。改革开放以来，我国已经
发生过几次大规模的农民工回流现象。20 世纪 80 年代末和 90 年代初
由于经济增速放缓和城市治理等问题，外出农民工大量返乡。20 世纪
90 年代末开展的国企改革导致城市失业人口剧增。为此，政府设立户
口限制、企业用工限制等多项二元化制度障碍，使大量农民工被动返
乡。2008 年金融危机爆发之后，农民工就业较为集中的东部地区劳动
密集型制造业受到沉重打击，大量农民工选择返乡就业。2008 年国家
统计局河南调查总队对 4200 户河南农村住户抽样调查的结果显示，长

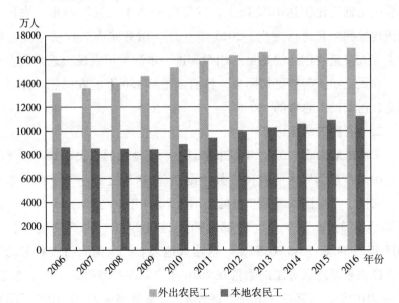

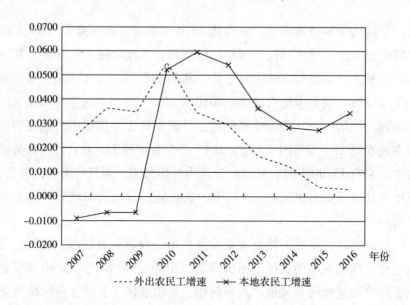

图 2 – 2　外出农民工和本地农民工的规模与增速

资料来源：2007—2009 年的《中国农村住户调查统计年鉴》和 2009—2016 年《农民工监测调查报告》。

三角、珠三角、北京等地区的河南省农民工回流显著，第二产业就业的农民工回流比例达 10% 以上。贯穿整个"十二五"时期，农民工回流现象频繁且持续发生。2015 年 6 月《国务院办公厅关于支持农民工等人员返乡创业的意见》出台，进一步激发了农民工返乡创业热情，农民工回流趋势更加明显。目前全国约 450 万的农民工选择返乡创业，占农民工总数的 2%。

二　农民工的区域分布

从输出地来看，2008 年以来来自中西部地区的农民工数量稳步上升，而来自东部地区的农民工数量则在 2010 年之后趋于下降，东部地区农民工占全国农民工总量的比例从 2009 年最高时的 43.59% 下降至 2015 年的 38.78%，而中部和西部地区的这一比例分别增长至 2015 年的 34.63% 和 26.59%。从输入地来看，全国农村转移劳动力中选择在东部地区务工的数量在 2010 年之前保持着快速的上涨态势，但是 2010 年之后其占比下降了将近 8%，从最高时的 67.10% 下降至

2015 年的 59.58%，而在中西部地区务工的农民工总数则显著上升，其占比总和从 2008 年的不足 20% 上升至 2015 年的 40.42%。而且对比各地区农民工省内转移和省外转移的数量不难看出，中西部地区农民工省内转移数量占外出农民工的比例和省内转移占地区农民工总量之比均显著下降，中西部地区农民工省内外转移的差额越来越小，这说明东部地区的农民工吸纳能力有所下降，中西部地区的农民工吸纳能力逐渐增强，越来越多的中西部农民工选择在省内就业（见表 2-1）。

表 2-1 　　　　　　各地区省外转移农民工占比情况　　　　　　单位:%

年份	中部省外转移占外出农民工之比	中部省外转移占其农民工总量之比	东部省外转移占外出农民工之比	东部省外转移占其农民工总量之比	西部省外转移占外出农民工之比	西部省外转移占其农民工总量之比
2008	71.00	48.56	20.30	7.27	63.00	46.81
2009	69.40	51.52	20.40	9.44	59.10	46.69
2010	69.10	50.65	19.70	9.18	56.90	44.97
2011	67.20	49.13	16.60	7.71	57.00	43.92
2012	66.20	48.13	16.30	7.50	56.60	43.06
2013	62.53	48.71	17.87	7.88	54.10	41.59
2014	62.84	43.02	18.32	8.59	53.93	39.63
2015	61.04	41.88	17.35	7.97	53.53	38.80

资料来源：历年《农民工监测调查报告》。

由于农民工总量增速趋于回落，有学者据此认为，我国的"刘易斯拐点"已然到来。但是我们需要注意的是，尽管农民工总量增速持续回落，但其总量规模却在持续增加，农村劳动力并没有被耗尽，"刘易斯拐点"所强调的农业劳动力的工资与产业工人工资均等的情况也尚未出现。2013 年综合开发研究院公布的《农民工早退：理论、实证与政策》一书中指出，结合其他国家的历史经验，一般而言，

"刘易斯拐点"出现在农民占全国劳动力的比重下降到 10%—15% 之时，此时农业与工业工资均等，农村剩余劳动力耗尽。而按照官方统计，中国农村劳动力占全国劳动力的比重依然接近 50%，我国农村劳动力过剩的情况还远远没有消除。

第二节 农民工的个人基本特征

一 农民工的性别分布

农民工以男性农民工为主，其占全体农民工的比重一直保持在 65% 以上。不过不同时间段，其变动趋势有所不同。2009—2014 年，男性农民工所占比例从 65.10% 持续上升至 67.00%，女性农民工所占比例则从 34.90% 持续下降至 33.00%。但自 2014 年以来，女性农民工所占比重显著上升，2016 年女性农民工所占比重为 34.50%，男性农民工所占比重为 65.50%（见表 2 - 2）。从结构上来看，女性农民工比例提高主要是由于本地农民工在农民工总量中占比继续提高，而本地女性农民工占比较高所致。

表 2 - 2 农民工的性别分布 单位:%

年份	2009	2010	2011	2012	2014	2015	2016
男性农民工	65.10	65.10	65.90	66.40	67.00	66.40	65.50
女性农民工	34.90	34.90	34.10	33.60	33.00	33.60	34.50

注：2013 年的《农民工监测调查报告》中没有农民工性别分布的相关数据。

资料来源：历年《农民工监测调查报告》。

二 农民工的年龄分布

自 2010 年以来，16—20 岁和 21—30 岁的农民工所占比例均不同程度下降，40 岁以上农民工所占比例显著上升，31—40 岁的农民工所占比例较为稳定。

总的来看，农民工仍以青壮年为主，但所占比重继续下降，2008

年40岁以下农民工所占比重为70.00%,此后持续下降,2016年40岁以下农民工所占比重降至53.90%;50岁以上农民工所占比重则从2008年的11.40%提高至2016年的19.20%。从平均年龄看,农民工平均年龄不断提高,2008年农民工平均年龄为34岁,2016年农民工平均年龄增加至39岁(见表2-3)。

表2-3　　　　　　　　　农民工的年龄结构分布　　　　　　　单位:%

年龄结构 \ 年份	2008	2009	2010	2011	2012	2013	2014	2015	2016
16—20 岁	10.70	8.50	6.50	6.30	4.90	4.70	3.50	3.70	3.30
21—30 岁	35.30	35.80	35.90	32.70	31.90	30.80	30.20	29.20	28.60
31—40 岁	24.00	23.60	23.50	22.70	22.50	22.90	22.80	22.30	22.00
41—50 岁	18.60	19.90	21.20	24.00	25.60	26.40	26.40	26.90	27.00
50 岁以上	11.40	12.20	12.90	14.30	15.10	15.20	17.10	17.90	19.20
平均年龄（岁）	34.00	35.00	36.00	34.00	37.30	35.50	38.30	38.60	39.00

资料来源:历年《农民工监测调查报告》。

从年龄结构来看,农民工群体内部出现了显著的代际分化,1980年及以后出生的第二代农民工数量持续上涨。2016年,20世纪80年代以后出生的第二代农民工已逐渐成为农民工的主体,其规模占全国农民工总量的49.70%,比2015年提高1.2个百分点,第一代农民工占全国农民工总量的50.30%。据《2013年农民工监测调查报告》显示,相对于第一代农民工,第二代农民工主要有以下典型特点。

第一,第二代农民工受教育程度普遍较高。2013年,初中以下文化程度的第二代农民工仅占第二代农民工总量的6.10%,初中文化程度的占60.60%,高中文化程度的占20.50%,大专及以上文化程度的占12.80%。与第一代农民工相比,初中以下文化程度占比较第一代农民工低18.6个百分点,初中占比低0.6个百分点,而高中文化程度的农民工占比较第一代农民工高13.2个百分点,大专及以上文化程度占比较第一代农民工高12个百分点。

第二，第二代农民工主要集中在东部地区及大中城市务工。全国有 8118 万名第二代农民工在东部地区务工，占第二代农民工总量的近 65%，在中部地区和西部地区务工的第二代农民工分别占其总量的 17.70% 和 17.20%。而且，大部分第二代农民工均在大中城市务工，数据统计显示，该部分第二代农民工总量达到 6872 万人，占比高达 54.90%，而在大中城市务工的第一代农民工仅占其总量的 26%。相对于第一代农民工，第二代农民工更加倾向于在大中城市就业。

第三，八成以上的第二代农民工选择外出就业。有高达 10061 万人的第二代农民工选择外出就业，占比高达 80.3%，仅有不足 20% 的第二代农民工选择本地转移。而且，与第一代农民工相比，第二代农民工初次外出的平均年龄明显偏低，第一代农民工为 35.90 岁，而第二代农民工仅为 21.70 岁。

第四，第二代农民工以从事制造业为主。两代农民工在服务业的就业比重相差不大，但第二代农民工中在建筑业就业的占 14.50%，尚不足第一代农民工 29.50% 的一半，而第二代农民工从事制造业的比重明显上升，其占比为 39%，第一代农民工的同一比例仅为 26.50%。

三 农民工的文化程度及技能水平

纵向来看，农民工文化程度不断提高，高中及以上文化程度的农民工从 2009 年的 23.50% 上升至 2016 年的 26.40%，而初中及以下文化程度的农民工则从 2009 年的 76.50% 下降至 2016 年的 73.60%（见表 2-4）。

表 2-4　　　　　　　　农民工的文化程度　　　　　　　　单位:%

年份	文盲	小学	初中	高中	中专及以上
2009	1.10	10.60	64.80	13.10	10.40
2010	1.30	12.30	61.20	15.00	10.20
2011	1.50	14.40	61.10	13.20	9.80
2012	1.50	14.30	60.50	13.30	10.40
2013	1.20	15.40	60.60	16.10	6.70

续表

年份	文盲	小学	初中	高中	中专及以上
2014	1.10	14.80	60.30	16.50	7.30
2015	1.10	14.00	59.70	16.90	8.30
2016	1.00	13.20	59.40	17.00	9.40

资料来源：历年《农民工监测调查报告》。

　　与农民工文化程度不断提升相反的是，农民工接受技能培训的比例却在不断降低，尤其是进入新常态时期以来，接受过技能培训的农民工所占比例从 2014 年的 34.80% 一直下降至 2016 年的 32.90%。事实上，近年来，国家高度重视农民工培训工作，出台多项政策，下大力发展职业教育培训。2003 年 9 月 9 日，包括农业部、劳动和社会保障部、教育部等在内的 6 部委联合下发《2003—2010 年全国农民工培训规划》。2008 年 12 月的国务院常务委员会会议进一步提出"有关部门和教育培训机构要增加农民工培训投入，扩大培训规模，改进培训方式，注重提高实用技能和就业技能"。2010 年国务院办公厅发布的《国务院办公厅关于进一步做好农民工培训工作的指导意见》中进一步提出了"统筹规划，分工负责，整合资源，提高效益；政府支持，市场运作，突出重点，讲求实效"的培训原则和"到2015 年，力争使有培训需求的农民工都得到一次以上的技能培训，掌握一项适应就业需要的实用技能"的培训目标。国务院为此专门成立了国务院农民工工作联席会议，负责全国农民工培训的统筹规划、综合协调和考核评估。2010 年 2 月人力资源和社会保障部、国家发改委及财政部进一步有针对性地联合下发了《关于进一步实施特别职业培训计划的通知》。中央政府同时开展了包括阳光工程、星火科技培训专项行动、雨露计划、农村劳动力技能就业计划、农村劳动力转移就业培训工程等多项培训计划，各地区政府也纷纷出台多项政策大力推进农民工职业培训工作。

　　然而从监测调查的数据不难看出，农民工培训政策的效果并不显著，2009—2012 年，接受过技能培训的农民工比例持续下降，而且下降幅度高达 18 个百分点，2012—2014 年有小幅反弹，但之后其占比又持续走低（见表 2 - 5）。

表 2 - 5 　　　　　　　农民工的技能培训情况　　　　　单位:%

年份	2009	2010	2011	2012	2013	2014	2015	2016
接受技能培训	48.90	47.60	31.20	30.80	32.70	34.80	33.10	32.90
没有接受技能培训	51.10	52.40	68.80	69.20	67.30	65.20	66.90	67.10

资料来源：历年《农民工监测调查报告》。

四　农民工的就业结构

1. 产业间农民工的就业结构及变化

农民工从制造业向服务业转移的就业趋势愈加明显。从表 2 - 6 中我们可以看到，2008 年以来，在第二产业就业的农民工占全部农民工的比重一路下降，而在第三产业就业的农民工占全部农民工的比例明显上升，从 40.7% 上升到 46.7%（上升了 6 个百分点）。从产业间的就业结构来看，农民工就业主要集中在第二产业和第三产业，并表现为从第二产业向第三产业转移的发展趋势，结合我国三次产业的结构变动不难看出，伴随着第三产业增加值占比的不断上升，农民工在第三产业的就业占比也同步上升，农民工在三次产业间就业结构的变动与我国产业结构的变动相一致。

分区域来看，农民工就业的行业结构特征较为一致。三大地区在第二产业就业的农民工占比持续下降，在第三产业就业的农民工占比持续上升。就变动速度而言，农民工在第二产业就业占比下降最快的是西部地区，其次是中部地区，东部地区下降最慢。农民工在第三产业就业占比上升最快的也是西部地区，其年均增长率为 2.10%，其次分别为中部地区的 1.63% 和东部地区的 1.16%（详见表 2 - 7）。

2. 产业内部农民工就业结构的变动

受统计数据的限制，我们这里主要考察农民工就业较为集中的行业，包括第二产业的制造业和建筑业，第三产业的交通运输、仓储和邮政业及批发和零售业、住宿和餐饮业及居民服务、修理和其他服务

表 2 − 6　　　　　　　　农民工就业结构的变化　　　　　　单位：%

年份	2008	2009	2010	2011	2012	2013	2014	2015	2016
第一产业	0.60	0.50	0.50	0.40	0.40	0.60	0.50	0.40	0.40
第二产业	58.70	58.30	57.60	57.50	57.10	56.80	56.60	55.10	52.90
制造业	37.20	36.10	36.70	36.00	35.70	31.40	31.30	31.10	30.50
建筑业	13.80	15.20	16.10	17.70	18.40	22.20	22.30	21.10	19.70
第三产业	40.70	41.20	41.90	42.10	42.50	42.60	43.00	44.50	46.70
交通运输、仓储和邮政业	6.40	6.80	6.90	6.60	6.60	6.30	6.50	6.40	6.40
批发和零售业	9.00	10.00	10.00	10.00	9.80	11.30	11.40	11.90	12.30
住宿和餐饮业	5.50	60.00	60.00	5.30	5.20	5.90	6.00	5.80	5.90
居民服务、修理和其他服务业	12.20	12.70	12.70	12.20	12.20	10.60	10.20	10.60	11.10

资料来源：《中国农村住户调查年鉴（2009）》和历年《农民工监测调查报告》。

表 2 − 7　　　　　　　　各地区农民工就业结构　　　　　　单位：%

东部地区						
年份	2010	2011	2012	2013	2014	2015
第一产业	0.50	0.40	0.40	0.50	0.40	0.40
第二产业	62.80	62.00	61.50	61.10	61.20	60.20
第三产业	37.20	37.60	38.10	38.40	38.40	39.40

中部地区						
年份	2010	2011	2012	2013	2014	2015
第一产业	0.50	0.60	0.60	0.50	0.40	0.30
第二产业	54.30	53.50	53.10	52.80	52.50	50.70
第三产业	45.20	45.90	46.30	46.70	47.10	49.00

西部地区						
年份	2010	2011	2012	2013	2014	2015
第一产业	0.90	1.00	1.00	0.90	0.80	0.70
第二产业	49.30	48.80	48.30	47.60	47.10	44.10
第三产业	49.80	50.20	50.70	51.50	52.10	55.20

资料来源：历年《农民工监测调查报告》。

业。数据显示，2008 年，在上述六个行业就业的农民工占其总量的
84.10%，2010 年上涨至 88.40%，随后这一比例有所下降，2015 年
为 85.90%。其中，在制造业就业的农民工占比持续降低至 2016 年
的 30.50%，在居民服务业就业的农民工占比也从 12.20% 下降至
11.10%。与上述行业相反，在建筑业及批发和零售业就业的农民工
占比分别从 2008 年的 13.80% 和 9.00% 增加至 2016 年的 19.70%
和 12.30%。

第二产业中，农民工依然主要集中在制造业。只是伴随着制造业
占 GDP 比重的持续下滑，在制造业就业的农民工占比也持续下降。
而且 2008 年制造业吸纳的农民工占第二产业吸纳农民工总量的
63.37%，到 2016 年这一比例仅为 56.44%，下降了近 8 个百分点。
因此，总体上看，制造业的农民工吸纳能力持续下降。相反，建筑业
的农民工吸纳能力则持续上涨，其吸纳的农民工占第二产业农民工总
量的比例从 2008 年的 23.51% 增加至 2016 年的 38.29%。结合产业
结构和就业结构的变动来看，第二产业内部农民工的就业结构与产业
结构的变动较为一致。

第三产业中，居民服务业、批发和零售业是农民工的主要就业选
择，在这两大行业就业的农民工占比明显高于交通运输、仓储和邮政
业及住宿和餐饮业。除去上述服务行业之外，农民工在其他服务行业
就业的比例呈上涨趋势，这说明农民工第三产业内部的就业结构渐趋
分散，开始由交通运输、仓储和邮政业，批发和零售业，住宿和餐饮
业和居民服务业慢慢向其他服务行业转移。

第三节　农民工的工作权益

一　农民工的工资水平

（一）农民工工资趋于上涨，但区域和行业差异依然存在

伴随着农民工总量的持续增加和"民工荒"趋势的不断加剧，我
国农民工工资从 2008 年的 1340 元一路上涨至 2016 年的 3572 元，增

长速度较快，但是其区域差异和行业差异依然存在。

分区域看，东部地区农民工的工资水平最高，中部地区次之，西部地区最低。2008 年三个地区农民工工资之比为 1.06∶1.00∶1，2016 年扩大至 1.11∶1.00∶1。从增速来看，2008—2016 年，东部地区农民工工资年均增长 12.58%，增速最快，其次为中部地区的 12.06%，西部地区农民工工资增速最慢，年均增长 11.98%。分阶段来看，自经济步入新常态以来，农民工工资增速明显下滑，相对于 2013 年来说，2016 年东部地区农民工工资的增长率下降了 10 个百分点还多，西部地区下降 9 个百分点，中部地区下滑程度较轻，仅下降了 5 个百分点。

以上变动仅仅考虑了农民工的名义工资水平，如果进一步把农民工生活成本纳入分析框架来考察农民工实际工资水平的话，农民工工资的区域差异没有上述描述的显著。据国家统计局发布的《2012 年全国农民工监测调查报告》显示，扣除生活成本之外，在东部地区务工的中部农民工的月收入结余为 1518 元，略高于在东部地区务工的西部农民工的 1344 元。然而，中西部地区农民工本地就业的月收入结余为 1557 元，这一水平明显高于外出务工。这也就是说，如果扣除生活成本的话，中西部地区的农民工在本地务工的实际工资甚至要高于外出在东部地区务工的实际工资，区域间农民工工资水平发生了逆向转变。但是农民工自西向东的总体流动趋势却没有改变，这说明传统劳动力流动理论所强调的绝对收益或比较收益并不足以解释农民工的跨区域流动。而伴随着中西部地区经济的快速发展和农民工工资差异的日渐缩小，越来越多的农民工选择本地转移就业，在中西部地区就业的农民工的增长率持续高于东部地区就是最好的佐证。

分行业看，交通运输、仓储和邮政业的农民工工资水平为 3775 元，六大行业中最高，住宿和餐饮业最低，仅有 2773 元，最高与最低相差 1002 元，农民工工资的行业差异非常明显（见表 2 - 8）。相对而言，服务业农民工工资的水平要低于第二产业农民工工资水平。从增长率上看，近年来我国制造业农民工工资的年均增速最快，其年均增长率为 12.62%。批发和零售业农民工工资的增速最慢，年均增长率不足 10%。

表2-8　　　　　历年外出农民工工资及其区域、行业分布　　　单位：元

年份	全国	东部	中部	西部	制造业	建筑业	交通运输、仓储和邮政业	批发和零售业	住宿和餐饮业	居民服务、修理和其他服务业
2008	1340	1352	1275	1273	1264	1534	1582	1397	1169	1219
2009	1417	1422	1350	1378	1331	1625	1671	1443	1264	1276
2010	1690	1696	1632	1643	1582	1946	1956	1716	1511	1520
2011	2049	2053	2006	1990	1920	2382	2485	2024	1807	1826
2012	2290	2286	2257	2226	2130	2654	2735	2228	2100	2058
2013	2609	2693	2534	2551	2537	2965	3133	2432	2366	2297
2014	2864	2966	2761	2797	2832	3292	3301	2554	2566	2532
2015	3072	3213	2918	2964	2970	3508	3553	2716	2723	2686
2016	3572	3454	3132	3117	3233	3687	3775	2839	2723	2851

资料来源：历年《农民工监测调查报告》。

（二）农民工与城镇职工的工资差距有所缩小，但同工不同酬现象依然存在

农民工与城镇职工同工不同酬一直是人们关注的焦点问题。从增长速度来看，近年来农民工工资的上涨速度甚至超过了城镇职工的工资上涨速度。但从绝对差距来看，两者之间的工资差距并没有缩小，反而从2009年的757.65元增加至2015年的866.48元，其间2014年的最高差距甚至达到1033.99元。因此，尽管从增速来看，农民工与城镇职工工资趋同，但是从绝对差距来看，同工不同酬的现象并没有消失。

如果把城镇职工进一步划分为城镇单位就业人员和城镇私营单位就业人员的话，我们不难发现，农民工与城镇私营单位就业人员的工资差距明显小于其与城镇单位就业人员的差距。① 如表2-9所示，

① 《中国统计年鉴》中关于城镇职工的工资水平实际上分为两个组别，一组为城镇单位就业人员，它不包含私营单位；另一组为城镇私营企业和个体企业就业人员。因此，分别对比这两组人员与农民工的工资差距，我们可以进一步明确农民工工资同化的组间差异。

2009—2015 年，农民工与城镇私营单位就业人员的工资差距仅从
99.58 元增加至 227.08 元，其间部分年份两者之间相差无几。而农民
工与城镇单位就业人员的工资差距则从 2009 年的 1270 元增加至 2015
年的 1538.33 元，其绝对差距较大。由此不难看出，农民工与城镇职
工的工资差距主要体现在其就业单位的性质上（见图 2 - 3、图 2 -
4）。

表 2 - 9　　　　　农民工工资与城镇职工工资的绝对差距　　　　单位：元

年份	2009	2010	2011	2012	2013	2014	2015
农民工工资与城镇单位就业人员工资差距	1270.00	1354.90	1434.25	1607.42	1681.25	1832.67	1538.33
农民工工资与城镇私营单位就业人员工资差距	99.58	39.92	-2.67	106.00	116.50	168.50	227.08
农民工工资与城镇职工工资差距	757.65	767.46	777.34	910.47	988.54	1033.99	866.48

资料来源：历年《农民工监测调查报告》和《中国统计年鉴》。

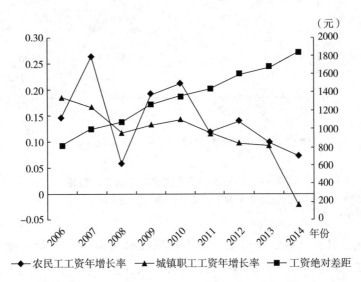

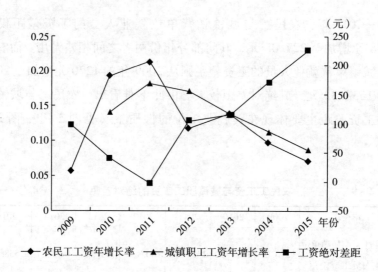

图 2 - 3　农民工与城镇单位就业人员（上）、城镇

私营单位就业人员（下）的工资差距

资料来源：历年《农民工监测调查报告》和《中国统计年鉴》。

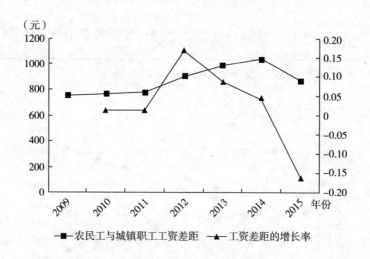

图 2 - 4　农民工与所有城镇职工的工资差距

资料来源：历年《农民工监测报告》和《中国统计年鉴》。

　　企业性质导致的农民工同工不同酬现象同样体现在多个行业中。从图 2 - 5 可以看出，2009—2015 年，在农民工就业较为集中的五大

行业中，农民工与城镇单位就业人员的工资差距均大于其与城镇私营
单位就业人员的工资差距。

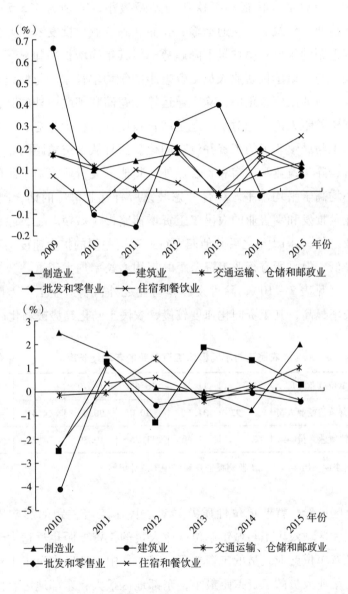

图 2-5 农民工与城镇单位就业人员（上）、城镇私营单位
就业人员（下）的行业工资差距的增长率

资料来源：历年《农民工监测报告》和《中国统计年鉴》。

　　分组来看，与城镇单位就业人员的工资差距中，交通运输、仓储和邮政业的年均差距最大，批发和零售业、制造业次之，均在 1200元以上，建筑业、住宿和餐饮业的差距最小，分别为 435 元和 512元。制造业，建筑业，交通运输、仓储和邮政业，批发零售业四大行业工资差距的年增长率均呈下降趋势，但其年均增长率却显著大于全部农民工与城镇单位就业人员工资差距的年均增长率。与城镇私营单位就业人员的工资差距中，除交通运输、仓储和邮政业外的其他四大行业工资差距无论是绝对水平还是增长速度都呈扩大趋势，这些行业的农民工与城镇职工的工资并没有同化。而且从工资差距的年均增长率来看，除建筑业和住宿和餐饮业外，其他三大行业工资差距的年均增长率均高于平均水平。综合考虑城镇所有就业单位的话，制造业、建筑业及批发和零售业的农民工工资增速略慢于城镇职工，除住宿和餐饮业之外，2012 年之后其他四大行业工资差距的扩大速度均不同程度的降低，但是所有行业工资差距的年均增长率均大于这一数据的平均水平（见表 2 - 10），除批发和零售业之外，制造业工资差距的年均增长率最高，其工资同化速度较慢，农民工同化趋势被弱化。

表 2 - 10　　　　　　　农民工与不同群体工资差距的年均增长率　　　　　　单位 : %

城镇单位就业人员	7.89	11.58	16.62	10.70	17.61	6.89
城镇私营单位就业人员	- 6.92	31.66	- 70.05	90.82	14.41	- 28.77
城镇就业人员	2.78	11.40	11.35	10.39	77.22	11.15

　　资料来源：历年《农民工监测报告》和《中国统计年鉴》。

　　分区域看，就业单位性质差异对农民工工资差距的影响同样存在，三大区域农民工与城镇单位就业人员的工资差距也远远大于其与城镇私营单位就业人员的工资差距。其中，中部地区农民工工资与城镇单位就业人员的工资差距最小，东部地区最大；东部地区农民工工资与城镇私营单位就业人员的工资差距最大，中部地区最小（详见表2 - 11）。

表 2 - 11　　　　　　　　　各相关统计指标的区域差异

指标	东部	中部	西部
农民工工资增长率（%）	13.30	12.73	12.95
城镇单位就业人员工资增长率（%）	8.88	10.39	11.01
城镇私营企业就业人员工资增长率（%）	14.44	12.97	14.25
城镇职工工资增长率（%）	10.62	10.00	11.02
农民工与城镇单位就业人员的工资差距（元）	1898.66	932.92	1143.40
农民工与城镇私营企业就业人员的工资差距（元）	271.24	-238.57	-33.96
农民工与城镇职工的工资差距（元）	1159.79	352.86	590.02
农民工与城镇单位就业人员的工资差距的增长率	8.11	8.73	10.46
农民工与城镇私营企业就业人员工资差距的增长率	18.64	40.82	161.11
农民工与城镇职工工资差距的增长率	4.86	-10.50	2.00

资料来源：历年《农民工监测调查报告》和《中国统计年鉴》。

二　农民工工作时间长短

历年农民工监测调查数据显示，农民工超时劳动的现象并无多大改善。2011—2016 年，农民工全年外出从业时间从 9.80 个月增加至 10.10 个月，平均每月工作时间从 25.40 天仅仅下降至 25.20 天，平均每天工作时间的变动也不显著，仅仅从 2011 年的 8.80 个小时减少至 2016 年的 8.70 个小时，周工作超过 44 小时的农民工比重下降也不明显，6 年来仅仅下降了 0.10 个百分点。日工作超过 8 小时的农民工占比下降得较为显著，从 2011 年的 42.40% 下降至 2016 年的 37.30%（见表 2 - 12）。

表 2 - 12　　　　　　　　　农民工工作时间

指标 ＼ 年份	2011	2012	2013	2014	2015	2016
全年外出从业时间（月）	9.80	9.90	9.90	10.00	10.10	10.10
平均每月工作时间（天）	25.40	25.30	25.20	25.30	25.20	25.20
平均每天工作时间（小时）	8.80	8.70	8.80	8.80	8.70	8.70
日工作超过 8 小时的农民工比重（%）	42.40	39.60	41.00	40.80	39.10	37.30
周工作超过 44 小时的农民工比重（%）	84.50	84.40	84.70	85.40	85.00	84.40

资料来源：历年《农民工监测调查报告》。

总的来说，农民工超时劳动的情况有所改善，但改善并不太明显。

三　农民工被拖欠工资情况

从时间上看，农民工被拖欠工资比例经历了两个发展阶段。

第一阶段，2009—2012年。这一阶段，农民工被拖欠工资的比例从1.80%显著下降至0.50%，这一期间，农民工被拖欠工资现象得到了较大改善。

第二阶段，2012—2016年。这一时期，农民工被拖欠工资的比例上升，从2012年的0.50%短时快速上升至2013年的1.00%，此后一直在1.00%左右徘徊，2016年略有下降。该时间段内，分地区看，农民工被拖欠工资现象均无多大缓解。与2013年相比，2015年东部地区农民工被拖欠工资比例持平，中西部地区农民工被拖欠工资比例均有不同程度的上升。分行业看，2013—2016年，建筑业农民工被拖欠工资比例保持不变，制造业，交通运输、仓储和邮政业，住宿和餐饮业均有不同程度的下降，但批发和零售业，居民服务、修理和其他服务业则显著上升。

表2-13　　　　　　　　　农民工被拖欠工资比例　　　　　　单位:%

年份 拖欠工资比例	2009	2010	2011	2012	2013	2014	2015	2016
合计	1.80	1.40	0.80	0.50	1.00	0.80	1.00	0.84
东部地区	—	—	—	—	0.80	0.50	0.80	—
中部地区	—	—	—	—	1.20	1.20	1.50	—
西部地区	—	—	—	—	1.20	1.10	1.30	—
制造业	—	—	—	—	1.00	0.80	1.00	0.84
建筑业	—	—	—	—	0.90	0.60	0.80	0.60
批发和零售业	—	—	—	—	1.80	1.40	2.00	1.80
交通运输、仓储和邮政业	—	—	—	—	0.10	0.30	0.30	0.20
住宿和餐饮业	—	—	—	—	0.90	0.50	0.70	0.40
居民服务、修理和其他服务业	—	—	—	—	0.60	0.30	0.30	0.30

资料来源：历年《农民工监测调查报告》。

四　农民工劳动合同签订情况

自 2008 年开始，我国实施新的《劳动合同法》，致力于规制劳动力市场，但对农民工而言，《劳动合同法》的效力却逐年衰减。2009年，劳动合同签订率为 42.80%，其后缓慢上升至 2012 年的 43.90%，但随后却逐渐降低，到 2016 年，签订劳动合同的农民工比例仅占 35.10%，不仅低于 2012 年的峰值，更是达到了 2009 年以来最低水平。劳动合同是雇主在违反履行劳动保护义务时，确定农民工和雇主法律责任义务关系的最重要法律文件，是农民工维权最直接、最有力的证据。与农民工劳动合同签订率不断下降相对应的是，农民工参保率的上升速度下滑，农民工被拖欠工资的比例也自 2012 年开始明显增加（见表 2-14）。

表 2-14　　历年农民工签订劳动合同比例和被拖欠工资比例　　单位：%

年份	2009	2010	2011	2012	2013	2014	2015	2016
签订劳动合同比例	42.80	42.00	43.80	43.90	41.30	38.00	36.20	35.10
拖欠工资比例	1.80	1.40	0.80	0.50	0.80	0.80	1.00	0.84

资料来源：历年《农民工监测调查报告》。

现阶段，中国出现了关于新《劳动合同法》的争议。有言论指出，现行劳动合同过于严格，对企业和雇员保护不对称，妨碍了劳动生产效率和劳动力市场的流动性，并认为过于严格的劳动合同最终会危害劳动者自身的利益。但事实上，新《劳动合同法》的实施并没有增强对农民工的保护，农民工劳动合同签订率不升反降，农民工参保率持续下降，农民工被拖欠工资的比例也有所上升。

第四节　农民工的社会保障

2003 年 4 月，国务院颁布的《工伤保险条例》，此条例于 2004年 1 月 1 日开始实施，条例中首次将农民工纳入保险范围。自此，农民工的社会保障工作受到政府和学界的高度关注，针对农民工社会保障的各项政策陆续推出。然而，2008 年以来，农民工社会保障覆盖率长期在低水平徘徊不前。到 2014 年年底，养老保险、医疗保险的覆盖率都不足 20%，覆盖率最高的工伤保险也只有 29.7%，而且 2008—2012 年工伤保险的参保率明显下降，2012 年以来才趋于提高，但增速非常缓慢（见表 2 - 15）。住房公积金的覆盖率最低，只有 5.5%。

表 2 - 15　　　　　2008 年以来农民工各项保险的参保率　　　　单位:%

险种＼年份	2008	2009	2010	2011	2012	2013	2014
养老保险	9.80	7.60	9.50	13.90	14.30	15.70	16.40
工伤保险	24.10	21.80	24.10	23.60	24.020	28.50	29.70
医疗保险	13.10	12.20	14.30	16.70	16.90	17.60	18.20
失业保险	3.70	3.90	4.90	8.00	8.40	9.10	9.80
生育保险	2.00	2.40	2.90	5.60	6.10	6.60	7.10

资料来源：历年《农民工监测调查报告》。

分地区来看，农民工社会保障的地区差异非常显著，中西部地区农民工的参保比例明显低于东部地区。历年《农民工监测调查报告》显示，2011 年以来，东部地区农民工社保的参保比例一直较高，到 2014 年，东部地区农民工工伤保险、医疗保险、养老保险、失业保险、生育保险和住房公积金的参保比例分别为 29.80%、20.40%、20.00%、12.40%、9.10% 和 6.00%，这 6 个数据均高于中西部地区。值得关注的是，2012 年以来，中西部地区农民工参保比例保持了较高的增长势头，其增长速度在某些年份甚至超过了东部地区。

分行业来看，农民工参保比例的差异也非常显著。相对而言，农民工就业较为集中的行业，包括第二产业的制造业和第三产业的交通运输、仓储和邮政业及批发和零售业和其他服务业等在内，在这些行业就业的农民工参保比例明显高于其他行业，而建筑业、住宿和餐饮业农民工的参保比例较低，而且，两者之间的差距非常显著。以2014年为例，建筑业农民工参保比例最低，制造业农民工参保比例较高，其中制造业农民工工伤保险、医疗保险、养老保险、失业保险、生育保险和住房公积金的参保比例分别为34.20%、22.10%、21.40%、13.10%、9.30%和5.30%，分别是建筑业农民工参保比例的2.3倍、4.1倍、5.5倍、6.2倍、7.9倍和5.9倍。

以上数据统计均来自历年全国农民工的监测调查数据。另外，中国住户收入调查数据能反映农民工的参保情况。中国住户收入调查数据始于1988年，1988年和1995年的两次调查主要针对城市家庭和农村家庭，并不涉及农民工群体。但从20世纪90年代中后期开始，大量农村劳动力涌入城市，成为我国城镇化进程中的重要群体。因此，2002年开始的第三次中国住户收入调查便单独纳入了农村—城市移民的相关数据。当年数据显示，农民工参加社会保障的比例极低，覆盖率最高的养老保险参保率也仅有4.50%。2013年的中国家庭收入调查数据（CHIP）显示，除工伤保险外，所调查农民工样本的参保率要高于全国农民工的监测调查数据，其原因在于2013年的调查样本主要来自城市的普通社区，能够在这些社区居住的农民工其城市融入度较高，社会保障参保率要高于一般水平。但是，尽管如此，CHIP数据显示的农民工参保率依然不高，覆盖率最高的养老保险刚刚超过20%，但工伤保险的参保率只有18.20%，参保状况最差的住房公积金仅有11%（见图2-6）。[①]

从全国监测调查数据和中国家庭收入调查数据的变化来看，尽管农民工的参保状况持续改善，但改善的速度却在下降。比如，全国监测调查数据中，农民工参保率的上涨幅度在2011年达到峰值，养老保险、医疗保险、失业保险和生育保险的参保率分别上涨46.32%、16.78%、63.27%和93.10%，但其后却明显下降，2016年上述四大保险的参保率仅上涨4.46%、3.41%、7.69%和7.58%。中国家庭

---

① 此处中国家庭收入调查数据（CHIP）的数据转引自章莉、高琴、杨穗、裴宝雨等人的工作论文《农民工社会保险参与状况及其变化趋势》，CIIDWP，No. 47。

收入调查数据中，2002—2007 年养老保险的参保率增加了 14.5 个百分点，但 2007—2013 年仅增加了 6.9 个百分点，失业保险的参保率在 2002—2007 年上升 11.4 个百分点，但 2007—2013 年仅上涨 5.1 个百分点，上涨速度明显下降（见图 2 - 7）。

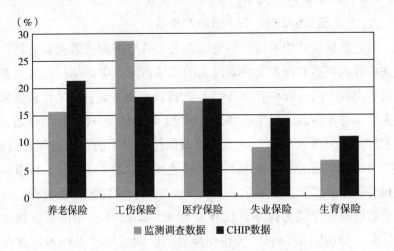

图 2 - 6　2013 年全国监测调查数据与中国家庭收入
调查数据（CHIP）的对比

资料来源：章莉、高琴、杨穗、裴宝雨（2016）。

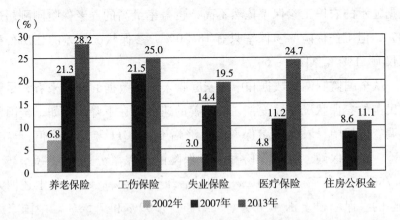

图 2 - 7　按中国家庭收入调查数据（CHIP）统计的农民工参保变化

注：资料来源中无 2002 年农民工工份保险和参保数据。

资料来源：章莉、高琴、杨穗、裴宝雨（2016）。

当然，2012 年以来农民工参保率的下降有其现实原因。2012 年以来，我国经济增速明显放慢，步入新常态时期，农民工社会保障扩面工作面临极其严峻的宏观经济形势，给企业带来了沉重的负担。有数据显示，员工社会保障缴费额占到企业用工成本的 30%—40%。因此，2016 年 2 月以来，媒体热议《劳动合同法》是否对企业保护不足、降低了中国劳动力市场的灵活性，再次激起了《劳动合同法》应当侧重保护劳动者权益还是尊重合同自由的讨论。2016 年 4 月，为了减轻企业的用工成本，中央政府出台了三项改革措施：其一，将生育保险和医疗保险合并；其二，临时性降低养老保险缴费；其三，限制住房公积金的缴费上限不得超过 12%。面对经济下行的压力，似乎出现了增强劳动者权益保护让位于提高企业经济效益的趋势。以上政策调整如果成为未来一段时间内的政策主导方向，农民工权利很可能出现暂时的或者是较长时间的倒退，甚至出现农民工各项劳动权利恶化的现象。

第三章 农民工生存状况的代际差异

本章结合 2008 年和 2015 年所作的调查，深入探讨了第一代农民工和第二代农民工生存状况的差异。研究发现，第一代农民工与第二代农民工在个人基本特征、社会保障、职业特征和工作权益等方面均存在较大差异。相对于第一代农民工，第二代农民工的文化素质相对较高、职业技能有所加强、就业结构有所优化、就业稳定性相对较强、工作条件显著改善、工资水平有所提高、社保投保率小幅提高、在城市的居住情况也优于第一代农民工。伴随着就业环境逐步优化，第二代农民工的社会认同感也显著加强，相对于第一代农民工，第二代农民工更为看重身份不被认同，这导致其在不被认同时的行为选择也不尽相同。

第一节 农民工生存状况的代际差异
——2008 年调查研究

2008 年，笔者依托相关课题进行了《农民工生存状况》的调查研究，研究采取调查问卷的形式。此次研究共发放调查问卷 1009 份，有效回收问卷 914 份。问卷发放范围为劳动力输出大省河南省的 18 个地市。综合来看，第一代农民工与第二代农民工的差异可以概括为以下方面。

一 农民工个人特征的代际差异

（一）第二代农民工中的女性务工者比例显著上升

调查研究显示，尽管两代农民工均以男性务工者为主，但是相较于第一代农民工,第二代农民工群体中女性务工者的比例显著上涨。第一代农民工中,女性务工者仅占其总量的24.18%,而第二代农民工中的女性务工者占比高达46.62%。

(二)第二代农民工文化素质相对较高,高素质文化群体所占比例有所上升

针对914位农民工的调查研究表明,相较于第一代农民工,第二代农民工的受教育程度显著提高。其中,第二代农民工小学及以下文化程度者所占比例仅为7.41%,显著低于第一代农民工的21.32%。第二代农民工初中文化程度者所占比例较第一代农民工的60.22%也有所提高,初中文化程度者共有307人,其占比达到66.88%(见表3-1)。高中文化程度的农民工占比在两代农民工中的差异不大,但是第二代农民工大专及以上文化程度的务工者比例显著高于第一代农民工,第二代农民工中的高素质务工者数量持续增加。

表3-1　　　　　　　　　　农民工文化程度的代际差异

文化程度	第一代农民工		第二代农民工	
	人数	比例	人数	比例
小学及以下	97	21.32%	34	7.41%
初中	274	60.22%	307	66.88%
高中	72	15.82%	74	16.12%
大专及以上	12	2.64%	44	9.59%

二 农民工职业特征的代际差异

第二代农民工的职业技能水平略高于第一代农民工。大量农民工的同质性使得我国的"技工荒"现象日益突出,为解决这一问题,中央和各级政府大力推进农民工职业培训工作,想尽办法提高农民工的技能水平,以满足产业发展对高技能劳动者的需求。从调查结果来看,各项政策措施取得了一定的效果。第二代农民工群体中,拥有职业技能证书的比例为19.82%,略高于第一代农民工的16.04%(见

表 3 - 2）。从职业技能证书的级别来看，第二代农民工群体中拥有高级技术资格证书的比例明显高于第一代农民工，第二代农民工的职业技能水平有所提高。

表 3 - 2　　　　　　　　　　农民工职业技能水平的代际差异

职业技能水平	第一代农民工		第二代农民工	
	人数	比例	人数	比例
无技术资格证书	382	83.96%	368	80.18%
有初级技术资格证书	45	9.89%	45	9.80%
有中级技术资格证书	23	5.05%	36	7.84%
有高级技术资格证书	5	1.10%	10	2.18%

　　第二代农民工的就业结构有所改善，从事高体力消耗工作的比例明显下降。从就业结构来看，第一代农民工从事建筑业的比例最高，占所有第一代农民工的 47.69%，而第二代农民工从事建筑业的比例显著降低，仅占第二代农民工总量的 16.99%。第二代农民工的就业结构呈现从建筑业向制造业转移的发展趋势，第二代农民工中从事制造业的比例高达 31.81%，明显高于第一代农民工的 14.29%，其在第三产业就业的比例也要高于第一代农民工（见表 3 - 3）。因此，我们可以看出，第二代农民工的就业结构有所改善，从事高体力消耗工作的第二代农民工显著减少，制造业和服务业成为第二代农民工的主要聚集地。

　　东部地区依然是第二代农民工主要的输入地。同第一代农民工一样，第二代农民工也呈现自西向东的转移趋势，东部地区依然是第二代农民工外出务工的首选地。这说明，即使是第二代农民工，区域间的经济差异依然是导致农民工流动的主要原因，农民工更加倾向于从经济条件差的地区流向经济条件好的地区，以谋求更高的工作收益。

三　农民工工作权益的代际差异

　　第二代农民工工资水平有所提高。从收入结构上看，第二代农民工 800 元以下的比例有所降低，800 元以上尤其是 1000 元以上的第二代农民工比例明显高于第一代农民工。其中，第二代农民工群体中，月工资在 1000—1200 元的占其总量的 22.44%，高于第一代农民工的 20.00%，第二代农民工月工资在 1200 元以上的占其总量的 24.40%，也高于第一代农民工的 22.20%（见表 3-4）。

表 3-3 农民工就业结构的代际差异

行业结构	第一代农民工		第二代农民工	
	人数	比例	人数	比例
制造业	65	14.29%	146	31.81%
建筑业	217	47.69%	78	16.99%
住宿和餐饮业	24	5.27%	59	12.85%
批发和零售业	30	6.59%	25	5.45%
交通运输、仓储和邮政业	18	3.96%	10	2.18%
房地产业	13	2.86%	9	1.96%
采矿业	9	1.98%	5	1.09%
其他服务业	79	17.36%	127	27.67%

表 3-4 农民工月平均工资水平的代际差异

工资水平	第一代农民工		第二代农民工	
	人数	比例	人数	比例
800 元以下	126	27.69%	104	22.66%
800—1000 元	137	30.11%	140	30.50%
1000—1200 元	91	20.00%	103	22.44%
1200 元以上	101	22.20%	112	24.40%

第二代农民工日平均工作时间有所缩短，超时工作现象有所改善。调查表明，日平均工作时间在 10 小时以上的第二代农民工占其总量的 36.17%，显著低于第一代农民工的 42.86%。日平均工作时

间在国家法定的 8 小时之内的第二代农民工占其总量的 7.19%，要高于第一代农民工的 5.93%（见表 3-5）。因此，整体来看，第二代农民工的日平均工作时间明显短于第一代农民工，第二代农民工的超时工作现象有所缓解。

表3-5　　　　　　　　　农民工日平均工作时间的代际差异

工作时间	第一代农民工		第二代农民工	
	人数	比例	人数	比例
8 小时以下	27	5.93%	33	7.19%
8—10 小时	233	51.21%	260	56.64%
10—12 小时	149	32.75%	132	28.76%
12 小时以上	46	10.11%	34	7.41%

第二代农民工的权益保护意识有所增强，但其权益依然得不到有效保障。从表 3-6 可以看出，第二代农民工的劳动合同签订率为 36.82%，要高于第一代农民工的 28.79%，第二代农民工的权益保护意识有所增强，但是从合同履行效果来看，3.92% 的第二代农民工认为劳动合同履行不好或者很差，认为合同履行较好的仅占 3.27%。因此，即使第二代农民工的权益保护意识有所增强，但是其权益保护的状况并没有得到多大改善。仅仅从被拖欠工资的情况来看，第二代农民工中曾经出现过克扣工资和拖欠工资现象的高达 60%。

表3-6　　　　　　　　　农民工劳动合同履行状况的代际差异

合同签订及履行情况	第一代农民工		第二代农民工	
	人数	比例	人数	比例
未签订合同	324	71.21%	290	63.18%
合同履行很好	14	3.08%	15	3.27%
合同履行不错	33	7.25%	47	10.24%
合同履行一般	54	11.87%	89	19.39%
合同履行不好或者很差	30	6.59%	18	3.92%

四 农民工社会保障的代际差异

相对于第一代农民工,第二代农民工的社会保障情况并无多大改善。整体上看,所有被调查的第二代农民工中,有53.72%的调查者认为国家的社会保障制度覆盖不是很全面,农民工没有享受到应有的保障,而有35.56%的调查者认为国家的社会保障制度只是一种形式上的立法而已,并没有真正得到实施,农民工争取社会保障权益的意愿也没有得到满足。因此,从社会保障的情况来看,第二代农民工较第一代农民工并无多大改善。

五 农民工主观诉求的代际差异

第二代农民工的身份认同感有所强化。我们针对农民工选择返乡的原因进行了调查,结果表明,14.16%的第一代农民工向农村回流是因为来自城市市民和雇主等各方面的歧视,然而,第二代农民工群体中,只有8.50%的人因为遭受歧视而回流农村。而且,在对农民工身份进行调查时,有50%以上的第一代农民工认为自己依然是农民,只有8%左右的第二代农民工认为自己是农民。这说明,相对于第一代农民工,第二代农民工的自我身份认同感有所强化。

第二代农民工的进城动机趋于多样化。从调查结果来看,第一代农民工之所以选择进城务工,主要是为了追求更高的经济收益,其进城务工动机呈现单纯的经济型特点。而第二代农民工进城务工的动机则趋于多样化,他们进城不再仅仅是为了更高的工资收入,而是开始追求更高质量的生活、自身更高层次的发展和更高的社会地位。数据显示,第一代农民工中,有51.00%的人进城打工是单纯为了挣钱,第二代农民工的这一比例则下降至44.00%,而因为要提升自身地位、体验城市生活等原因选择进城务工的第二代农民工明显多于第一代农民工,第二代农民工的进城务工动机呈经济型、生活型和发展型并重的特点。

第二代农民工进城务工的最终结果不同于第一代农民工。如前文所述,农民的市民化进程分两步走,第一步,从农村进入城市,实现

"农民非农化"①，即从农民变身为农民工；第二步，从农民工变身为市民，即实现"农民工市民化"。如果我们把农村剩余劳动力进城务工的结果表示为地域上、职业上的水平移动和社会地位的垂直上升②，那么第一代农民工关注的是地域和职业上的水平移动，具体地说他们关注的只是城市工作更高的收入，他们实现的是农民市民化的第一步——"农民非农化"，即由农民向农民工的转变。在经济利益实现之后，更多的第一代农民工选择回流至农村。数据显示，只有33.19%的第一代农民工愿意继续留在城市，其余的都选择回流至家乡。而第二代农民工更加关注第二步即市民化的过程，他们追求的是像城市市民一样的工资、社会保障、社会地位、稳定的职业等。因此，他们具有非常强的市民化意愿，有53.59%的第二代农民工希望最终能够留在城市，变为市民。遗憾的是，因为根深蒂固的二元体制和各种主观条件的限制，第二代农民工与其前辈第一代农民工一样，其市民化依然面临着多重障碍，其市民化能力和市民化程度均不高。

综上所述，第二代农民工与第一代农民工相比已经表现出了较大的差异。第二代农民工群体特征与第一代农民工相比，群体同质性不断减弱，而异质性、多样性、选择性不断增强，正是这种差异使得第二代农民工更为关注生活习惯、文化习俗、对工作目标的追求、权益的保护等，而且其在进城务工动机、个人特征、对待工作的态度、主观的意愿诉求等都有着自身巨大的特点。但是由于第二代农民工依然保有农民工群体的总体特征，再加上现存的制度安排和政策设计的障碍，使得这种客观因素和主观因素相互抵触，第二代农民工群体所面临的客观环境和自身具备的主观能动性的非均衡配置限制了其发展空间，导致第二代农民工的发展面临着与第一代农民工群体同样的困境。他们可能在极不情愿的情况下选择回乡创业，由此也延缓了整体

---

① 刘传江（2007）认为，农民市民化进程分为两步，第一步农民非农化，即由农民向农民工的转变；第二步农民工市民化，即由农民工到产业工人和市民的职业和身份的转变。

② 蔡昉（2001）在研究劳动力的迁移过程时指出，对于那些把转移到城市既视为地域上、职业上的水平移动，又视为社会地位的垂直上升的农村平均劳动力来说，具有转移的动机。

的城市化进程。

第二节　农民工生存状况的代际差异
——2015 年调查研究

　　为了进一步深入考察农民工的代际差异，课题组于 2015 年重新进行了问卷调查。此次调查共回收有效问卷 1009 份，问卷调查范围限定为传统的劳动力输出大省河南省，样本的地域分布为：郑州市 55 个、洛阳市 80 个、新乡市 120 个、焦作市 86 个、信阳市 79 个、商丘市 40 个、开封市 42 个、漯河市 34 个、平顶山市 50 个、三门峡市 37 个、濮阳市 32 个、驻马店市 100 个、鹤壁市 52 个、周口市 97 个、安阳市 64 个、南阳市 41 个。被调查农民工的输入地则集中在上海、浙江、广东、深圳、北京、福建等东部地区。此次调查问卷共涉及四个维度、共计 25 个生存状况的影响因素（具体内容见表 3 - 7）。

表 3 - 7　　　　　　　　　　农民工的生存状况指标

类别	因素	类别	因素
个人特征	性别 年龄 文化程度 婚姻状况 进城务工时间 与家乡的联系 城市居住方式	工作权益	月平均收入水平 日工作时间长短 工作中遇到的困难 法定节假日 劳动合同签订情况 安全防护情况 拖欠工资现象
职业特征	工作单位性质 从事的行业 受职业培训情况 就业稳定性 职业技能	社会保障	城镇养老保险 失业保险 住房公积金 住（租）房补贴 医疗保险 工伤保险

　　我们以 1980 年为界，将出生在 1980 年之前的农民工统计为第一代农民工，将 1980 年以来出生的农民工统计为第二代农民工。所有调查样本共计 1009 个，其中，第一代农民工 434 人，第二代农民工 575 人，第二代农民工占全部样本的 56.99%。

一　农民工个人特征的代际差异

　　性别上，两代农民工均以男性为主，男性农民工占比均在 60% 以上，而且其中已婚者居多，但是第二代农民工的已婚比例显著低于第一代农民工，第二代农民工的年龄普遍较低。

　　文化程度方面，第二代农民工受教育程度要明显高于第一代农民工。第一代农民工高中及以上文化程度者占 32.25%，第二代农民工则为 39.13%。

　　进城务工时间上，第一代农民工进城务工时间相对较长，5 年以上者占比为 58.96%，第二代农民工进城务工时间相对较短，5 年以上者仅占 38.25%，1 年以下者则占到 38.48%，而第一代农民工进城务工 1 年以下者仅占 14.96%，其进城务工时间相对较长。

　　从居住情况来看，第二代农民工居住情况稍稍优于第一代农民工，其租房与自有房屋的比例均高于第一代农民工。

　　与我们预期相反的是，第二代农民工与农村的联系并不少，而且明显的第二代农民工的回流意愿要略高于第一代农民工，第二代农民工中有意愿回流至流出地的占比高达 56.35%，而第一代农民工的这一比例为 53.46%（见表 3 - 8）。

表 3 - 8　　　　　　　　两代农民工的个人特征　　　　　　　　单位：%

	性别		文化程度			回流意愿		婚姻状况	
	男性	女性	初中及初中以下	高中	高中以上	回流	不回流	已婚	未婚
第一代农民工	61.06	38.94	67.75	29.72	2.53	53.46	46.54	82.72	17.28
第二代农民工	61.39	38.61	60.87	36.17	2.96	56.35	43.65	53.91	46.09

续表

	进城务工时间			与农村的联系		居住方式		
	1年以下	1—5年	5年以上	与家乡联系较多	与家乡联系较少	租赁房屋	单位宿舍	自有房屋
第一代农民工	14.96	26.09	58.96	64.06	35.94	47.47	47.00	5.53
第二代农民工	38.48	23.27	38.25	64.87	35.13	48.00	45.22	6.78

二　农民工职业特征的代际差异

从就业结构来看，两代农民工差异并不大，其就业结构均以第二产业为主，但是第二代农民工在第三产业就业的比例要高于第一代农民工，其就业结构相对于第一代农民工有所优化。

从工作单位性质来看，第二代农民工在三资企业的就业比例略低于第一代农民工，在国有企业就业的比例略高于第一代农民工。

从职业培训情况来看，第二代农民工接受职业培训的比例显著高于第一代农民工，相应的其职业技能水平也要高于第一代农民工，27.30%的第二代农民工中拥有职业技能证书，但是第一代农民工接受培训的比例仅占19.12%，其拥有职业技能证书的比例尚不足20%，明显低于第二代农民工（见表3－9）。

表3－9　　　　　　　两代农民工的职业特征　　　　单位:%

	就业结构		工作单位性质		
	第二产业	第三产业	国有企业	民营企业	三资企业
第一代农民工	63.82	26.18	41.94	48.16	9.91
第二代农民工	61.39	28.61	44.35	47.48	8.17

	职业培训		就业稳定性		职业技能水平	
	参加过职业培训	没参加过职业培训	稳定	不稳定	有技能证书	无技能证书
第一代农民工	19.12	80.88	21.66	78.34	19.35	80.65
第二代农民工	26.96	73.04	26.61	73.39	27.30	72.70

从就业稳定性来看，第二代农民工的就业稳定性要高于第一代农民工，其更换工作的频率相对较低。

三 农民工工作权益的代际差异

相对于第一代农民工，第二代农民工的工作权益有所改善，主要表现在以下几方面。

第一，劳动时间。第二代农民工的日工作时间比第一代农民工要短。第一代农民工每日平均工作时间在 10 小时以上的占到 35.02%，第二代农民工每日工作时间在 10 小时以上的占到 32.00%，略低于第一代农民工，而第二代农民工每日工作时间在 8 小时以内的明显高于第一代农民工。

第二，工资水平。相对于第一代农民工，第二代农民工的工资水平略高，2000—3000 元的占比为 15.48%，高于第一代农民工的13.36%，3000 元以上的同样高于第一代农民工，而 2000 元以下的占比则低于第一代农民工。而且，第二代农民工遭遇拖欠工资的比例明显低于第一代农民工。

第三，劳动合同、安全防护和节假日情况。从表中数据不难看出，无论是劳动合同签订情况、工作安全防护情况还是享受节假日情况，第二代农民工都优于第一代农民工。

除此之外，在选择工作中遇到的困难时，两代农民工也呈现明显的差异。相对而言，第一代农民工更看重工作中的劳动权益，而第二代农民工更注重身份认同，认为工作中遭受歧视的占比为 26.78%，要高于第一代农民工的 23.50%（见表 3 - 10）。

表 3 - 10　　　　　　　两代农民工的工作权益　　　　　　单位:%

	月平均工资				每日平均工作时间			
	2000 元以下	2000—3000 元	3000—5000 元	5000 元以上	8 小时以下	8—10 小时	10—12 小时	12 小时以上
第一代农民工	85.02	13.36	1.61	0	22.35	42.63	30.18	4.84
第二代农民工	82.09	15.48	2.43	0	29.91	38.09	28.70	3.30

续表

	是否享受法定节假日		工作中遇到的困难			
	有	没有	工作难找	劳动权益 不受保护	遭受歧视	其他
第一代农民工	34.33	65.67	29.26	35.71	23.50	11.52
第二代农民工	40.70	59.30	29.22	32.00	26.78	12.35
	是否签订劳动合同		安全防护是否到位		是否遭遇过拖欠工资	
	签订	不签订	到位	不到位	遇到过	没遇到过
第一代农民工	47.00	53.00	43.78	56.22	67.05	32.95
第二代农民工	51.48	48.52	51.48	48.52	60.00	40.00

四　农民工社会保障情况的代际差异

从表 3-11 中不难看出，除医疗保险外，第二代农民工各项保险的参保比例明显高于第一代农民工，伴随着第二代农民工日益成为农民工群体的主力军，农民工的社会保障情况有所改善。其中，第二代农民工养老保险的参保比例为 22.61%，高于第一代农民工的 17.51%，失业保险的参保比例为 18.96%，高于第一代农民工的 14.06%，住房公积金的缴纳比例为 16.00%，高于第一代农民工的 9.45%。有 19.30% 的第二代农民工享受到租房补贴，第一代农民工的这一比例仅为 12.21%。尽管第二代农民工医疗保险的参保比例略低于第一代农民工，但是第二代农民工工伤保险的参保比例显著高于第一代农民工。

表 3-11　　　　　　　　　两代农民工的社会保障情况　　　　　　　单位：%

	养老保险		失业保险		住房公积金	
	参保	没参保	参保	没参保	有	没有
第一代农民工	17.51	82.49	14.06	85.94	9.45	90.55
第二代农民工	22.61	77.39	18.96	81.04	16.00	84.00
	租房补贴		医疗保险		工伤保险	
	有	没有	参保	没参保	参保	没参保
第一代农民工	12.21	87.79	45.39	54.61	38.25	61.75
第二代农民工	19.30	80.70	45.04	54.96	43.13	56.87

　　总体而言，第一代农民工与第二代农民工呈现出如下差异。

　　第一，第二代农民工群体中女性务工者比例显著上升。尽管第二代农民工群体依然以男性农民工为主，但是女性农民工所占的比例显著上升，随着改革的不断深入，越来越多的农村女性开始走出家门、走向社会，走出农村、走向城市，追求一种新的生活。

　　第二，第二代农民工的文化素质相对较高。尤其是高中以上文化程度的农民工占比显著上升，而初中以下的农民工占比骤减。

　　第三，第二代农民工在城市的居住情况优于第一代农民工，其租房与自有房屋的比例均高于第一代农民工。

　　第四，第二代农民工的就业结构相对于第一代农民工有所优化，其从事第三产业的比例有所提高，从事第二产业尤其是建筑业的比例有所下降。

　　第五，第二代农民工群体的职业技能有所加强。第二代农民工接受职业培训的比例显著高于第一代农民工，相应的其职业技能水平也要高于第一代农民工。随着人们对流动就业和农民工问题认识的提高，各级政府特别是经济相对落后的输出地政府对培训和组织农村劳动力转移越来越重视，各项政策措施的有力执行有效地推动了农民工技能水平的提高。

　　第六，第二代农民工就业稳定性相对较强，其更换工作的频率相对较低。

　　第七，第二代农民工的工作条件显著改善。第二代农民工日平均工作时间相对短于第一代农民工，而工作中的安全防护措施较第一代农民工也更加到位，劳动合同签订比例明显上升，遭受拖欠工资的比例明显下降。

　　第八，第二代农民工的工资水平有所提高，工作的稳定性有所增强。正如前文所述，第一代农民工的就业结构较为简单，工作的同质性较强，可选择性也较强，再加上劳动供给过剩，使得雇主的可选择性增多，在这样双重的多选择性情况下，更换工作便成为他们的习惯之一，在他们看来，造成自己生存困境的原因不能归结为这种累积性的习惯。而对于第二代农民工来讲，工作的稳定性却是体现其自身价值的主要因素。特别是第二代农民工平均受教育程度的提高，第二代农民工的人力资本大幅上升，再有上一代农民工的积累性结果，其社会资本也要远远地高于第一代农民工，因此找到工作对他们来说已经不是难事，谋求工作职位的垂直上升是其主要工作目标，因此其工作稳定性相对较高。

第九，第二代农民工的社保参与情况有所改善，其各项保险的参保率均高于第一代农民工。

第十，第二代农民工更为看重身份不被认同。相对于第一代农民工，第二代农民工更加看重在工作中遭受到的各种身份歧视。因此，我们认为第二代农民工进城务工的最终结果不同于第一代农民工。如果我们把农村剩余劳动力进城务工的结果表示为地域上、职业上的水平移动和社会地位的垂直上升，那么第一代农民工关注的是地域和职业上的水平移动，具体地说他们关注的只是城市工作更高的收入，他们实现的是农民市民化的第一步——"农民非农化"，即由农民向农民工的转变，对于社会地位的追求则是微乎其微。相对于第一代农民工，第二代农民工拥有较强的留城意愿，他们非常关注自身进入城市生活以后的种种待遇，如社会保障水平、社会认同、社会地位的提高等，其市民化的愿望也更加强烈，主观上有助于中国农民非农化和城市化的进程。但是内在的个人方面的因素和外在的制度因素、市场因素等束缚了他们的市民化能力，就业岗位的水平移动并没有带来社会地位的上升，第二代农民工市民化的程度依然不高，对其生存现状依然不满。而且，在遭受到不公正待遇后，第二代农民工的回流意愿较为强烈，其意愿回流比例明显高于第一代农民工。

第四章 农民工回流意愿的代际差异

本章利用二分类 Logistic 分析方法，对两代农民工的回流意愿进行了实证分析，揭示了不同因素对两代农民工回流意愿的差异性影响，总结了回流和留城农民工的不同特征，为后文构建针对农民工代际差异的分流机制提供了现实依据。

实证研究表明，回流的第一代农民工具有如下特征：以男性、已婚农民工为主，与农村联系较多，进城务工时间不长，文化程度较低，社会保障的参保率较低，较少接受过职业培训、就业岗位不稳定、职业技能水平不高，工作收入较低，日工作时间较长，比较看重身份认同，劳动权益缺乏保障，劳动合同签订率低，拖欠工资现象严重，工作安全防护差。而选择留守城市的第一代农民工，其特征与回流农民工正好相反。回流的第二代农民工具有如下特征：以男性、未婚农民工为主，与农村联系较多，进城务工时间相对较长，文化程度不高，社会保障状况优于第一代农民工，职业培训情况良好、就业岗位稳定、职业技能水平相对较高，工作收入较高，日工作时间较长，比较看重身份认同，劳动权益有一定的保障，劳动合同签订率高，工作安全条件好，但拖欠工资现象严重。选择留守城市的第二代农民工，其特征与回流农民工正好相反。

按照前文所述，尽管第二代农民工市民化的意愿更加强烈，但是在遭受不公正待遇之后，第二代农民工的回流意愿也更强，明显强于第一代农民工。

说到回流，改革开放以来，我国已经发生过几次大规模的农民工回流现象。20 世纪 80 年代末和 90 年代初期由于经济增速放缓和城市治理等问题，外出农民工大量返乡。20 世纪 90 年代末开展的国企改革导致城市失业人口剧增。为此，政府设立户口限制、企业用工限制等多项二元化制度障碍，使大量农民工被动返乡。2008 年金融危机爆发之后，农民工就业较为集中的东部地区劳动密集型制造业受到沉重打击，大量农民工选择返乡就业。2008 年国家统计局河南调查总队对 4200 户河南农村住户抽样调查的结果显示，长三角、珠三角、北京等地区的河南省农民工回流显著，第二产业就业的农民工回流比达 10% 以上。贯穿整个"十二五"时期，农民工回流现象频繁且持续发生。2015 年 6 月《国务院办公厅关于支持农民工等人员返乡创业的意见》出台，进一步激发了农民工返乡创业热情，农民工回流趋势更加明显，目前全国约 450 万的农民工选择返乡创业，占农民工总数的 2%。

　　理论上，农民工自东向西的回流具有显著的结构效应，它既能倒逼推动我国产业结构的升级优化，也有利于区域间的协调发展。一方面，回流改变了劳动力要素的区间配置，有利于倒逼推动东部地区的产业升级。长期以来，我国农民工自西向东的流动为东部制造业的发展提供了丰富、低成本的劳动力，使得东部地区建立起来基于劳动力比较优势上的产业基础，并据此参与国际竞争，有利促进了中国制造的出口，拉动了经济增长。然而农民工的回流使得东部地区制造业的劳动力比较优势逐步弱化，并推动了农民工工资水平的不断上涨，这使得东部地区不得不放弃传统的、以劳动密集型低端制造业为主的产业发展格局，转而大力发展高科技产业和新兴产业，这有助于推动东部地区的产业价值链向中高端攀升，提升中国产业的国际竞争力。另一方面，农民工的大量回流为中西部地区提供了丰富的劳动力要素支撑，促使中西部地区经济回归到真正依靠要素禀赋优势的发展路径上来，这也是中西部地区得以承接产业转移、推动经济增长的重要基础。劳动密集型制造业向中西部地区的转移导致农民工的需求日益增加，地方政府进一步采取一系列优惠政策吸引劳动力回流，能够形成农民工回流与承接产业转移的良性互动。同时，资本积累到一定程度、具有一定技能水平的农民工返乡就业或创业势必会推动先进生产经验在区域内的扩散，有利于中西部等欠发达地区实现基于技术进步基础上的内生比较优势，最终推动中西部地区实现经济增长和经济转型同步发展，进而逐步缩小与东部地区的相对差距。

因此，在日益显著的农民工回流浪潮下，厘清农民工回流意愿的影响因素对推动我国经济结构调整有着重要的现实意义。本章内容就在厘清农民工回流意愿的基础上，重点分析两代农民工回流意愿影响因素的代际差异，从而构建分别针对第一代农民工和第二代农民工的回流和畅流机制，最终实现农民工回流的经济效应。

第一节　农民工回流的理论基础与研究综述

关于农民工的回流动因，已有理论研究可概括为以下两种。

第一，主动回流理论。早期的理论主要基于收益来解释劳动力的流动行为，如 Todaro（1969）[①] 侧重分析绝对收入差距对劳动力流动的影响，Easterlin（1974）[②] 的相对贫困假说则强调相对收入差距对劳动力行为的影响，Macunovich（1997）[③] 也进一步强调了相对收入在解释劳动力流动上的重要作用。也有越来越多的学者结合成本因素从比较收益的视角探讨劳动力回流的原因，从而扩大了劳动力流动的解释框架。如 Stark（1991）就曾指出基于收益和成本的比较衡量基础上的消费效用大小是影响劳动力回流意愿的重要因素。[④] Massey（1990）则把先行回流劳动力返乡后取得的成功看作导致更多劳动力选择回归故土的原因之一[⑤]。Dustmann（2002）也认为回流是迁移者在比较各方面收益和成本基础上的利益最大化选择。伴随着研究的不

---

① Michael P. Todaro, "A Model of Labor Migration and Urban Unemployment in Less Developed Countries", *American Economic Review*, 59（1）, 1969, pp. 138－148.

② Richard Easterlin, "Does Economic Growth Improve the Human Lot? Some Empirical Evidence", *Nations & Households in Economic Growth*, 1974, pp. 89－125.

③ Diane J. Macunovich, "A Conversation with Richard Easterlin", *Journal of Population Economics*, No. 10, 1997, pp. 119－136.

④ Stark, *The Migration of labor*, Cambridge, MA: Blackwell, 1991.

⑤ Massey, S., "Social Structure, Household Strategies, and the Cumulative Causation of Migration", *Population Index*, No. 1, 1990, pp. 3－26.

断深入，这种比较收益的内涵开始从纯经济收益逐渐向制度、文化、心理需求等综合层面延伸。[1] 其中，Hugo（1982）较早看到了转出地文化、故土意识和归属感等非经济因素对劳动力回流决策的影响[2]。Dustman 和 Weiss（2007）则构建了转移劳动力收益最大化的生命周期模型，该模型除了强调家乡和转入地的收入差距、人力资本和储蓄积累在家乡和转入地的预期收益差异等因素的重要作用，同时也把劳动力的主观偏好作为解释劳动力回流的重要变量。[3]

　　经过对比分析农民工在东部地区务工的收入和成本不难发现，上述基于比较收益基础上的主动回流理论具有充分的解释力。一方面，农民工务工收入区域同化趋势显著。2005—2016 年东、中、西部地区农民工月均收入的年均增速分别为 12.48%、13.41% 和 12.94%，2016 年在东、中、西部务工的农民工月均收入分别达到 3454 元、3132 元、3117 元，农民工务工收入的区域差距越来越小。另一方面，东部地区的务工成本持续上涨。2012 年中西部地区农民工在东部地区的月务工成本要高出在本地的务工成本 496 元，占农民工月收入水平的 20% 以上。近年来，东部地区持续上涨的房租、物价水平和子女教育费用导致这一发展趋势有增无减，进一步考虑到与家乡联系少、缺乏归属感等心理成本，中西部地区农民工在东部地区务工的比较收益低于其在本地务工的比较收益，农民工趋向回流。

　　第二，被动回流理论。上述观点主要用来解释为什么劳动力会选择主动回流，但对被动型的劳动力回流则缺乏解释力度。Stark（1995）进一步设计了基于不对称信息基础上的劳动力回流模型，该模型把关于劳动者技能水平的信息不对称看作导致低技能劳动力与高技能劳动力工资平均化的原因，伴随着工作过程的展开，信息不对称

　　[1]　Dustmann, C., "The Optimal Migration Duration and Activity Choice after Remigration", *Journal of Development Economics*, Vol. 67, No. 2, 2002, pp. 351 – 372.

　　[2]　Hugo, G., "Circular Migration in Indonesia", *Population and Development Review*, Vol. 8, No. 2, 1982, p. 59.

　　[3]　Dustmann, C. and Weiss, Y., "Return Migration: Theory and Empirical Evidence from the UK", *British Journal of Industrial Relations*, Vol. 45, No. 2, 2007, pp. 236 – 256.

逐步缓解，与技能水平不匹配的工资格局也开始调整，劳动力工资逐渐与其技能水平相匹配，最终低技能劳动力由于低工资被迫从高收入地区回流。① Lucas（2003）进一步指出就业机会的丧失也是导致劳动力被动回流的重要原因。② 结构理论进一步把就业机会的丧失归结为经济结构或者产业结构调整导致的结果。我国大量的农民工聚集在东部沿海地区传统制造业和劳动密集型产业，而这些部门的内迁导致与农民工相匹配的就业岗位更多地集中在中西部地区，伴随着东南沿海等地区产业的升级换代，较低技能水平的农民工将不再适应该地区产业发展的需要，他们不得不选择与自身技能水平相匹配的就业岗位，从而被动回流。其他诸如失业、年龄等因素也被用来解释我国农民工的回流决策。

现实中，主动和被动回流理论的各因素共同作用于我国农民工的返乡就业中，就如 E. S. Lee 在人口推拉理论中所强调的那样，劳动力流动是推力和拉力共同作用的结果。早期国内学者对我国农民工回流的原因分析表明，工资水平、就业环境、社会资本、人力资本、就业稳定性、经济制度、身份认同等因素都对农民工回流决策有重要影响。近年来国内学者在分析农民工回流的决定因素时，进一步强调了产业结构调整、区域产业转移、家庭劳动力禀赋、家庭人力资本和社会资本、家庭生命周期和社会保障等因素的作用（余运江等，2014）。③

综合来看，现有针对我国农民工返乡就业影响因素的研究可以概括为三个维度：个人维度、家庭维度和社会维度。个人维度包括年龄、文化程度、职业技能、婚姻状况、人力资本等因素，家庭维度包括家庭生命周期、家庭社会资本等因素，社会维度包括社会保障、宏观经济制度、结构调整等，它们通过拉力和推力机制共同影响农民工

① Stark, "Return and Dynamics: The Path of Labor Migration When Workers Differ in Their Skills and Information Is Asymmetric", *The Scandinavian Journal of Economics*, Vol. 97, No. 97, 1995, pp. 55 – 71.

② Robert E. B. Lucas, "The Economic Well – Being of Movers and Stayers: Assimilation, Impacts, Links and Proximity", *Australian Journal of Public Administration*, Vol. 32, No. 1, 2003, pp. 28 – 41.

③ 余运江、孙斌栋、孙旭：《社会保障对农民工回流意愿有影响吗？——基于上海调查数据的实证分析》，《人口与经济》2014 年第 6 期。

的回流决策。结合已有文献来看，对农民工回流动因的研究并不少见，但大多是基于上述某一角度的分散研究，而且究竟如何利用不同因素对农民工回流的差异影响来引导农民工回流效应的发挥，这个问题也鲜少有人做出明确的回答。尤其是对于东部地区而言，已有研究过分强调劳动力回流对其产业升级的倒逼推动作用，却忽视了产业升级的复杂性与长期性。在高新技术产业尚未成长为东部地区的主导产业之前，劳动密集型制造业依然是东部地区产业的支柱，盲目强调劳动力回流容易导致东部地区劳动力供给不足，加剧"民工荒"现象，也容易导致东部地区陷入"产业空心化"的困境。因此，本章内容从个人特征、社会保障、职业因素和工作权益四个维度上综合分析农民工从东部地区向中西部地区回流的影响因素，并进一步结合不同因素对两代农民工的差异性影响构建具有区域差异的农民工代际分流机制，以期通过区域间农民工的合理布局推动农民工回流效应的实现。

第二节　农民工回流意愿的总体分析

一　农民工回流意愿的描述性统计

根据课题组 2015 年所作问卷调查，有 44.99% 的农民工希望继续留在东部地区，55.01% 的农民工有回流意愿，其中有 65.10% 的农民工更倾向于返乡创业。不同因素对农民工回流意愿的影响具体如下。

1. 农民工个人特征。农民工回流意愿受性别、年龄、文化程度、婚姻状况、进城务工时间、与农村的联系、城市居住方式等个人特征的影响较为明显。①从绝对量上来看，555 位愿意回流的农民工以男性居多，占 54.96%，但从群体占比来看，男性农民工的回流意愿为 54.00%，低于女性的 56.31%①，女性农民工的回流意愿更加强烈。②已婚农民工的回流意愿稍强于未婚农民工，其回流比例分别为

———————

① 这里的回流比例指的是意愿回流的女性农民工占所有女性农民工样本总量的比重。若不做特殊说明，本书中的回流比例含义均与此相同。

55.67%和53.64%。③从农民工的年龄构成上来看，20岁以下的务工者中近51%最终会回流，其他年龄段的这一比例分别为21—30岁的57.48%，31—40岁的57.82%，41岁及以上的53.44%，回流农民工的年龄集中在20—40岁，以新生代农民工为主。因此，年龄对农民工回流意愿的影响不能完全用线性关系来概括，理应进行分段分析。④从教育水平来看，初中及以下、高中、大专及以上文化程度农民工意愿回流的比例分别为61.96%、43.32%和35.71%，农民工回流意愿与其文化程度呈反向线性关系，即伴随着教育水平的上升，农民工回流意愿趋于下降。⑤务工时间长短与农民工回流意愿负相关，务工时间越长，回流意愿越弱。其中务工时间5年及以下的农民工回流比例为71.15%，5—10年的为66.15%，10年以上的不足50%。⑥与农村联系的多少与农民工回流意愿正相关，与农村联系较多和较少的务工者回流比例分别为57.58%和50.14%。⑦农民工的居住方式也与其回流意愿显著相关，单独居住和集体住宿的回流比例分别为53.54%和56.77%，其中以租赁房屋形式单独居住的农民工回流比例明显要高于拥有自有住房的农民工。

　　2. 社会保障因素的影响。所有社会保障种类中，工伤保险和城镇医疗保险的普及率最高，分别为40.63%和45.09%，其他保险的普及率均不及20%。但是从回流比例来看，有无这两种保险对农民工的回流意愿并无多大影响，如有无城镇医疗保险的农民工回流比例分别为54.51%和55.60%，有无工伤保险的则为54.76%和55.37%。其他保险中，有无城镇养老保险的农民工回流比例分别为52.73%和55.64%，有无失业保险的分别为54.15%和59.39%，有无住房公积金的分别为52.9%和55.31%，有无住房补贴的分别为54.22%和55.16%。综合来看，社会保障缺失的农民工回流比例较高，但与参与城镇社会保障的农民工相比，其回流意愿差异并不太大，这说明社会保障对农民工的回流意愿有影响，但这种影响尚不显著。

　　3. 农民工职业因素的影响。①工作单位性质与农民工的回流意愿显著相关，其中国有企业的农民工回流意愿最低，其回流比例为52.1%，民营企业的回流比例为55.08%。与东南部沿海地区外资企业频频撤离中国的趋势相一致，外资企业的农民工回流意愿最强烈，其回流比例为 56.18%。②第二产业农民工的回流比例为 54.79%，略低于第三产业的 55.38%。其中，第二产业中制造业的回流比例略高于建筑业，第三产业中交通运输业的意愿回流比例最高，随后依次为住宿和餐饮业和批发和零售业，房地产业回流比例最低。③职业培训与农民工回流意愿反相关，没有接受过职业培训的农民工回流比例为 55.80%，高于接受过职业培训的 52.36%。④工作不稳定的农民工回流意愿要强于工作较为稳定的农民工。⑤拥有职业技能证书的农民工回流比例略高于没有职业技能证书的农民工，其中 60% 以上拥有职业技能证书而意愿回流的农民工选择回乡创业。

4. 农民工工作权益因素的影响。①月工资水平在 8000 元以下时，其与农民工的回流意愿呈 U 形相关，其中月工资 3000 元为 U 形曲线的拐点，当月工资低于 3000 元时，农民工回流意愿呈下降趋势，当月工资高于 3000 元但低于 8000 元时，农民工回流意愿呈上升趋势。一旦农民工月工资水平高于 8000 元时，其回流意愿显著降低。②农民工日工作时间长短与其回流意愿显著相关，两者呈 U 形关系。其中，每日工作 8 小时以下的农民工回流比例仅占 46.10%，8—10 小时的回流比例为 42.33%，10 小时以上的回流比例则高达 77.38%。③身份歧视依然是影响农民工回流的主要原因。农民工因为工作难找意愿回流的比例为 47.46%，因为劳动权益不受保护意愿回流的比例为 50.15%，而遭受歧视的农民工回流意愿最为强烈，其回流比例为 78.13%。④农民工因为无法享受国家法定节假日而意愿回流的比例要高于享受国家法定节假日而选择回流的比例，其比值分别为 56.35% 和 52.77%。⑤没有签订劳动合同的农民工回流比例为 57.48%，要高于签订劳动合同的 52.50%。同样地，因为缺乏安全防护选择回流的农民工比例和因为拖欠工资选择回流的农民工比例也明显较高。总之，工作权益是否能够得到保障是影响农民工回流意愿的重要变量。

二　农民工回流意愿的二分类 Logistic 回归分析

我们将农民工的回流意愿作为因变量。问卷中对农民工询问"您

对未来的打算",将答案为"回家乡就业"和"回家乡创业"的编码
为1(即有回流意愿),而将答案为"继续在东部打工"或"在东部
创业"的编码为0(即无回流意愿)。由于因变量属于典型的二分类
变量,因此我们采取二元Logistic回归模型进行实证分析。四个维度
共计25个变量的取值情况如表4-1所示。

表4-1   分类变量说明

类别	变量	变量说明
个人特征	性别	1=男性,0=女性
	年龄	分类变量1—3,数值越大,年龄越大
	文化程度	分类变量1—3,数值越大,文化程度越高
	婚姻状况	1=已婚,0=未婚
	进城务工时间	分类变量1—3,数值越大,进城务工时间越长
	与家乡的联系	1=联系较多,0=联系较少
	城市居住方式	1=租赁房屋,2=单位宿舍,3=自有房屋
社会保障	城镇养老保险	1=无城镇养老保险,0=有城镇养老保险
	失业保险	1=无失业保险,0=有失业保险
	住房公积金	1=无住房公积金,0=有住房公积金
	住(租)房补贴	1=无住(租)房补贴,0=有住(租)房补贴
	医疗保险	1=无城镇医疗保险,0=有城镇医疗保险
	工伤保险	1=无工伤保险,0=有工伤保险
职业因素	工作单位性质	1=国有企业,2=民营企业,3=外资企业
	从事的行业	1=第二产业,0=第三产业
	受职业培训情况	1=没有受过职业培训,0=受过职业培训
	就业稳定性	1=不稳定,0=稳定
	职业技能	1=没有职业技能证书,0=有职业技能证书
工作权益	月平均收入	分类变量1—3,数值越大,月收入水平越高
	日工作时间	分类变量1—4,数值越大,工作时间越长
	工作中遇到的困难	分类变量1—4,1=工作难找,2=劳动权益不受保护,3=遭受歧视,4=其他因素

续表

类别	变量	变量说明
工作权益	法定节假日	1 = 不享有法定节假日，0 = 享有法定节假日
	劳动合同签订情况	1 = 没有签订劳动合同，0 = 签订有劳动合同
	安全防护情况	1 = 安全保护措施不到位，0 = 安全保护措施到位
	拖欠工资现象	1 = 遇到过，0 = 没有遇到过

　　二分类 Logistic 回归分析结果显示，回归模型具有统计学意义。分析结果如表 4 – 2 所示。

表 4 – 2　　　　　　　　　二分类 Logistic 回归分析结果

自变量分类	自变量	B	S. E.	Wald	df	Sig.	Exp（B）
个人特征	性别	− 0.381	0.175	4.742	1	0.029 **	0.683
	年龄			22.631	2	0.000 ***	
	年龄（1）	0.042	0.326	0.017	1	0.897	1.043
	年龄（2）	0.790	0.203	15.172	1	0.000 ***	2.203
	文化程度			22.922	2	0.000 ***	
	文化程度（1）	1.202	0.505	5.664	1	0.017 **	3.326
	文化程度（2）	0.433	0.506	0.732	1	0.392	1.542
	婚姻状况	− 0.471	0.236	3.985	1	0.046 **	0.625
	进城务工时间			61.496	2	0.000 ***	
	进城务工时间（1）	1.609	0.229	49.341	1	0.000 ***	5.000
	进城务工时间（2）	1.321	0.211	39.268	1	0.000 ***	3.749
	进城务工时间（3）	0.364	0.162	5.048	1	0.025 **	1.439
	与家乡联系			12.885	2	0.002 ***	
	居住方式	1.267	0.363	12.150	1	0.000 ***	3.548
	居住方式（1）	1.270	0.362	12.331	1	0.000 ***	3.561
	居住方式（2）	− 0.381	0.175	4.742	1	0.029 **	0.683
社会保障	城镇养老保险	0.335	0.217	2.384	1	0.123	1.397
	失业保险	− 0.275	0.263	1.092	1	0.296	0.760
	住房公积金	− 0.295	0.296	0.992	1	0.319	0.745
	住（租）房补贴	0.161	0.276	0.343	1	0.558	1.175
	城镇医疗保险	− 0.201	0.162	1.532	1	0.216	0.818
	工伤保险	0.050	0.194	0.065	1	0.798	1.051

续表

自变量分类	自变量	B	S. E.	Wald	df	Sig.	Exp（B）
职业因素	单位性质			14. 845	2	0. 001 ***	
	单位性质（1）	0. 448	0. 290	2. 394	1	0. 122	1. 566
	单位性质（2）	-0. 183	0. 284	0. 414	1	0. 520	0. 833
	工作行业	-0. 017	0. 165	0. 010	1	0. 919	0. 983
	职业培训	-0. 139	0. 216	0. 414	1	0. 520	0. 870
	就业稳定性	-0. 151	0. 195	0. 594	1	0. 441	0. 860
	职业技能资格证书	-0. 211	0. 208	1. 023	1	0. 312	0. 810
工作权益	月收入			2. 088	2	0. 352	
	月收入（1）	0. 463	0. 566	0. 667	1	0. 414	1. 588
	月收入（2）	0. 713	0. 591	1. 457	1	0. 227	2. 040
	日工作时间			81. 195	3	0. 000 ***	
	日工作时间（1）	-1. 044	0. 420	6. 178	1	0. 013 **	0. 352
	日工作时间（2）	-1. 022	0. 402	6. 479	1	0. 011 **	0. 360
	日工作时间（3）	0. 672	0. 416	2. 616	1	0. 106	1. 958
	工作困难			52. 732	3	0. 000 ***	
	工作困难（1）	0. 371	0. 265	1. 957	1	0. 162	1. 449
	工作困难（2）	0. 380	0. 259	2. 153	1	0. 142	1. 463
	工作困难（3）	1. 718	0. 287	35. 937	1	0. 000 ***	5. 571
	国家法定节假日	0. 079	0. 186	0. 178	1	0. 673	1. 082
	劳动合同	0. 158	0. 175	0. 816	1	0. 366	1. 172
	Constant	-2. 948	0. 976	9. 113	1	0. 003 ***	0. 052
	Cox & Snell R^2	0. 709					
	Nagelkerke R^2	0. 880					

注：利用 SPSS 进行 Logistic 回归分析，拟合模型时默认取值水平高的为阳性（即回流）结果。这里的分析结果中，B 值主要指各因素对农民工回流的影响程度。

注："***""**"分别表示在1%和5%的水平上显著。Cox & Snell R^2 与 Nagelkerke R^2 越接近1，表示模型的拟合优度越高，即模型解释能力越强。

第一，个人特征维度。性别负向影响农民工回流意愿，即男性的回流意愿低于女性；年龄正向影响农民工回流意愿，而且年龄（2）

（即20—40岁）对农民工回流意愿的影响较年龄（1）（即20岁以下）更为显著；初中及以下文化程度〔即文化程度（1）和文化程度（2）〕对回流意愿的影响正向且显著；进城务工时间长短负向影响回流意愿，进城务工时间越短，回流意愿越强烈；居住方式双向影响农民工回流意愿。

第二，社会保障维度。社会保障因素对农民工回流意愿的影响正负不一，"城镇养老保险""住（租）房补贴""工伤保险"正向影响，尤其是"城镇养老保险"影响最为显著，没有城镇养老保险的农民工意愿回流比例较高。而"失业保险""住房公积金""城镇医疗保险"负向影响回流意愿，其综合影响较前两者更为显著。

第三，职业因素维度。相较于工作行业、职业培训和就业稳定性，单位性质的影响更显著，尤其是作为参考变量的"外资企业"对农民工回流意愿起正向、显著的影响。

第四，工作权益维度。与前文统计分析结果相一致，工资收入对回流意愿的影响程度呈U形变动，且影响相对显著；日工作时间长度对回流意愿的影响为负，即日工作时间越长，回流意愿越强；法定节假日和劳动合同签订情况对回流意愿的影响并不显著。

总的来看，回归分析与描述性统计分析的结果基本一致。其中，身份认同对农民工回流意愿的影响最为显著，进城务工时间长短、居住方式、年龄、文化程度、单位性质、城镇养老保险、与家乡的联系等对因素的影响也相对显著。综合四个维度变量对农民工回流意愿的影响水平来看，个人特征综合影响最强，工作权益因素次之，社会保障因素较弱，职业因素最弱。

从年龄上看，20—40岁的农民工回流意愿最为强烈，这部分农民工主要是1980年以来出生的第二代农民工。由此不难看出，农民工的回流意愿也呈现显著的代际差异，因此，我们将进一步分析两代农民工的回流意愿以及不同因素对其差异性影响，从而构建针对性的农民工代际分流机制。

第三节 农民工回流意愿的代际差异

通过前文分析影响农民工回流意愿的因素，我们发现，年龄特征对农民工的回流意愿有显著影响。因此我们以 1980 年为界，将农民工分为第一代农民工和第二代农民工，并对每个群体的相关特征分别进行统计性描述。

问卷调查的统计结果表明，1009 个被调查样本中共有第一代农民工 434 人，第二代农民工 575 人，其中第一代农民工的回流比例为 53.46%，第二代农民工的回流比例略高，为 56.35%。按照前文的分析框架，我们主要考察包括个人特征、职业因素、社会保障和工作权益四个维度共计 24 个变量对两代农民工回流意愿的影响。

分析方法我们依然采用二分类 Logistic 回归分析。第一代农民工回流意愿和第二代农民工回流意愿的回归分析结果分别见表 4 - 3 和表 4 - 4。综合不同因素对两代农民工回流意愿的差异性影响，我们可以得出结果如下。

表 4 - 3 第一代农民工回流意愿的回归分析

自变量分类	B	S.E.	Wald	df	Sig.	Exp（B）
性别	0.041	0.338	0.015	1	0.904	1.042
文化程度			13.244	2	0.001***	
文化程度（1）	0.841	1.175	0.512	1	0.474	2.319
文化程度（2）	- 0.376	1.193	0.100	1	0.752	0.686
婚姻状况	3.847	1.115	11.905	1	0.001***	46.838
进城务工时间			38.937	2	0.000***	
进城务工时间（1）	2.195	0.365	36.115	1	0.000***	8.983
进城务工时间（2）	1.809	0.386	22.021	1	0.000***	6.107
与农村联系	0.399	0.306	1.702	1	0.192	1.491
居住方式			6.538	2	0.038**	
居住方式（1）	1.734	0.716	5.870	1	0.015**	5.665

自变量分类	B	S. E.	Wald	df	Sig.	Exp（B）
居住方式（2）	1.800	0.707	6.478	1	0.011 **	6.047
养老保险	-0.052	0.430	0.015	1	0.903	0.949
失业保险	-0.282	0.634	0.198	1	0.656	0.754
住房公积金	-0.147	0.816	0.032	1	0.857	0.863
住房补贴	-0.010	0.728	0.000	1	0.989	0.990
医疗保险	-0.405	0.303	1.782	1	0.182	0.667
工伤保险	0.170	0.364	0.218	1	0.641	1.185
单位性质			3.549	2	0.170	
单位性质（1）	0.289	0.587	0.242	1	0.623	1.335
单位性质（2）	-0.285	0.569	0.251	1	0.617	0.752
工作行业	-0.417	0.342	1.492	1	0.222	0.659
职业培训	0.057	0.507	0.013	1	0.910	0.945
就业岗位是否稳定	0.256	0.412	0.385	1	0.535	0.774
职业技能资格证书	0.207	0.444	0.218	1	0.640	0.813
月收入			0.891	2	0.640	
月收入（1）	1.159	1.261	0.844	1	0.358	3.186
月收入（2）	1.042	1.307	0.635	1	0.426	2.835
工作时间			24.806	3	0.000 ***	
工作时间（1）	-1.063	0.735	2.091	1	0.148	0.345
工作时间（2）	-1.176	0.674	3.044	1	0.081 *	0.308
工作时间（3）	0.540	0.692	0.610	1	0.435	1.717
工作困难			16.985	3	0.001 ***	
工作困难（1）	0.098	0.489	0.040	1	0.842	1.103
工作困难（2）	0.225	0.483	0.216	1	0.642	1.252
工作困难（3）	1.840	0.558	10.865	1	0.001 ***	6.298
国家法定节假日	0.236	0.400	0.349	1	0.555	1.267
劳动合同	0.077	0.335	0.052	1	0.819	1.080
安全防护	0.176	0.332	0.283	1	0.595	0.838
拖欠工资	0.125	0.332	0.142	1	0.707	1.133
Constant	-7.069	2.299	9.458	1	0.002 ***	0.001

注："***""**""*"分别表示在1%、5%和10%的水平上显著。

表4－4   第二代农民工回流意愿的回归分析

自变量分类	B	S. E.	Wald	df	Sig.	Exp（B）
性别	0. 113	0. 226	0. 250	1	0. 617	1. 120
文化程度			8. 406	2	0. 015 **	
文化程度（1）	1. 136	0. 603	3. 549	1	0. 060	3. 114
文化程度（2）	0. 587	0. 607	0. 937	1	0. 333	1. 799
婚姻状况	－ 1. 155	0. 240	23. 172	1	0. 000 ***	0. 315
进城务工时间			9. 477	2	0. 009 ***	
进城务工时间（1）	0. 236	0. 318	0. 551	1	0. 458	1. 266
进城务工时间（2）	0. 815	0. 266	9. 406	1	0. 002 ***	2. 260
与农村联系	0. 469	0. 215	4. 760	1	0. 029	1. 598
居住方式			8. 228	2	0. 016 **	
居住方式（1）	1. 308	0. 460	8. 073	1	0. 004 ***	3. 698
居住方式（2）	1. 239	0. 457	7. 338	1	0. 007 ***	3. 451
养老保险	0. 813	0. 281	8. 345	1	0. 004 ***	2. 254
失业保险	－ 0. 596	0. 326	3. 334	1	0. 068	0. 551
住房公积金	－ 0. 088	0. 354	0. 061	1	0. 805	0. 916
住房补贴	0. 124	0. 338	0. 134	1	0. 715	1. 132
医疗保险	0. 130	0. 218	0. 357	1	0. 550	1. 139
工伤保险	－ 0. 097	0. 256	0. 143	1	0. 705	0. 908
单位性质			10. 024	2	0. 007 ***	
单位性质（1）	0. 505	0. 390	1. 679	1	0. 195	1. 658
单位性质（2）	－ 0. 185	0. 381	0. 236	1	0. 627	0. 831
工作行业	－ 0. 085	0. 217	0. 153	1	0. 696	0. 919
职业培训	－ 0. 166	0. 275	0. 364	1	0. 546	0. 847
就业岗位是否稳定	－ 0. 130	0. 261	0. 249	1	0. 618	0. 878
职业技能资格证书	－ 0. 138	0. 270	0. 262	1	0. 609	0. 871
月收入			1. 889	2	0. 389	
月收入（1）	0. 058	0. 687	0. 007	1	0. 933	1. 059
月收入（2）	0. 451	0. 722	0. 390	1	0. 532	1. 570
工作时间			47. 138	3	0. 000 ***	
工作时间（1）	－ 0. 395	0. 579	0. 466	1	0. 495	0. 673
工作时间（2）	－ 0. 347	0. 567	0. 376	1	0. 540	0. 707

续表

自变量分类	B	S. E.	Wald	df	Sig.	Exp（B）
工作时间（3）	1.411	0.587	5.766	1	0.016**	4.098
工作困难			28.853	3	0.000***	
工作困难（1）	0.626	0.348	3.225	1	0.073*	1.869
工作困难（2）	0.635	0.343	3.428	1	0.064*	1.886
工作困难（3）	1.827	0.380	23.183	1	0.000***	6.218
国家法定节假日	-0.024	0.238	0.010	1	0.920	0.976
劳动合同	-0.072	0.234	0.095	1	0.758	0.930
安全防护	-0.413	0.224	3.405	1	0.065*	0.662
拖欠工资	0.075	0.220	0.115	1	0.735	1.078
Constant	-2.591	1.208	4.596	1	0.032*	0.075

注："***""**""*"分别表示在1%、5%和10%的水平上显著。

一　第一代农民工的回流意愿分析

1. 个人特征因素

性别、婚姻、进城务工时间、与农村的联系、城市居住方式等均正向影响农民工回流意愿，即男性农民工、已婚农民工、与农村联系较多的农民工回流意愿越强。和进城5年以上的农民工相比，进城务工一年以下的农民工回归系数明显大于进城务工时间在1—5年的农民工的回归系数，这说明进城务工时间越短，回流意愿越强。

文化程度上，文化程度越高，回流意愿越弱，相对于大专及以上文化程度的农民工，初中及以下文化程度的农民工回流意愿明显高于高中文化程度的回流意愿，即高中文化程度者更加不愿意回流。

居住方式上，相对于在城市自有房屋的农民工，住在单位宿舍的农民工回流意愿要高于租赁房屋的农民工，只是两者的差异并不大。也可以这么说，无论是租赁房屋还是住在单位宿舍，第一代农民工的回流意愿均较强。

2. 社会保障因素

除工伤保险外，社保负向影响第一代农民工的回流意愿，从变量设置上来看，这意味着参加城镇养老保险、失业保险、医疗保险，缴纳住房公积金和拥有住房补贴的农民工更加不愿意回流，但因为农民工各项保险的参保率较低，所以社会保障因素的回归系数均不高，其显著性有限。

3. 职业因素

单位性质方面，相对于外资企业，国有企业的回归系数为正，民营企业的回归系数为负，即对于第一代农民工而言，在国有企业工作的农民工回流意愿要强于在民营企业工作的农民工。

就业行业方面，第二产业就业的第一代农民工回流意愿较弱，其回归系数为负。

职业培训、就业岗位是否稳定、职业技能资格证书等三个因素正向影响第一代农民工回流意愿。即接受过职业培训、就业岗位较为稳定、拥有职业技能资格证书的农民工回流意愿较弱，回流的第一代农民工在职业培训、就业岗位稳定性和职业技能方面与留守农民工有一定的差异。相对于职业培训和职业技能，就业的稳定性是影响第一代农民工回流意愿的重要因素。

4. 工作权益因素

就工作收入而言，工作收入（1）的回归系数要大于工作收入（2）的回归系数，即工作收入越低，其回流意愿越强。

就工作时间而言，日工作时间在 10—12 小时的回归系数为正，其回流意愿要强于日工作时间在 8—10 小时和 8 小时以下的农民工。

相对于其他因素，因为工作中遭受歧视而选择回流的农民工其回流意愿最为强烈，其次为劳动权益不受保护，其回归系数要大于工作难找的回归系数。对于第一代农民工而言，身份认同依然是影响其回流意愿的重要因素。

此外，不能享受国家法定节假日、没有签订劳动合同、安全防护措施不到位、遭遇过拖欠工资的第一代农民工，其回流意愿明显高于享受节假日、签订有劳动合同、安全防护措施到位和没有被拖欠工资的第一代农民工。

综上，回流的第一代农民工具有如下特征：以男性、已婚农民工为主，与农村联系较多，进城务工时间不长，文化程度较低，社会保障的参保率较低，较少接受过职业培训、就业岗位不稳定、职业技能水平不高，工作收入较低，日工作时间较长，比较看重身份认同，劳动权益缺乏保障，劳动合同签订率低，拖欠工资现象严重，工作安全防护差。其中婚姻状况、进城务工时间长短、身份认同、居住条件对第一代农民工回流意愿的影响较为强烈，其回归系数均在1.8以上。而选择留守城市的第一代农民工，其特征与回流农民工正好相反。

二　第二代农民工的回流意愿分析

1. 个人特征因素

性别、文化程度、进城务工时间、与农村的联系、城市居住方式等均正向影响农民工回流意愿，婚姻负向影响农民工的回流意愿。即男性农民工、未婚农民工、与农村联系较多的第二代农民工回流意愿较强。和进城5年以上的农民工相比，进城务工一年以下的农民工回归系数明显小于进城务工时间在1—5年的农民工的回归系数，这说明进城务工时间越长，第二代农民工的回流意愿越强。

文化程度上，文化程度越高，回流意愿越弱，相对于大专及以上文化程度的农民工，初中及以下文化程度的农民工回流意愿明显高于高中文化程度的回流意愿，即高中文化程度者更加不愿意回流。

居住方式上，相对于在城市自有房屋的农民工，住在单位宿舍的农民工回流意愿要低于租赁房屋的农民工，只是两者的差异并不大，无论是哪一种居住方式，其对回流意愿的影响相对于其他个人特征，均较高。

2. 社会保障因素

养老保险、住房补贴、医疗保险正向影响第二代农民工的回流意愿，即无城镇养老保险、无住房补贴、无城镇医疗保险的农民工回流意愿相对较强。

失业保险、住房公积金、工伤保险等负向影响第二代农民工的回流意愿，即有失业保险、有住房公积金和工伤保险的农民工回流意愿相对较强。

从各个保险的参保率来看，第二代农民工的参保率明显高于第一代农民工，但是参保率的提高并没有降低第二代农民工的回流意愿，这与已有的研究结论有所区别。从中不难看出，社会保障因素对于农民工回流意愿的影响并不稳定。对于第二代农民工而言，不同社会保障因素的影响不尽相同，他们在城市生活更加看重的是养老保险和医疗保险。

3. 职业因素

单位性质方面，相对于外资企业，国有企业的回归系数为正，民营企业的回归系数为负，即对于第二代农民工而言，在国有企业工作的农民工回流意愿要强于在民营企业工作的农民工，这一点与第一代农民工相同。我们分析认为，尽管农民工在国有企业就业，但是其岗位流动性较强，签订合同比例较低，并不是我们真正意义上的国有企业职工，大多只是临时聘用人员，因此，其回流意愿反而会强于民营企业。

此外，第二产业就业的第一代农民工回流意愿较弱，其回归系数为负。职业培训、就业岗位是否稳定、职业技能资格证书等三个因素负向影响第一代农民工回流意愿。即接受过职业培训、就业岗位较为稳定、拥有职业技能资格证书的第二代农民工回流意愿相对较强。相对于就业的稳定性和职业技能，职业培训是影响第二代农民工回流意愿的重要因素。

4. 工作权益因素

就工作收入而言，工作收入（1）的回归系数要小于工作收入（2）的回归系数，即工作收入越高，其回流意愿越强。

就工作时间而言，日工作时间在 10—12 小时的回归系数为正，工作时间在 10 小时以下的回归系数为负，日工作时间在 10—12 小时的第二代农民工回流意愿要强于日工作时间在 8—10 小时和 8 小时以下的农民工。

相对于其他因素，因为工作中遭受歧视而选择回流的第二代农民工其回流意愿最为强烈，其次为劳动权益不受保护，其回归系数要大于工作难找的回归系数。对于第二代农民工而言，身份认同依然是影响其回流意愿的重要因素，这与第一代农民工并无二致。

此外，不能享受国家法定节假日、没有签订劳动合同、安全防护措施不到位的第二代农民工，其回流意愿要弱于享受节假日、签订有劳动合同、安全防护措施到位的第二代农民工，这与第一代农民工的差异较大。拖欠工资对第二代农民工回流意愿的影响则与第一代农民工相同，遭受过拖欠工资的第二代农民工回流意愿要强于没有遭受过拖欠工资的第二代农民工。

综上，回流的第二代农民工具有如下特征：以男性、未婚农民工为主，与农村联系较多，进城务工时间相对较长，文化程度不高，社会保障状况优于第一代农民工，职业培训情况良好、就业岗位稳定、职业技能水平相对较高，工作收入较高，日工作时间较长，比较看重身份认同，劳动权益有一定的保障，劳动合同签订率高，工作安全条件好，但拖欠工资现象严重。其中，身份认同对农民工回流意愿的影响最强烈，其回归系数在1.8以上。而选择留守城市的第二代农民工，其特征与回流农民工正好相反。

三　两代农民工回流意愿的差异

第一，个人特征因素。对于第一代农民工而言，婚姻、进城务工时间对于其回流意愿的影响较为强烈，回归系数较大，对于第二代农民工，上述两个变量的影响并不显著，反而是居住方式影响最强，其回归系数最大。性别上，相对于第一代农民工，第二代农民工中男性的回流意愿显然更强；就婚姻状况而言，第一代农民工中的已婚群体回流意愿明显更强，而第二代农民工中的已婚群体其回流意愿的回归系数为负，即第二代农民工中的已婚者更加偏向于留守城市。文化程度方面，两代农民工的差异不大，文化程度越低，回流意愿越强，只是同一文化水平而言，第二代农民工的回流意愿要强于第一代农民工。

第二，社会保障因素。除工伤保险外，其他社会保障因素均正向影响第一代农民工的回流意愿，但是其对第二代农民工回流意愿的影响出现了分化，养老保险、住房补贴、医疗保险正向影响第二代农民工的回流意愿，失业保险、住房公积金、工伤保险等负向影响第二代农民工的回流意愿。这说明相对于第二代农民工，是否参加各项社会保险是影响其回流还是留守的重要因素，但是第二代农民工受其影响不大。

第三，职业因素。无论是第一代农民工还是第二代农民工，在国有企业工作的回流意愿均高于民营企业，非正规就业对农民工的回流意愿影响较大。除此之外，不同职业因素对两代农民工的影响完全不同。选择留守在城市和东部地区的第一代农民工大多工作稳定、接受过职业培训、技能水平较高，但是对于第二代农民工而言，接受过职业培训、技能水平较高、工作较为稳定的农民工回流意愿反而更加强烈。同为技能型农民工，其行为选择差异较大。另外，第一代农民工更加看重工作稳定性，第二代农民工更加看重职业培训。

第四，工作权益因素。工作收入高低对两代农民工的影响差异较大，对于第一代农民工而言，工资越低，回流意愿越强，但是对于第二代农民工而言，回流的农民工工资水平相对较高，其在城市中工作时间较长，积累了一定的资本。日工作时间长短对两代农民工回流意愿的影响差异不大，日工作时间越长，回流意愿越强烈。而且，与第一代农民工一样，第二代农民工同样看重身份认同，因为工作中遭受歧视而选择回流的第一代农民工和第二代农民工回流意愿均最为强烈。但是，是否享有国家法定节假日、是否签订劳动合同、安全防护措施是否到位对两代农民工回流意愿的影响完全相反。

综上，不同因素对两代农民工回流意愿的影响不尽相同，这为我们构建农民工的代际分流机制提供了实证基础。

第五章 农民工代际差异对我国
劳动力市场的影响

农民工群体的代际分化对我国劳动力市场有着显著的影响。其一,加剧了"民工荒"现象的常态化进程,使得"民工荒"呈现内生性与持续性的特征。其二,农民工群体内部的结构分流日益显著。产业结构上,农民工的就业结构开始由第二产业向第三产业转移,其就业结构与产业结构的背离程度弱化;区域结构上,中西部地区农民工外出务工的势头有所减缓,农民工回流趋势显著,中西部地区就业结构与产业结构趋于均衡;阶层结构上,农民工群体内部呈现明显的社会分层,技能型农民工与非技能型农民工发展呈现巨大差异。其三,代际差异视角下,"民工荒"的常态化使得农民工工资上涨压力不断加大,我国制造业劳动力成本上升显著,东部地区制造业的发展优势逐步被弱化,而中西部地区发展优势凸显。

第一节 "民工荒"的内生性与持续性

一 "民工荒"现象概述

改革开放以来,伴随着城乡移民政策的松动,我国大量农村剩余劳动力选择脱离原有的农业生产,转而进城务工,这一行为的大规模爆发导致20世纪90年代开始,我国形成了世界上最大规模的移民潮——"民工潮"。但是,自2004年开始,我国劳动力市场发生了重大改变,原本被认为自西向东无限供给的农村剩余劳动力开始出现短缺,"民工荒"现象应运而生。这使得学术界和政界开始重新审视农村劳动力的流动，寻求各种措施解决"民工荒"问题。

针对 2004 年东部沿海地区的"民工荒"现象，我国劳动和社会保障部专门针对农民工的供需展开了调查研究，结果表明：2004 年的"民工荒"现象主要源于农民工的供给无法满足当年针对农民工的需求。数据调查显示，当年农民工供给增加了 5%，而对于农民工的用工需求却足足增加了 13%，导致许多城市和企业遭遇了"民工潮"爆发以来的首次"民工荒"。①

"民工荒"的出现极大冲击了我们对劳动力市场的认识。长期以来，中国的劳动力市场均处于供过于求的状况，尤其是丰富的农村剩余劳动力的存在，使得我国的劳动力被认为是近乎无限供给的。但是"民工荒"的出现打破了我们的这一认识，而且，2004 年之后我国的"民工荒"现象并没有消失，反而愈演愈烈，农民工缺口日益增大。2007 年劳动和社会保障部的调查研究表明：2006 年我国的"民工荒"较 2004 年更为严重，仅 2006 年的春季，有 32% 的企业用工需求得不到满足，这其中有 32% 的企业用工缺口在 25% 及以下，有高达 30% 的企业用工缺口在 25% 以上。而广东省劳动部门对广东省劳动力市场所做的调查显示，其用工缺口比劳动和社会保障部的调查结果要更为严重，2006 年全广东省有高达 60% 以上的劳动密集型企业均面临严重的用工短缺，农民工供给数量与需求量之间的缺口高达 200 万人以上。与此同时，许多企业还面临着严重的劳动力流失现象，据统计，当年广东省的企业在招进一个普通工人的同时会流失 0.73 个普通工人，而技术工人的这一比例为 1:0.67。

发展到 2007 年，"民工荒"现象进一步出现了一个新的变化，除了广东等东部发达地区之外，中西部地区一些传统的劳动力输出省份也开始遭遇用工荒。其中就包括山东、江西和安徽等省份。安徽省劳动部门的统计则显示，2006 年整个安徽省的劳动力短缺数量在 40 万

---

① 资料来源：南方网，http://www.southcn.com/weekend/top/200407150009.htm。

人以上，这在之前是从来没有发生过的事情①，而安徽省服装玩具加工、机械加工、电子加工等部分劳动密集型制造业的缺工率一度曾高达72%。

　　2008年，爆发自美国的次贷危机蔓延至全球，爆发了新一轮的国际金融危机。受此影响，原本集聚在我国东南部沿海地区的劳动密集型制造业遭受巨大冲击，企业"倒闭潮"频发，而且波及省份越来越多，波及范围越来越广。受此冲击，原本主要在这些地区打工的农民工纷纷下岗失业，不得已的情况下，大量农民工纷纷回流至原来的劳动力输出地，"失业潮""返乡潮"同时爆发。发展到2010年，在各个国家纷纷采取应对危机的策略之后，全世界的经济开始趋于稳定，中国经济也开始从金融危机的冲击中快速复苏，东部沿海地区企业对劳动力的需求开始扩张，然而农民工自东向西的回流趋势却没有减弱，再加上农民工总量的增长速度逐步下滑，导致我国东部地区遭遇了新一轮的"民工荒"，此后一直持续至今。值得我们注意的是，在大量农民工回流至中西部地区的同时，中西部地区的用工荒现象不仅没有缓解，也开始有所加剧。由此，许多学者纷纷推断我国的刘易斯拐点已经到来，劳动力已经从原来的无限供给变为有限供给。不管刘易斯拐点是否到来，自2004年以来，我国的"民工荒"现象确实发生了诸多明显改变。

　　规模上，2004年首次"民工荒"主要爆发在劳动密集型制造业较为集中的东南部沿海地区，尤其是珠三角、闽东南、浙东南等地区，上述地区的农民工缺口均在10%以上。2010年，上述地区的用工缺口进一步增加，仅仅是珠三角地区就有超过200万人的用工需求得不到满足。除此之外，中部地区的湖北、安徽、江西和西部的重庆等地区的劳动力短缺数量也显著增加。总之，自2004年首次爆发"民工荒"以来，我国的农民工短缺规模持续增加。

　　区域分布上，2004年爆发的首次"民工荒"主要发生在东南部

────────────

① 资料来源：新华网《"民工荒"向中西部地区扩散》，《南方日报》2007年4月23日。

沿海地区，但是从 2007 年开始，"民工荒"的波及范围越来越大，不仅仅是劳动密集型制造业较为集中的东部沿海地区，就连原本的湖北、安徽、江西等劳动力输出大省也开始遭遇用工短缺，"民工荒"逐渐从东南部沿海地区向中西部内陆地区蔓延，从 2004 年的局域性的"民工荒"发展成为一种全国性的现象。

行业分布上，2004 年的劳工短缺主要分布在机械加工、模具、电器设备、数控机床等高附加值的制造业，短缺的农民工主要是技术工人。2008 年劳工短缺进一步蔓延至普通的加工制造业，原本农民工充分供给的建筑和家装行业，甚至包括餐饮、住宿和家政服务业等都开始遭遇用工短缺。短缺农民工的类型也从原来的技能型扩展为普通农民工。《南方都市报》2014 年的一篇报道显示，珠三角一些原本农民工充分供给的加工制造业和传统服务业的用工缺口高达70%以上①。

劳动力类型上，"民工荒"也从原来的"技工荒"发展为"普工荒"，而且"普工荒"的趋势愈演愈烈。据有关调查显示，2010 年，我国普通劳动力缺口占总劳动力短缺人数的68%，部分缺工较为严重的企业普通劳动力的缺口甚至达到了85%—95%，相对而言，高技能劳动力的用工缺口则要小得多。

时间分布上，"民工荒"现象也从早期的节日荒尤其是春节荒，演变为全年荒。针对"民工荒"现象的调查表明，早期的"民工荒"主要发生在春节前后，比如 2003—2007 年，广东省的"民工荒"集中爆发在第四季度，该时间段，农民工的求人倍率接近 2。与广东省相类似，2010 年浙江省春节后的劳动力短缺规模高达 30 万人，劳动力市场的供给与需求的比例甚至一度达到了 1∶14，但在度过这一时期之后，农民工短缺现象得到显著缓解。近年来，农民工短缺持续的时间越来越长，发生的时间也越来越分散，不再局限于以往的节假日和春节。正如 2012 年新华网发布的《新态势·新矛盾·新信号：来自六大区域关于"新工荒"的调查报告》中所说的那样，我国的

---

① 资料来源：南都网，http：//epaper. nandu. com/epaper/A/html/2014 - 02/27/node_ 2740. htm。

"民工荒"逐步常态化，并已经发展成为全年性的持续现象。①

从解决对策来看，2004年爆发的首次"民工荒"主要是因为农民工工资过低、增长速度过慢的缘故，在工资水平持续不见提高的情况下，许多农民工纷纷选择回流至农村。但在提高农民工工资之后，农民工短缺现象便得到了较好的解决。比如珠三角等农民工短缺较为严重的地区，在提高农民工工资之后，农民工市场供不应求的现象明显改善，而农民工工资相对较高的江浙地区就没有发生过大规模的劳动力短缺现象。但"民工荒"现象发展至今，我们发现，农民工回流不再是一种临时性的现象，大量农民工返乡务工或创业表现为永久性的一种行为选择，由此导致的"民工荒"现象也趋于常态化，而且不仅仅是低工资地区，部分高工资地区也开始频频发生劳动力短缺现象，简单地通过提高农民工工资已经不足以解决"民工荒"。由此促使我们从别的角度寻找"民工荒"长期持续的原因，而本书的研究发现，第一代农民工和第二代农民工在婚姻、家庭、个体行为等多方面的差异导致他们的行为选择发生了大的改变，以第二代农民工为主体的农民工的就业行为使得我国的"民工荒"更多地表现为一种内生性，这是"民工荒"得以长期持续的重要原因。

二 农民工代际差异对"民工荒"的影响

"民工荒"内生性的动态变化受多种因素的影响，其中，农民工群体的内部分化是重要因素之一。

传统的劳动力流动理论把劳动力流动的原因主要归结为经济收益，就城乡分割的二元体系而言，农村劳动力向城市转移主要是为了追求城市工作更多的经济收入，此时农村劳动力从农村向城市的流动体现为劳动追逐资本。而农村劳动力的流入为东部地区制造业的发展提供了大量廉价劳动力，推动了其产业乃至经济的发展，并使得东部地区与中西部地区等相对落后地区的发展差距进一步扩大，农村劳动力在中西部地区的收入远远低于在东部地区的务工收入，因此越来越多的农村劳动力从劳动力较为丰富的中西部地区向东部地区转移，推

---

① 资料来源：和讯网，http://news.hexun.com/2012-02-07/137837480.html。

动了其制造业尤其是劳动密集型制造业的集聚发展，使其制造产品具有显著的价格优势，并以此为基础参与国际竞争。但是经济的发展并没能破除建立在户籍制度基础上的城乡分割的二元体系，农民工虽然在城市务工，却无法享受与城市市民同等的经济、社会和政治权利，他们遭受着来自雇主、市民等多方面的歧视，给农民工在城市的发展带来了沉重的心理成本。而东部地区日益提高的经济水平也使得房租、物价水涨船高，农民工在这些地区务工的生活成本持续增加。当心理成本、生活成本等在内的流动总成本持续增加，并导致农民工在东部地区的务工收入难以弥补其流动成本，或者导致扣除成本之后的农民工在东部地区务工的实际收益低于其就地转移务工的实际收益时，农民工将回流至输出地。我国"民工荒"便是在这种情形下产生的。在早期导致"民工荒"的劳动力回流中，回流的农民工主要以第一代农民工为主。而当农民工工资提高到一定程度，足以弥补其迁移成本时，第一代农民工纷纷选择重新流动。所以早期的"民工荒"在提高农民工工资的情况下能够得到有效解决。

伴随着劳动力转移进程的不断推进，第二代农民工逐渐成为农民工的主体。国家统计局公布的《2013年全国农民工监测调查报告》中就指出，全国农民工总量中有60%以上均是第二代农民工，第一代农民工已经渐渐退出历史舞台，而第二代农民工则开始在我国的经济社会发展中扮演着重要角色。前文在分析农民工的代际差异时指出，相对于第一代农民工，第二代农民工进城务工动机呈多样化特征，经济利益不再是第二代农民工追逐的唯一目标。这同时意味着，当第二代农民工选择回流导致"民工荒"短缺时，可能也不仅仅是提高农民工工资就能解决的。我们知道，相对于第一代农民工，第二代农民工更加追求高水平的城市生活，他们具有更强的留城意愿和更高的市民化能力，他们更愿意留在城市生活。然而他们却不再像第一代农民工一样，回流之后再转移，而是回流之后就扎根家乡，由此导致在第二代农民工成为农民工主体的情形下，"民工荒"演变成持续性的"民工荒"。

而这种时候的"民工荒"单纯依靠提高农民工工资是无法解决

的，最根本的解决之道还是在于满足第二代农民工强烈的市民化需求。但是正如前文所述，尽管第二代农民工的受教育程度、技能水平均高于第一代农民工，但是在城乡二元分割的户籍制度尚未真正得到改变之前，其市民化依然面临着同第一代农民工一样的困境，身份认同依然是他们在城市务工时面临的最大障碍。在遥遥无期的等待和日益提高的迁移成本下，第二代农民工毅然选择回归家乡，此所谓"希望越大，失望越大"。从两代农民工回流意愿的对比分析中不难看出，第二代农民工意愿回流的比例甚至高于第一代农民工。当第二代农民工的主观诉求得不到满足时，"民工荒"的常态化便成为其理性选择的结果。

上述农民工代际差异对"民工荒"的影响，我们可以进一步在劳动供给理论的基础上，通过分析两代农民工不同的行为选择对劳动力供给的影响来得出。

1. "民工潮"时期农民工的劳动力供给行为分析

劳动力之所以选择流动，是因为流动能对劳动力要素所有者的边际效率发生帕累托改进。"民工潮"的爆发就是农村劳动力追求经济利益更大化，从而进行跨城乡流动的结果，源自东部地区的先天优势及其与中西部地区越来越大的发展差距。该时期，相对于城市产业发展对农民工的需求，农民工是近乎无限供给的。该时期，选择跨城乡转移的农民工即我们前文所定义的第一代农民工，由于该时期的农民工近乎无限供给，因此在劳动供给理论的框架内，此时的劳动力工资较低而且呈刚性。

一般而言，劳动力供给伴随着工资的提高而上升，此时的劳动供给曲线为向右上方倾斜的曲线，如图 5-1 所示。而在劳动力无限供给的情形下，劳动力市场供求决定的名义工资长期位于较低水平，如图 5-2 所示，W_0E 即为劳动市场的工资水平。此时劳动力的名义工资不变，但由于物价、房租的上涨，导致农民工的实际工资在名义工资不变的条件下不升反降，即此时劳动力市场上的实际工资水平为低于 W_0E 的一条曲线，而且伴随着农民工迁移成本的持续上涨，其实际工资持续降低，如图中的 W_0E' 曲线，是一条向右下方倾斜的曲线。

此时的劳动力供给将持续到 W_0E' 与劳动供给曲线 L 的交点，交点对应的实际工资水平为 W'_0。我们将其视为农民工进城务工的生存工资，低于这一工资水平，农民工进城务工将不能满足其基本的生存需求，农民工的城乡迁移便停止。

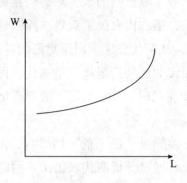

图 5 - 1　一般的劳动供给曲线

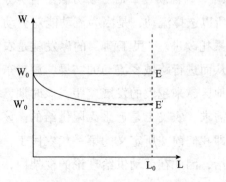

图 5 - 2　"民工潮"时期的农民工供给

2. "民工荒"时期农民工的劳动力供给行为分析

伴随着 2004 年我国爆发首次"民工荒"，甚至有学者惊呼，中国的刘易斯拐点已经到来。但是从城镇化水平来看，如果我们要实现 70% 的城镇化水平，农村劳动力的跨城乡转移还将持续较长一段时间。这也就意味着我国的劳动力迁移不会停止，农村劳动力依然比较丰富，劳动力市场的劳动供给依然充足。正如前文所述，2004 年的"民工荒"不是劳动力供给不足的原因，而是在农民工工资过低的情况下，农民工在留城与返乡之间的一种暂时性的行为选择。而这种行为主要来自当时农民工群体的主体，即第一代农民工。

如图 5－3 所示，劳动力无限供给的条件下，农民工工资缺乏弹性，常年位居较低水平，居低不升。即使针对农民工的需求已经比民工潮时期翻了几番，但是几乎固定不变的农民工工资却没能反映出劳动力市场上的这种变化。当时的第一代农民工纷纷选择返乡待业或者返乡就业，导致农民工的主要需求地东部地区的农民工供给明显减少，这种供给数量的减少和严重的用工短缺反映在劳动力市场上便带来了农民工工资的上涨，民工潮时期的劳动力供给曲线 $W_0E'(W_0E)$ 沿着供给减少和工资上升的方向向左上方移动至 $E'A'(EA)$。此时的工资水平 $W'_1(W_1)$ 明显高于 $W'_0(W_0)$，劳动力供给回升，但并不会立即回升到 L_0 水平，伴随着农民工工资的上涨，劳动供给会越来越接近 L_0，劳动供给曲线演变为一般意义上向右上方倾斜的 $AC(A'C')$ 曲线。

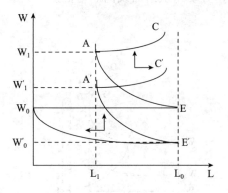

图 5－3　"民工荒"时期的农民工供给

3. 内生性"民工荒"时期农民工的劳动力供给行为分析

如图 5－3 所示，早期的"民工荒"在提高农民工工资的情况下，劳动力短缺现象能够得到缓解，但是伴随着第二代农民工逐渐成为农民工群体的主体部分，其与第一代农民工完全不同的行为选择导致我国的"民工荒"呈现内生性和常态化的特点，大量第二代农民工在面临市民化困境时纷纷选择返乡就业，在不改变城乡分割体制的情况下，即使提高农民工工资，劳动力短缺的现象也无法有效缓解，东部地区的"民工荒"愈演愈烈。

当"民工荒"持续发生时，劳动力供给曲线如图5-4所示。早期的"民工荒"过后，农民工供给数量由初始的 L_0 减少至 L_2，减少的部分 $L_2 L_0$ 是在早期"民工荒"过程中彻底回归到输出地的第一代农民工。伴随着东、中西部地区一起陷入"民工荒"和"民工荒"现象的不断持续，农民工供给进一步从 L_2 减少至 L_1，由此导致劳动市场上农民工的工资不断上涨，农民工供给随之沿着 AC(A'C') 增加，但是增加到 L_3 处之后劳动力供给的增加停滞，因为此时提高工资就愿意工作的第一代农民工已经全部由输出地返回至就业地，但是第二代农民工的行为却不相同，即使提高工资他们也不愿意再返回至东部地区和大城市，由此导致即使进一步提高农民工工资，劳动供给也不会增加，农民工供给曲线由 AC(A'C') 转变为向左上方倾斜的 CD(C'D') 曲线，劳动力供给曲线向后弯曲。

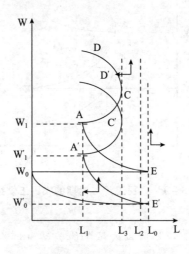

图5-4 内生性"民工荒"时期的农民工供给曲线

关于劳动力供给曲线向后弯曲的原因，劳动供给理论是这样解释的：劳动力会在工作和闲暇之间进行选择，工资较低时，劳动者会选择工作，而且伴随着工资的上涨，劳动供给会增加，但当工资高到一定程度时，劳动者更愿意选择闲暇而不是工作。这里用闲暇来解释农民工的劳动供给行为不合适，我们可以用市民化诉求被满足程度来表示。当劳动供给增加到 L_3 时，相对于工作收益，第二代农民工更加看重的是自身市民化意愿是否能够被满足，但是户籍制度的根基未变，第二代农民工市民化的成本没有降低，第二代农民工便会选择退出原本的务工市场，转而回归家乡，实行就地转移。也就是说，只要第二代农民工市民化的障碍没有被彻底破除，即使提高工资，"民工荒"现象依然会持续下去。

第二节　农民工群体就业的结构分流

一　农民工群体的产业结构分流

与第一代农民工主要集中在第二产业不同，第二代农民工在第三产业就业的比重显著提高，这有力推动了我国第三产业的发展。近年来，我国产业结构发生了重大改变，自 2013 年开始，第三产业增加值占 GDP 的比重超过第二产业，延续多年的"二、三、一"转换为"三、二、一"结构，此后，第三产业增加值占比持续上升，其与第二产业增加值占比之间的差距也越来越大，第三产业已经发展成为我国的第一大产业。

与三次产业结构的变动相一致，第二代农民工在第三产业就业的比重也显著提高。如表 5-1 表示，2008—2016 年，在第三产业就业的农民工占比一路上升至 46.70%，增加了 6 个百分点，与此同时，在第二产业就业的农民工占比则从 58.70% 下降到 52.90%。这就意味着，与第三产业占比不断上升相一致，以第二代农民工为主体的农民工就业结构呈现从第二产业向第三产业转移的态势，由此不难看出，第二代农民工成为主体期间，我国农民工的就业结构与产业结构变动相对一致。

进一步考察农民工就业最为集中的制造业，建筑业，交通运输、仓储和邮电通信业，批发和零售业，住宿和餐饮业及居民服务、修理和其他服务业，2008 年上述六个行业中就业的农民工占所有农民工的84.10%，2016 年这一比例增加至 85.90%，2010 年最高曾达88.40%。所有六大行业中，制造业占的比重最高，但是 2008—2016年，从事制造业的农民工比例却一直不断缩小，2016 年仅占农民工总量的 30.50%，而建筑业及批发和零售业的农民工就业比例却持续增大，分别从 2008 年的 13.80% 和 9.00% 增加至 2016 年的 21.10% 和12.30%，从事居民服务、修理和其他服务业的农民工比例则从12.20% 减少至 11.10%。

表 5 - 1　　　　　　　　农民工就业结构的变化　　　　　　单位:%

产业＼年份	2008	2009	2010	2011	2012	2013	2014	2015	2016
第一产业	0.60	0.50	0.50	0.40	0.40	0.60	0.50	0.40	0.40
第二产业	58.70	58.30	57.60	57.50	57.10	56.80	56.60	55.10	52.90
制造业	37.20	36.10	36.70	36.00	35.70	31.40	31.30	31.10	30.50
建筑业	13.80	15.20	16.10	17.70	18.40	22.20	22.30	21.10	19.70
第三产业	40.70	41.20	41.90	42.10	42.50	42.60	43.00	44.50	46.70
交通运输、仓储和邮电通信业	6.40	6.80	6.90	6.60	6.60	6.30	6.50	6.40	6.40
批发和零售业	9.00	10.00	10.00	10.10	9.80	11.30	11.40	11.90	12.30
住宿和餐饮业	5.50	6.00	6.00	5.30	5.20	5.90	6.00	5.80	5.90
居民服务、修理和其他服务业	12.20	12.70	12.70	12.20	12.20	10.60	10.20	10.60	11.10

资料来源: 历年《农民工监测调查报告》。

　　第二产业中，制造业依然是农民工主要的就业聚集地。然而伴随着我国制造业增加值占 GDP 的比重从 2008 年的 32.09% 下降至 2016年的 28.82%，从事制造业的农民工占比也一路下降至 2016 年的30.50%，而且制造业吸纳农民工的数量在 2008 年占第二产业吸纳农民工数量的 63.37%，在 2016 年这个数值下降到了 57.66%，制造业在第二产业中吸纳农民工的能力是下降的，越来越多的农民工从制造业中转出。相反，伴随着建筑业增加值占比从 6.56% 增加至 6.72%，从事建筑业的农民工总数及其占比也在持续增加，而建筑业吸纳农民工数量与第二产业吸纳农民工数量之比也从 23.51% 一路上涨至 37.24%，建筑业的农民工吸纳能力不断增强。对于第二产业而言，其产业结构与农民工的就业结构变动较为一致。

第三产业中，居民服务业与批发和零售业的农民工占比相对较高，交通运输、仓储和邮电通信业和住宿和餐饮业的占比相对较低，而且除个别年份外，农民工在上述四大细分行业就业比例的上升幅度均低于在第三产业中就业比例的变化，说明随着时间的推移，农民工在第三产业中的就业从以前集中在交通运输、批发零售、住宿餐饮和居民服务业慢慢向其他服务行业转移。

但是值得注意的是，产业结构与农民工就业结构的相对一致并不等同于就业结构与产业结构完全匹配。"配第—克拉克定理""库兹涅茨法则"以及"钱纳里—塞尔奎模式"等理论研究均揭示了产业结构和就业结构演进的一般规律，即产业结构逐步由工业化阶段初期的"一、二、三"向工业化中后期的"三、二、一"演变，而伴随着经济服务化趋势的不断增强和产业结构的日趋合理，劳动力也会按照同样的产业顺序依次转移。但这并不意味着就业结构的变动同步于产业结构的变动，尤其是在工业化初期阶段，产业结构往往先于就业结构的变动而变动，对于发展中国家而言，就业结构变动的滞后性更加明显。如果进一步具体考察农民工就业结构与产业结构互动关系的话，这种合理性可能会更强。

就业结构滞后于产业结构的变动也就意味着当产业结构实现"二、三、一"到"三、二、一"的转变时，就业结构可能还保持在"二、三、一"的状态。对于人力资本水平较低的农民工而言，制造业一直是其就业的主要集中地。因此，如果产业结构合理化的同时并未带来农民工人力资本水平较大提升的话，农民工以第二产业为主的就业结构便不会有多大改变。但是这样的合理性并不意味着结构偏离是有效的，理论上产业结构与就业结构的协调互动更能促进经济的持续长效增长。

产业部门是劳动力参与社会生产的物质承担者，产业结构的调整同时伴随着劳动力要素的重新配置，伴随着三次产业占比的不断变化，劳动力要素也在不同的产业部门之间来回流动，从而带来就业结构的变化。因此可以说，产业结构的变动决定了产业就业结构的变动，产业结构的服务化与高度化也必然要求就业结构呈现一致的转变。同时，就业结构的变动也会通过影响消费进而影响产业结构的调整。事实上，伴随着产业结构由"一、二、三"向"二、三、一""三、二、一"不断转变，劳动力也同样地从第一产业向第二产业、第三产业转移，而导致劳动力转移的因素在诸多理论里被提及，其中最基本的前提条件就是第一产业有富余劳动力转出，而导致这一条件发生的根本原因来自第一产业劳动生产率的提高，从而将更多的劳动力要素从第一产业中释放出来，我国农村剩余劳动力的转移便是这一理论基础的现实写照。劳动生产率的提高同时伴随着劳动收入的增加，统计数据显示，伴随着第一产业生产力水平不断提高和劳动力在产业间的转移，农民和农民工的收入水平也不同程度的增加。其中，农民的年人均纯收入已于 2015 年突破 1 万元，外出农民工的月工资水平也从 2004 年的 748 元增加至 2016 年的 3572 元。在收入增加的同时，农民包括农民工消费支出增速不断加快，其消费产品结构也发生了巨大改变，农村居民家庭的恩格尔系数从 2004 年的 47.20% 下降至 2016 年的 32.20%，这反过来在一定程度上推动了产业结构的调整。因此，产业结构和就业结构的良好互动有助于产业结构的进一步优化和经济增长。一旦就业结构与产业结构出现了背离，产业结构的优化调整将不可避免地受到抑制。因此，就业结构能够适应产业结构的变动而变动，二者的变动是否一致，决定了产业结构高度化能否真正实现。

长期以来，依靠低劳动力成本的相对比较优势，我国以制造业为主的产业结构有力地推动了经济增长，然而伴随着劳动力供给结构的变动和劳动力工资水平的上涨，我国经济发展的劳动力优势逐渐被弱化，进而倒逼了我国产业结构的调整和经济转型升级。相反，产业结构的调整也在较大程度上影响了农民工就业结构的变动，伴随着制造业自东向西的转移，以第二代农民工为主的自东向西的回流趋势也日趋明显。2011 年以来，本地农民工的增长速度明显大于外出农民工，2016 年新增的 424 万农村转移劳动力中，只有 11.79% 的农村转移劳动力外出打工，而且大多数为省内转移，其中本地就业的农民工占88.21%，农村转移劳动力的就地转移态势显著。①

　　理论上，产业结构与农民工就业结构的协调发展一方面为中西部地区承接产业转移提供了丰富的劳动力要素支撑，另一方面也为东部地区加快产业转型升级提供了诱致条件。但现实中两者的变动是否一致？如果产业结构与就业结构相匹配的话，伴随着产业结构演变为"三、二、一"，农民工的就业结构也应当呈"三、二、一"的特征，但是从农民工的就业结构不难看出，尽管在第三产业就业的农民工数量持续上升，但是整体上，农民工依然集中在第二产业，在第二产业就业的农民工占比依然在 50% 以上。也就是说，农民工就业结构的变动实际上是滞后于我国产业结构变动的。究竟滞后多少，或者说农民工就业结构与产业结构的偏离程度究竟有多高，我们可以通过分析两者的背离指数来一窥究竟。

　　我们用 A 来表示某产业增加值占比，用 B 来表示同一产业农民工就业占比，并以 2010 年为基期②，将全国及各地区产业结构与农民工就业结构指数化，就业结构与产业结构的背离比率我们可以用（A－B）表示。按照"库兹涅茨法则"以及"钱纳里—塞尔奎模式"的理论逻辑，伴随着产业结构的演进，第一产业的（A－B）起初为正数，随后不断向零逼近，第二产业和第三产业的（A－B）起初为负数，随后不断接近零。但是我们的计算结果如图 5－5 所示，第一产业的（A－B）持续为正，第二产业的（A－B）持续为负，而且越来越偏

　　① 本部分和农民工有关的数据来自历年《中国农村住户调查年鉴》和《农民工调查监测报告》。
　　② 受统计数据的限制，分地区的农民工就业结构只有 2010—2015 年的数据。

离零，第三产业的（A－B）在由负转向零的过程中进一步转变为正
数，而且偏离零的程度越来越大。由此不难看出，我国的农民工就业
结构与产业结构演变并不一致，两者存在明显的偏离，诸多学者所认
为的农民工就业结构的"逆升级"现象确实存在。

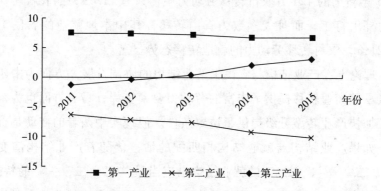

图 5 - 5　2011—2015 年农民工就业结构与三次产业结构的背离情况

资料来源：历年《中国统计年鉴》和《农民工监测调查报告》。

　　进一步考察农民工就业较为集中的六大产业不难发现，第二产业
农民工就业结构的"逆升级"现象主要发生在建筑业，第三产业农民
工就业结构的"逆升级"现象主要发生在批发和零售业和其他服务业
（见图 5 - 6）。建筑业的"逆升级"现象主要表现为就业结构的变动
滞后于产业结构的变动，即伴随着建筑业增加值占比的持续下降，农
民工却没能及时从建筑业转出，其在建筑业就业的比例依然较高。批
发和零售业和其他服务业的"逆升级"现象主要表现为两大行业增加
值占比上升的同时，农民工就业占比却没能同比例增加。

　　二　农民工群体的区域结构分流

　　如前文分析中所指出的那样，更加愿意回流至中西部地区的农民
工主要集中在 20—40 岁，其中第二代农民工占比明显高于第一代农
民工，现阶段回流的农民工主要以第二代农民工为主。他们的回流将
为中西部地区的产业经济发展提供足够的劳动力要素支撑，推动中西
部地区产业结构与就业结构的互动优化。

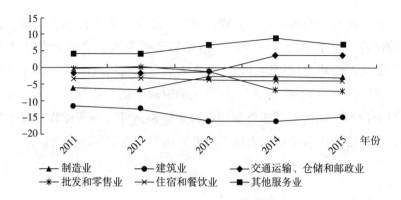

图 5 - 6　2011—2015 年全国各细分行业的结构偏离情况

资料来源：历年《中国统计年鉴》和《农民工监测调查报告》。

　　近年来，中西部地区的制造业发展速度明显加快，其制造业总产值的增长率甚至超过了东部地区。为了验证这一点，我们将中国制造业空间布局变动的典型事件范围划定为 1999—2014 年，除 2004 年和 2008 年采用当年经济普查数据之外，其他年份制造业数据均来自《中国工业经济统计年鉴》（2013 年之后改为《中国工业统计年鉴》）中的两位数产业数据，以此作为考察制造业发展的直接依据。

　　数据分析表明，1999—2015 年，中部地区制造业增长规模最大，2015 年是 1999 年的 23.60 倍，其次为北部沿海和西南地区，两大地区均在 19 倍以上，西北地区和南部沿海则在 15 倍以上，增长规模最小的为京津地区，2015 年仅为 1999 年的 9.77 倍。从增长速度看，中部地区、北部沿海和西北地区的年均增长率均在 20% 以上，南部沿海、东部沿海和东北地区均在 17% 以上，京津地区的增长速度最慢，其年均增长率仅有 15.64%。进一步考察制造业占比情况不难发现，2004—2015 年东部地区制造业占比持续下降，而且东部地区制造业占比的降低速度明显高于全国。中部地区制造业占比变动较为稳定，西部地区制造业占比也持续上升（见图 5 - 7）。

　　伴随着制造业的快速发展，中西部地区面临着越来越多的劳动力要素制约，招工难的现象非常普遍。"民工荒"已经从原来的东部"民工荒"演变为东中西部同荒的全国性现象。比如，本课题组成员在走访河南省产业集聚区时发现，许多产业集聚区也面临着劳动力要素的制约，为了解决这一问题，招工甚至成为地方公务员的收入来源，如某产业集聚区规定，政府公务人员每成功招收一名劳动者（入职工作半年以上），即可享受 2000 元的财政补贴。这种背景下，农民工自东向西的回流有利于缓解中西部地区制造业发展所面临的要素掣肘，进而推动中西部地区农民工就业结构与产业结构的互动优化。

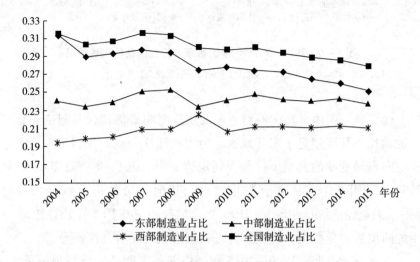

图 5 – 7　制造业占比的变动情况

资料来源：《中国工业经济统计年鉴》、2001 年经济普查数据和 2008 年经济普查数据。

　　进一步计算三大区域农民工就业结构与产业结构的背离情况不难发现（见图 5 – 8），三大区域农民工就业结构均滞后于第一产业占比变动，从偏离程度上看，西部地区最大，即第一产业尤其是西部地区的第一产业对农民工的吸纳能力较小。东部和中部地区的第二产业占比变动滞后于农民工就业结构的变动，即这两大区域尤其是东部地区的第二产业对农民工就业的吸纳能力较强，西部地区第二产业的结构变动与农民工就业结构变动偏离程度最小，两者较为匹配。东部地区农民工就业结构的变动滞后于第三产业占比的变动，而中西部地区第三产业的结构变动则滞后于其农民工就业结构，尤其是西部地区，其第三产业的农民工就业吸纳能力较强。

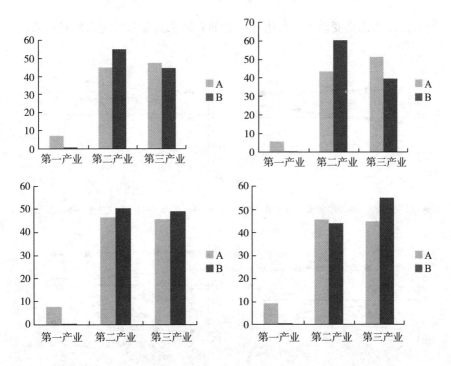

图 5 - 8　2015 年全国（上左）、东部（上右）、中部（下左）、
西部（下右）农民工就业结构与三次产业结构的偏离

进一步地，我们以 2010 年为基期，将全国及各地区产业结构与农民工就业结构指数化，计算两者的背离比率，即（A - B）。如图5 - 9 所示，东部地区与全国保持了一致的发展态势，其第一产业的结构变动滞后于农民工就业结构的变动，且背离程度逐步下降，但是2013 年以来的背离程度转而增大，结合同时期第一产业占比的变动不难看出，伴随着第一产业所占比重的持续下降，2011—2013 年第一产业农民工就业占比下降相对较快，从第一产业向第二产业、第三产业转移的农民工增量越来越多，但 2013 年之后，相对于第一产业所占比重的下降，在第一产业就业的农民工则在小幅下降后保持了较为稳定的态势，第一产业的农民工就业吸纳能力有所增强。中西部地区第一产业的结构变动同样滞后于农民工就业的变动，但是其背离程度却不断上涨，即这两大区域第一产业占比下降的同时，在第一产业就业的农民工占比则变动不大，第一产业的农民工就业吸纳能力相对增强。

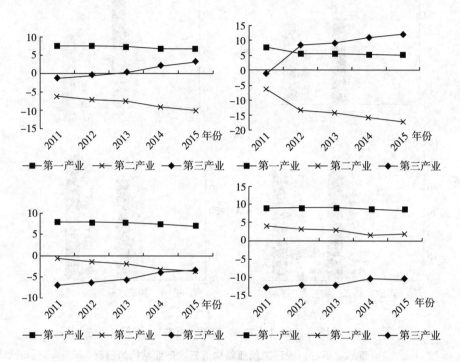

图 5 - 9　2011—2015 年全国（上左）、东部（上右）、中部（下左）、
西部（下右）农民工就业结构与三次产业结构的背离情况

全国以及三大区域第二产业、第三产业结构的变动与农民工就业结构的变动表现出惊人的相似，两者呈完全的"镜像"关系。其中，第二产业结构的变动滞后于农民工就业结构的变动，且其背离程度显著扩大，即伴随着第二产业占比的不断下降，其就业吸纳能力并未同步下降或者说下降的程度更小。而第三产业农民工就业占比的变动滞后于其产业结构的变动，且背离程度日益扩大，即伴随着第三产业比重的快速提升，其就业吸纳能力并未增强，或者说就业占比的上升速度明显慢于产业占比的上升。

分行业来看，东部发达地区制造业，交通运输、仓储和邮电通信业，住宿和餐饮业，批发和零售业及其他服务业均呈现明显的逆升级现象，其中制造业负向偏离和第三产业各细分行业的正向偏离的程度不断扩大。中西部地区制造业和其他服务业趋向正偏离，批发和零售业、住宿和餐饮业趋向负偏离。

为了说明农民工回流对区域就业结构和产业结构的影响，我们可以进一步计算三大地区农民工就业结构与其产业结构的协调系数 H_{SE}。H_{SE} 越接近于 0，说明区域产业结构与就业结构的背离程度越高，产业结构与就业结构的匹配越不合理；H_{SE} 越接近于 1，说明产业结构与就业结构的背离程度较弱，两者的匹配越合理。具体的计算公式为：

$$H_{SE} = \frac{\sum_{i=1}^{3} A_i B_i}{\sqrt{\sum_{i=1}^{3} A_i^2 \sum_{i=1}^{3} B_i^2}}$$

计算结果如表 5-2 所示。不难看出，尽管总体上我国产业结构与农民工就业结构协调系数较高，但却趋于下降，两大结构之间越来越不均衡。就三大地区而言，东部地区与全国的变动趋势相一致，而且其协调系数明显越来越低于全国平均水平。而中西部地区的协调系数则保持了稳定的上涨态势，因此，尽管协调系数的绝对水平低于东部和全国的平均水平，但是伴随着农民工在地区之间的二次流动，中西部地区的协调系数明显上升，其就业结构与产业结构趋于均衡。尤其是中部地区，作为主要的制造业转移承接地，农民工的流动和其产业发展实现了有效的耦合，其协调系数于 2013 年开始超越全国平均水平，成为农民工就业结构和产业结构发展最均衡的地区。

表 5-2　各区域产业结构与农民工就业结构协调系数（H_{SE}）

年份 \ 地区	全国	东部地区	中部地区	西部地区
2011	0.9925	0.9925	0.9900	0.9741
2012	0.9916	0.9738	0.9912	0.9772
2013	0.9910	0.9705	0.9917	0.9771
2014	0.9884	0.9620	0.9936	0.9832
2015	0.9855	0.9544	0.9941	0.9837

三 农民工群体的阶层分流

除了代际分化之外，农民工群体内部也发生了阶层分化，其内部呈现出雇用工人与私营业主、普通劳动者与高技能劳动者、产业工人与管理者等多阶层并存的局面。这种阶层分化同样发生在第一代农民工群体内部、第二代农民工群体内部以及第一代农民工和第二代农民工之间。

理论上占主导地位的社会分层理论主要是马克斯·韦伯的社会分层理论。在该理论框架内，韦伯利用经济、社会和政治等三个标准划分群体内部的社会层次。经济标准主要衡量群体成员的经济财富，其衡量指标主要是成员的收入水平；社会标准主要衡量群体成员的社会地位，包括群体成员在其所处的社会环境中所获得的社会名誉和声望，其衡量指标主要包括受教育程度、生活方式等；政治标准主要衡量群体成员的政治权力，在韦伯看来，这种权力是一种支配他人意志的能力。三个标准中，我们认为最根本的是经济标准，包括社会标准和政治标准都是经济标准向社会和政治领域延伸的结果。因此，导致群体成员分层的最根本原因还是经济因素。

我们认为，人力资本是导致农民工群体内部经济分化的重要原因。就农民工个体而言，其人力资本的差异主要表现在两个方面：一是受教育程度的高低不同。第三章在分析农民工代际差异的表现时，我们曾指出整体上来看，第二代农民工的受教育程度要高于第一代农民工，其高中以上文化程度者所占比例明显高于第一代农民工，初中以下文化程度者所占比例则要低于第一代农民工，文化程度的分化在两代农民工群体之间较为显著。二是技能水平的高低不同。"民工潮"开始时期，我国东部沿海地区制造业对劳动力的需求主要体现在数量上，对技能的要求并不高，而源源不断从中西部地区农村流向东部地区的农民工正好适应了当时制造业的快速发展。但是伴随着国际分工和国际竞争的不断深入，原本依靠大量廉价劳动力带来的价格优势已经不足以支撑我国制造业的发展，制造业的转型升级势在必行，这倒逼我国农民工的阶层分化，其内部分化为技能型劳动力和非技能型劳动力，非技能型劳动力主要集中在传统的劳动密集型制造业，而技能型劳动力的存在则适应了制造业转型升级的发展要求，而技术差异同时带来了巨大的经济差异，技能型农民工明显的供不应求，早期的"民工荒"更多地体现为"技工荒"，由此导致技能型农民工的工资水平明显高于非技能型农民工，也因此具备了更强的市民化能力，其市民化进程也不断加快。非技能型农民工大多在非正规部门就业，从事包括建筑、采掘等体力消耗较大的初级工作。

最终，包括受教育程度和技能水平的分化带来的是不同类型农民工群体收入差距的日益扩大，而这一收入差距的扩大化进一步延伸至社会和政治领域，导致农民工群体内部逐渐形成了无论是经济还是社会和政治领域，其差异都逐步扩大的群体分层。其中，40 岁以上的第一代农民工普遍务工时间较长，积累了丰富的工作经验，具备了一定的技术水平和能力，按照前文所述的社会分层理论，他们属于农民工群体中个人资本存量较高的阶层，能够适应东部地区高新技术产业的发展需求，为高新技术产业的发展提供高技能劳动力。他们中的部分人甚至直接选择在东部地区创业，成为"大众创新，万众创业"的一大主体，有力推动了我国创新事业的发展。部分年龄在 20—40 岁的第一代农民工和第二代农民工纷纷选择返乡创业，但相对于留在东部地区的农民工群体，他们大多为中等教育水平，有经验但无资本，本身技能水平也不高，职业培训少。因此，其创业需要当地政府的大力支持。

第三节　制造业劳动力成本上升

一　农民工工资上涨压力不断加大

由于城乡分割性的二元劳动力市场的存在，劳动力的工资水平分别在两个市场中各自形成，城市劳动力市场上的工资水平明显高于农村劳动力市场，因此大量农村劳动力外流至城市。传统的劳动力流动理论认为，只有当城乡或者部门之间的工资率趋于均衡时，劳动力流动才会停止，而城镇化进程正是在这一过程中不断推进。然而，现阶段我国城乡之间的工资率还不均衡，劳动力转移进程并没有结束。而且建立在户籍制度上的二元体制进一步阻滞了农民工市民化的进程，延缓了农村劳动力向城市的流动速度。如前文所述，近年来，我国农民工总量虽然增加，但农民工总量的增速却持续回落，农民工的供给趋向不足，这也是为什么"刘易斯拐点"的言论持续不断出现的重要原因。按照工资决定理论，当农民工供给不足时，农民工工资上涨也就不足为奇了。

而且，伴随着产业转移进程的不断加快，中西部地区制造业的发展带动了其对劳动力的需求，这些地区的劳动力政策也开始发生了改变，从原来的鼓励劳动力输出到现如今的吸引劳动力本地转移，大部分地区农民工工资普遍提高，这吸引了大量农民工回流，同时也加剧了东部地区农民工工资的进一步上涨。

由此导致了农民工工资上涨压力不断加大。从宏观层面上看，东部地区务工成本的不断上升和中西部地区务工收益的不断提高使得中西部地区的农民工外出至东部地区打工变得越来越不经济，向东部地区转移已经不再是一种理性的选择。从微观层面上看，农民工日益显著的代际差异导致两代农民工的就业行为发生了显著变化，从而带来了"民工荒"的长期性，加剧了农民工工资的上涨趋势。如前文所述，第二代农民工的受教育程度和技能水平均明显高于第一代农民工，由此导致两代农民工的市民化意愿、市民化能力及其务工结果等方面也均不相同。第二代农民工拥有更强的市民化能力和市民化意愿，但是针对第二代农民工回流意愿的分析也表明，在其身份得不到认同、遭遇市民化困境之后，第二代农民工会毅然决然地选择回流，其回流意愿也要强于第一代农民工。第二代农民工的这种选择进一步加剧了"民工荒"现象，推动了农民工回流进程的加速，同时也推动了农民工工资的上涨。

二 农民工工资与城镇职工工资趋同

农民工市民化是制约我国城市化进程的关键环节。农民工市民化包含两个步骤，第一，农民非农化，也即农民向农民工转变的过程；第二，农民工市民化。农民工的市民化不仅是指农民工从农村向城市的地域转移过程，而且是要农民工能够真正地融入城市，从农民转变为真正的市民。现阶段，我国农民工的地域转移明显快于其身份转变，由此导致我国原有的城乡二元结构进一步向城市延伸，形成"新二元结构"问题，严重制约了我国的城镇化进程。

　　理论上讲，制约农民工真正融入城市的因素有两大类：经济因素和社会因素。经济因素主要是指农民工与本地就业人员的工资差别，而附着在这一差别之上的市场机会的平等和社会保障、教育、医疗等其他方面的差别则被视为社会因素。经济方面，近年来农民工工资大幅度上涨并日益接近城镇劳动力要素价格，其在收入上越来越接近城市居民。[①] 国家统计局的数据显示，2015 年我国农民工总量已达27747 万人，是 2003 年的 1.64 倍，其中外出农民工 16884 万人，是2003 年的 1.88 倍，本地农民工 10863 万人，是 2003 年的 1.36 倍。如此大规模的劳动力转移背景下，农民工进城后的生存状况直接关系着我国城镇化水平的高低，尤其是农民工工资的高低成为制约农民工生存状况好坏的首要因素。从绝对水平上看，我国外出农民工月工资从 2000 年的 240 元增长至 2015 年的 3072 元，增长了近 12 倍，农民工工资步入了上涨的快车道，其价格增长速度甚至超过了城镇劳动力价格增长速度。从相对水平来看，农民工工资也正不断向城镇居民工资靠近，两者的差距日趋减小。包括 Zhang 等（2010）[②]，陈珣、徐舒（2014）[③]，杜建军、孙君（2013）[④] 等学者的研究均表明农民工工资与城镇单位就业人员工资动态趋同。也有诸多学者比较分析了熟练劳动者与非熟练劳动者、农民工与大学毕业生以及城镇就业者、农民工内部受教育程度不同群体之间的工资，分析了农民工工资趋同的结构

---

　　① 尽管社会因素对于农民工的市民化有着深刻影响，但是从层次上看，我们认为，经济因素依然是农民工是否能够真正融入城市的首要因素。

　　② Zhang, D., Meng, X., Wang, D., "The Dynamic Change in Wage Gap between Urban Residents and Rural Migrants in Chinese Cites", *Working Paper*, 2010.

　　③ 陈珣、徐舒：《农民工与城镇职工的工资差距及动态同化》，《经济研究》2014 年第10 期。

　　④ 杜建军、孙君：《农村劳动力转移与劳动力价格动态趋同研究》，《中国人口科学》2013 年第 4 期。

现象。如谢桂华（2012）的研究就表明农民工的工资趋同主要表现为高技能农民工与城镇职工的工资差距日益缩小。[①]

Chiswick（2005）较早开始了对移民工资同化问题的研究，认为伴随着移民时间的延长，移民工资在一定时期之后接近甚或超过当地人工资水平。[②] Hu（2000）的研究也指出伴随着移民时间的增加，移民工资同化的速度显著加快，但受劳动力回流的影响，同化的速度并不如上述学者所指出的那么显著。[③] 至于导致工资同化的原因，Friedberg（2000）[④] 等学者在研究以色列移民现象时，把移民工资的上涨归因为人力资本的投资，进而推论出年龄越小的移民，越有激励进行人力资本投资，其工资增长率也最高。Chiswick（2005）的研究则认为个人能力与职业是否匹配是影响其工资水平的重要因素。在他看来，伴随着移民时间的推移，移民总是能够找到最适合自己的工作，移民工资与当地人工资的趋同就成为一种必然[⑤]。Eckstein 和 Weiss（2004）则总结了三个导致移民工资上涨的因素，包括人力资本投资、工作经验的累积和更合适的职业[⑥]。Antecol 等（2006）的研究则表明了移民工资趋同机制的区域差异，认为美国和澳大利亚移民收入趋同的原因或者说机制不一，澳大利亚更多地表现为就业趋同，而美国则

① 谢桂华：《中国流动人口的人力资本回报与社会融合》，《中国社会科学》2012 年第 4 期。

② Barry R. Chiswick, Yew Liang Lee, Paul W. Miller, "Longitudinal Analysis of Immigrant Occupational Mobility: A Test of the Immigrant Assimilation Hypothesis", *International Migration Review*, 39 (2), 2005, pp. 332 – 353.

③ W. Y. Hu, "Immigrant Earnings Assimilation: Estimates from Longitudinal Data", *American Economic Review*, 90 (2), 2000, pp. 368 – 372.

④ Friedberg, R. M., "You Can't Take It with You? Immigrant Assimilation and the Portability of Human Capital", *Journal of Labor Economics*, 18 (2), 2000, pp. 221 – 251.

⑤ Barry R. Chiswick, Yew Liang Lee, Paul W. Miller, "Longitudinal Analysis of Immigrant Occupational Mobility: A Test of the Immigrant Assimilation Hypothesis", *International Migration Review*, 39 (2), 2005, pp. 332 – 353.

⑥ Eckstein, Z., Weiss, Y., "On the Wage Growth of Immigrants: Israel, 1990 – 2000", *Jounal of the Europe an Economic Association*, 2 (4), 2004, pp. 665 – 695.

表现为工资趋同。①

也正是由于这种区域间的差异，导致工资趋同这一现象是否普遍存在尚存争论。例如 Lam 和 Liu（2002）在研究香港移民时就发现，整个 20 世纪 80 年代，香港的移民与当地居民的工资差距不但没有减小，反而呈扩大态势。

与上述跨国移民相似，我国内部区域之间也存在显著的劳动力流动现象，同时涌现出了一个特殊的群体：农民工。基于此，诸多学者对农民工工资及其与城镇职工工资之间的差距进行了相关研究，研究的结论较为一致，均认为我国农民工工资与城镇职工工资差距较为明显，但是从动态的角度看，这种差距正在不断缩小。

就像美国与澳大利亚移民工资同化机制的区域差异一样，由于我国东部、西部、中部、北部地区经济发展水平不同，其劳动者的工资收入水平及差距情况也不尽相同。理论上讲，如果农民工与城镇职工工资差距越小，也就意味着该地区平均工资成本可能相对较高，差距越大，区域平均工资成本可能相对较低。因此农民工和城镇职工工资差异的地区差异性在一定程度上也可以反映地区间劳动力成本优势的强弱。

如第四章所述，自 2004 年我国开始出现"民工荒"，农民工工资也同步快速上涨，而且其增长速度明显快于我国城镇单位就业人员工资，我国农民工工资与城镇职工工资开始趋同。而且不考虑就业单位性质差异的话，农民工工资与城镇职工的工资差距要更小些。细分行业方面，制造业，建筑业，交通运输、仓储和邮电通信业，批发和零售业，住宿和餐饮业一直是农民工就业较为集中的五大行业。近年来，这五大行业的农民工工资均呈持续上涨，其中制造业农民工工资年均上涨率最高，为 13.42%，住宿和餐饮业、建筑业和交通运输、仓储和邮政业紧随其后，年均增长率均在 12% 以上，批发和零售业的

① H. Antecol, P. Kuhn, S. J. Trejo, "Assimilation via Prices or Quantities? Sources of Immigrant Earnings Growth in Australia, Canada, and the United States", *Journal of Human Resources*, No. 4, 2006, pp. 821 - 840.

农民工工资上涨最慢，年均增长率仅为 12.73%（见表 5-3）。分组来看，农民工工资上涨速度普遍快于城镇单位就业人员，却慢于城镇私营单位就业人员。综合所有单位来看，农民工工资与城镇职工工资呈同步增长趋势（见表 5-4）。

表 5-3　　　　　　2009—2015 年五大行业年均工资增长率　　　　单位:%

	农民工	城镇单位就业人员	城镇私营单位就业人员	所有城镇就业人员
制造业	13.42	12.45	14.59	13.42
建筑业	12.76	12.71	13.22	12.76
交通运输、仓储和邮政业	12.14	11.58	12.95	12.14
批发和零售业	12.73	12.96	12.86	12.73
住宿和餐饮业	12.14	11.32	12.70	12.14

表 5-4　　　　　　农民工与不同群体工资差距的年均增长率　　　　单位:%

城镇单位就业人员	整体	制造业	建筑业	交通运输、仓储和邮政业	批发和零售业	住宿和餐饮业
	7.89	11.58	16.62	10.70	17.61	6.89
城镇私营单位就业人员	整体	制造业	建筑业	交通运输、仓储和邮政业	批发和零售业	住宿和餐饮业
	-6.92	31.66	-70.05	90.82	14.41	-28.77
城镇就业人员	整体	制造业	建筑业	交通运输、仓储和邮政业	批发和零售业	住宿和餐饮业
	2.78	11.40	11.35	10.39	77.22	11.15

资料来源:2009—2015 年《农民工监测调查报告》和《中国统计年鉴》。

农民工与城镇职工工资差距的企业性质差异同样也表现在五大行业中，所有行业农民工与城镇单位就业人员的工资差距均大于与城镇私营单位就业人员的差距。分组来看，与城镇单位就业人员的工资差距中，交通运输、仓储和邮政业的年均差距最大，批发和零售业、制造业次之，但均在 1200 元以上，建筑业和住宿和餐饮业的差距最小，分别为 435 元和 512 元。制造业，建筑业，交通运输、仓储和邮政业，批发和零售业四大行业工资差距的年增长率均呈下降趋势，但其年均增长率却显著大于全组工资差距的年均增长率。[①] 与城镇私营单位就业人员的工资差距中，除交通运输、仓储和邮政业外的四大行业工资差距无论是绝对水平还是增长速度都呈扩大趋势，这些行业的农民工与城镇职工的工资并没有同化。而且从工资差距的年均增长率来看，除建筑业和住宿和餐饮业外，其他三大行业工资差距的年均增长率均高于平均水平。综合考虑城镇所有就业单位的话，制造业、建筑业及批发和零售业农民工工资增速略慢于城镇职工，除住宿和餐饮业外，2012 年之后其他四大行业工资差距的扩大速度均不同程度地降低，但是所有行业工资差距的年均增长率均大于这一数据的平均水平，除批发和零售业外，制造业工资差距的年均增长率最高，其工资同化速度较慢，农民工工资同化趋势被弱化。

三　农民工工资趋同的区域差异

三大区域农民工工资的年均增长率均显著快于城镇单位就业人员，慢于城镇私营单位就业人员，与城镇单位就业人员的工资差距也远远大于与城镇私营单位就业人员的工资差距，而且前者工资差距的增长率均显著慢于后者。其中，中部地区农民工工资与城镇单位就业人员的工资差距最小，东部地区最大，东部地区农民工工资与城镇私营单位就业人员的工资差距最大，中部地区最小。综合来看，三大区域农民工工资快于城镇职工工资的增长速度，两者工资差距自 2012 年来均显著下降。所不同的是，东部地区城镇私营单位就业人员的工资水平高于农民工，但是中西部地区却正好相反，农民工工资相对较高，也因此导致中西部地区农民工与城镇职工的工资差距明显小于东部地区，而且其增长速度也显著慢于东部地区，尤其是中部地区，农民工与城镇职工工资差距的年均增长率甚至为负。分区域来看，中部

---

① 此处的全组工资差距指的是不考虑行业差异，全部农民工与城镇单位就业人员的工资差距。

地区农民工工资同化趋势最为明显，西部次之，东部较不显著。

伴随着农民工工资与城镇职工的工资趋同，我国的劳动力成本尤其是制造业的劳动力成本显著上升。关于制造业劳动力成本的上升，有诸多学者进行了大量研究。如魏浩、郭也（2013）利用2001—2010年的相关数据计算了中国制造业单位劳动力成本及其变化，研究结果表明：2010年调整后的中国制造业单位劳动力成本比2001年增加了17%，而且从国际对比来看，中国制造业单位劳动力成本的增长速度要快于亚洲四小龙、其他发展中大国、亚洲新兴发展中国家。魏浩、李翀（2014）的研究指出，近年来我国工资水平快速上涨已经引发了低工资产业特别是劳动密集型产业转至国外，越南、老挝、柬埔寨等工资水平相对较低的东南亚国家成为新一轮经济增长中劳动密集型产业的增长点。蔡昉、都阳（2016）也认为近年来我国制造业的单位劳动力成本呈快速上升趋势，对劳动密集型行业产生较为明显的冲击，也造成了我国经济增长动力的减弱。

2016年7月2日，中国信息化百人会与德勤中国联合发布的报告称，中国的劳动力成本在2005年以来的十年间上升了5倍。而劳动力成本的显著上升压低了制造业的获利空间，使得原本集中在中国东南部沿海地区的制造业纷纷开始向发达国家回流，尤其是金融危机以来，包括美国、德国、英国等在内的发达国家纷纷采取积极政策吸引制造业向国内回流，以解决金融危机带来的失业等各种问题。除此之外，我国的制造业也开始向劳动力成本更低的东南亚国家转出，如老挝、缅甸、柬埔寨等。

2015—2016年，中国首个企业劳动力匹配调查组在东部代表省份广东和中部代表省份湖北进行了两轮针对员工与企业的调查，成功获取了1208家企业和11366名员工的有效问卷，并以此为据召开了2017年"中国企业—劳动力匹配调查"报告发布会。会上指出，改革开放以来我国劳动力工资持续上涨，1978年我国的劳动力工资水平仅仅相当于美国劳动力的3%，2015年这一数据已经上升到美国的20%。从国际对比来看，中国劳动力工资水平显著高于印度、越南、泰国等新兴市场国家。

　　而全球经济研究和政府企业咨询机构牛津经济研究院（Oxford E-conomics）2016 年的研究结果则对中国制造业的劳动力成本持更加悲观的态度。其发布的数据表明，目前中国制造业的劳动力成本仅仅比美国低 4%，两个国家的劳动力成本已经非常接近。更值得中国担忧的事实是，在两国劳动力成本相差无几的情况下，我国的单位劳动力生产率尚不足美国的 1/5。从 2003 年至 2016 年，美国制造业单位劳动力生产率增长约 40%，同时期中国的劳动力生产率将近翻了一番，但相较而言，美国单位劳动力生产率的绝对水平仍然要比中国高出80% 到 90%。[①]

　　不过也有部分研究依然对中国的劳动力成本保持乐观态度，认为我国依然保有劳动力成本的比较优势。如经济学人智库（The EIU）2014 年发布的报告宣称，2012 年中国制造业工人的每小时工资平均为 2.1 美元，作为比较，美国的这一数据高达 35.7 美元，尽管两者间的差距会不断缩小，但到 2020 年时中国的劳动力成本仍将不足美国的 12%。不仅如此，中国的制造业劳动力成本仍会低于巴西、墨西哥，该报告预计到 2019 年时中国制造业工人每小时工资与这几个国家同项数据之比分别为 35.2%、55.2% 和 75%（见图 5 - 10）。但是，该报告忽略了非常重要的因素——劳动生产率。判断一个国家、产业和企业是否具有比较优势和竞争力，不仅要观察劳动力成本，还要结合劳动生产率水平。而单位劳动力成本是劳动力成本和劳动生产率之比，与工资水平成正比，与劳动生产率成反比。制造业的单位劳动力成本水平是衡量制造业国际竞争力的重要依据，也可以用来判断工资等劳动力成本上涨是否建立在劳动生产率提高的基础之上。如果进一步考虑劳动生产率的话，该报告也承认我国的工资增速高于生产率增速，单靠价格竞争力将不足以支撑中国制造业的未来。

　　不管实际数据如何，中国劳动力成本上涨已是不争的事实。但是在劳动力成本上涨的同时，我国的劳动生产率却没有相应提高，或者说提高的速度慢于工资上涨的速度，导致中国制造业的竞争力面临较

---

　　① 资料来源：澎湃网，https：//www. thepaper. cn/news Detail：forword_ 1448967。

大挑战。中国信息化百人会与德勤中国 2016 年联合发布的报告
《2016 年中国制造业竞争指数》就预计，尽管中国目前仍是全球最具
竞争力的制造业国家，但到 2020 年，美国或将反超中国，成为世界
第一制造强国。

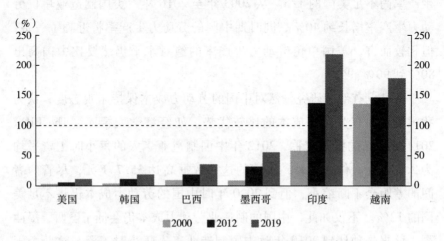

图 5 - 10　中国与部分国家制造业劳动力成本对比

资料来源：经济学人智库（The EIU）报告《优势依旧——中国制造业劳动力成本分
析》。

另外，需要注意的是，尽管农民工工资与城镇职工工资趋同，但
是趋同的速度较慢。这是因为：

（1）单单考虑城镇私营单位的话，农民工工资与城镇职工的工资
差距其实并不大，而且呈日益缩小的发展趋势，工资差距的年均增长
率为 -6.92%，工资同化趋势显著。但是综合考虑所有单位的话，农
民工与城镇职工的工资差距年均增长率为 2.78%。由此可见，农民工
与城镇职工的工资差距主要体现在城镇国有企业、集体企业等就业人
员工资过高且增长较快，就业人员就业单位的性质差异是导致农民工
工资同化速度较慢的重要原因之一。而且这种性质差异与区域经济发
展水平高度相关，经济发达地区，企业性质差异带来的工资差距越显
著。企业性质差异带来的工资差距仅仅是影响农民工市民化的经济因

素，如果进一步考虑到附着在企业性质上的劳动福利、劳动和权益保护、就学、就医、住房、社会管理以及社会保障等差异的话，农民工要想从真正意义上实现市民化将更加艰难。

（2）就业结构固化。从整体上看，农民工与城镇职工的工资差距有缩小趋向，农民工工资动态趋同于城镇就业人员。但细分行业的数据表明，农民工较为集中的五大行业并没有表现出明显的工资趋同，其工资差距的年均增长率均大于整体水平，由此我们可以做出以下推论：五大行业以外的其他行业农民工工资快速上涨是导致农民工工资趋同的原因。就业结构的高度固化同时也反映出农民工就业的行业流动性不强，导致农民工无法实现向高收入行业的跃迁，制约了其工资水平的提升。而且从统计数据上看，近年来农民工文化素质和职业技能水平的提升并未能从整体上推动其跨行业的流动。尽管近年来农民工尤其是制造业农民工工资上涨过快导致制造业企业生产成本过重的观点甚嚣尘上，但这并不能反映真实的行业间劳动力成本比较优势的变动，制造业农民工工资的上涨速度仅仅与城镇职工持平，部分年份甚至更低，除批发零售行业之外，制造业农民工工资同化速度最慢，制造业的劳动力成本优势依然存在。所以，我们不能以牺牲农民工工资上涨为代价来控制制造业生产成本的过快增长，否则将使得农民工与城镇职工的工资差距更大，阻碍农民工市民化进程。

（3）城乡二元的户籍制度。从工资增长速度来看，东部地区农民工工资年均增长率为13.30%，快于中西部地区的12.73%和12.95%（见表5－5）。中部地区农民工工资增长最慢，但是其工资同化速度却最快，这在一定程度上反映了初始工资水平对工资同化速度的影响。同时从区域间的对比分析可以看出，东部地区农民工与城镇单位就业人员的工资差距最大，在此基础上其工资同化速度却最慢，所以对于东部地区而言，就业单位性质差异对农民工工资同化速度的影响并不显著，城镇私营单位就业人员工资的较快上涨，使得农民工与城镇私营企业就业人员的工资差距渐趋扩大，同一企业内部的工资差距是导致东部地区农民工工资同化速度较慢的重要原因。而在撤除企业性质差异之后，同一企业内部的职工差异更多地表现为户籍差异。近年来，我国户籍制度改革不断加快，全国 30 个省份已取消农业户口非农业户口的区别，这促成了大量的永久移民，推动了我国的城市化进程。但是，我们的结构分析表明，户改对向城市短期流动的农民工产生的影响并不大，在弱化农民工工资差距方面的作用有限。现阶段，二元的户籍依然是影响农民工市民化的主要因素。

表 5 - 5　　　　　　　　　　　各相关统计指标的区域差异

指标	东部	中部	西部
农民工工资增长率（%）	13.30	12.73	12.95
城镇单位就业人员工资增长率（%）	8.88	10.39	11.01
城镇私营企业就业人员工资增长率（%）	14.44	12.97	14.25
城镇职工工资增长率（%）	10.62	10.00	11.02
农民工与城镇单位就业人员的工资差距（元）	1898.66	932.92	1143.40
农民工与城镇私营企业就业人员的工资差距（元）	271.24	-238.57	-33.96
农民工与城镇职工的工资差距（元）	1159.79	352.86	590.02
农民工与城镇单位就业人员的工资差距的增长率（%）	8.11	8.73	10.46
农民工与城镇私营企业就业人员工资差距的增长率（%）	18.64	40.82	161.11
农民工与城镇职工工资差距的增长率（%）	4.86	-10.50	2.00

资料来源：2009—2015 年《农民工监测调查报告》和《中国统计年鉴》。

（4）农民工区域结构的变动。农民工在区域之间的反向流动使得东部地区的"民工荒"现象日趋严重，提高工资找不到工人的现象比比皆是，由此使得"民工荒"现象下工资上涨的直接受益者变成了原本就在城镇就业的城镇职工。而农民工短缺主要以劳动密集型产业为主，这些产业中的企业又以私营企业居多，所以东部地区城镇私营单位就业人员工资大幅度上涨，这延缓了东部地区农民工工资与城镇职工工资的收敛。

上述因素导致我国农民工与城镇职工工资的趋同速度并不快，这在某种程度上意味着，短期内我国还可以保持劳动力成本的比较优势，只是这种优势逐渐从东部地区转移到了中西部地区。

第六章　我国劳动力市场结构变动的经济效应

　　农民工代际差异所带来的劳动力市场的结构性变动进一步影响我国的区域结构、产业结构、技术进步路径、制度变迁等。劳动市场的诸多变动使得农民工工资面临着持续的上涨压力，东部地区劳动密集型产业的劳动力比较优势逐步丧失，中西部地区的劳动力比较优势相对凸显，这有利于各地区按照要素禀赋的比较优势重塑区域经济发展格局。以第二代农民工为主的农民工回流进一步倒逼推动了东部沿海地区的劳动密集型制造业向中西部地区转移，而产业转移将通过集聚发展、技术溢出、要素流动和结构调整等路径促进中西部地区的经济增长，最终实现区域均衡发展。劳动力短缺和劳动力成本上涨使得企业在资本和要素之间的选择发生了改变，企业原有的技术进步方式必然随之改变，这有利于我们改变长期以来发展的资本偏向型技术进步，转而进行劳动密集型技术进步。劳动力成本的持续上涨也可以倒逼推动东部地区不断开发新技术、创造新产品、满足新需求，从而提升东部地区的自主创新能力，实现其产业升级的发展目标。

第一节　重塑区域间比较优势

　　自 2011 年爆发"民工荒"开始，我国农村劳动力的流动发生了新的变化。在此之前，我国的农村劳动力主要呈现自西向东的流动趋向，中西部等经济欠发达地区主要以劳动力输出为主，东部沿海等发达地区主要以劳动力流入为主。但是自 2011 年开始，中西部农村劳动力出省打工的规模尽管依然保持着上涨的态势，但是其上涨的速度却是递减的，尤其是越来越多的新增劳动力纷纷开始选择就地转移就业，导致中西部地区本地转移的上涨速度明显快于外地转移。而劳动力流动的变化带来了劳动力成本优势在我国区域间的重新配置。伴随着长期持续的"民工荒"，东部地区制造业农民工的工资持续上涨，企业生产的劳动力成本日益提高，原来支撑东部地区制造业集聚发展的低劳动力成本优势越来越被弱化，相反中西部地区尽管一直以来的劳动力资源均较为丰富，但这种丰富的资源并没能产生大的经济效益，反而成为东部地区产业发展的要素支撑。但是在"民工荒"现象下以第二代农民工为主的劳动力回流使得中西部地区的要素优势得以真正被自己所用。而劳动力成本优势在区域间的重新分布也推动了制造业在区域间的重新布局。

一 要素禀赋、劳动力流动和区域比较优势

在资源要素禀赋理论的框架内，一国或一地区的竞争优势应当建立在较为丰富的要素资源基础上。拿最基本的劳动和资本两要素来说，如果一国或一地区资本要素较为丰富，那么该国应优先发展大量使用资本要素的资本密集型产业，开发资本偏向型的技术进步。相反，如果一国或一地区劳动力资源较为丰富，那么该国应当优先发展大量使用劳动力要素的劳动密集型产业，开发劳动偏向型的技术进步。进一步按照"霍夫曼定律"所揭示的那样，资本要素丰富的地区可以优先发展重工业，而劳动力要素丰富的地区则应当优先发展轻工业，走"先轻工业、后重工业"的发展道路。

与上述理论不符的是，在我国的经济发展实践中，我们在劳动力要素较为丰富的条件下，却选择了优先发展重工业。相对于轻工业，重工业属于典型的资本密集型产业，其资本有机构成较高，但是就业创造和劳动力吸纳能力较低。重工业的长期发展导致我国大量的剩余劳动力处于闲置状态，城市就业明显不足，农村剩余劳动力也被阻滞在传统农业生产部门，延缓了农村劳动力的跨城乡转移。因此，在改革开放之前，我国农村劳动力的跨城乡转移非常缓慢，几乎处于停滞状态，城市政府还一度出台过限制农村劳动力进城的政策。

对外开放政策的实施推动了我国东部沿海地区劳动密集型产业的集聚发展，并进一步推动了东部地区经济的快速发展。但是我国工业优先和偏向资本的发展战略并没有得到扭转，为此，压低劳动力价格、维持低劳动力成本优势成了带动经济增长的不二选择。但是建立在低劳动力成本基础上的企业，其生产效率并不高，而要提升生产效率，企业只有两种措施：第一，在资本要素稀缺的条件下，不断增加资本投入，通过开发新技术、进行技术升级来提升竞争力；第二，大量裁员，实行"减员增效"。上述两种办法均属于"资本深化"，通过提高资本总量或者减少雇工人数来提高人均占有资本，而资本深化对稀缺要素资本的依赖进一步导致企业不得不继续压低劳动力工资，以维持利润率保持不变或者提高。这必将导致企业生产中单位资本的劳动力吸纳能力下降，农村劳动力的流动进程也会因过低的工资水平而被限制。

同时，按照区位理论的观点，不同地区先天条件和要素禀赋不同，其发展水平也不尽相同，部分地区生产效率高、要素价格高，部分地区生产效率低、要素价格低。区域间发展水平的差异导致包括劳动力在内的诸多要素更愿意在市场配置的基础上从要素价格低的地方流向要素价格高的地方，由此形成了要素在不同区域间的流动与配置。对于我国而言，地区之间呈现明显的梯度差异，中西部地区相对落后，生产效率较低，劳动工资水平较低，而东部地区受地位优势和国家政策的影响，率先实现了经济水平的快速提高，其生产效率相对较高，劳动工资水平也较高。这就导致中西部地区丰富的劳动力要素在较高工资的吸引下纷纷流向工资水平更高的东部地区，而劳动力要素跨区域流动的最终结果是：劳动力要素的天然优势和后期生产过程中所形成的劳动力成本优势的区域分布并不一致，中西部地区丰富的劳动力要素资源并未得到充分利用，反而大量流出，东部地区则建立起了基于劳动力的低成本比较优势，劳动密集型制造业在东部地区大量集聚，并快速发展。

但是劳动密集型产业的过度集聚同时带有严重的副作用。如前文分析的那样，如果企业在提高生产效率的驱动下，走资本深化的道路，那么劳动密集型产业的长期发展并不会带来其就业吸纳能力的提高，相反，伴随着生产效率的不断提高和产业结构的升级，东部地区劳动密集型制造业的就业弹性系数必然会降低，劳动工资上涨的空间却被极大程度地限制。而中西部地区劳动力要素的大量流出一方面导致当地的工业化缺乏动力，另一方面也阻碍了当地的城镇化进程，使得本地区提供的非农产业劳动力不能被有效吸收、就地转化。因此，当产业集聚到一定程度，其就业弹性系数逐渐降低时，聚集产业就应当及时转出，进而推动要素在区域间的再次流动与重新配置，解决劳动力转移进程缓慢和劳动力工资过低的双重困境。

二 农民工代际分化与比较优势的动态转化

农民工内部的代际分化是"民工荒"常态化的重要影响因素。第一代农民工的跨城乡、跨区域流动主要受经济动机的驱使，其进城务工的目的主要是挣钱，体现为劳动追逐资本，而且他们的流动主要是从劳动力较为丰裕的地区流向劳动力相对稀缺的地区，农民工自西向东的跨区域转移成功帮助东部地区在不具备要素禀赋天然优势的基础上形成了低劳动力成本的发展优势。但是在经过长达近30年的转移之后，由于农民工群体内部的代际分化使得农民工自西向东的流动趋势发生了改变，在东部地区就业的中西部农民工增速明显下滑，而中西部地区农民工的本地转移就业态势日趋显著。数据显示，2015年在东部地区就业的外地农民工为16489万人，总量较2014年仅增加0.40%，远远低于中部地区和西部地区的3.20%和2.00%。农民工区域结构的变动加剧了从东部沿海地区开始的"民工荒"，从而推动了农民工工资的上涨。然而，对于企业而言，农民工工资的上涨意味着生产成本的增加，东部沿海地区劳动密集型制造业原本所依赖的低劳动力成本优势逐渐消失，而工资上涨具有刚性，一旦上去就很难再降下来，这使得东部沿海地区的制造业不得不转而谋求其他的比较优势，重塑地区经济。

如上所述，农民工代际分化带来的可能性结果就是东部地区的劳动力供给逐步减少，而中西部地区则伴随着农民工的回流和农村劳动力本地转移规模的不断增加，建立起劳动力成本比较优势。如此情形下，原先东部沿海地区的低劳动力成本丧失，而中西部地区的劳动力成本优势逐步形成，区域间的比较优势发生了动态变化。而这种动态变化是劳动力要素在区域间重新布局的结果，劳动力区域结构的变动必将同时引致区域产业结构的变动。中国区域发展的现实表明，为了顺应区域间比较优势的动态变化，我国区域间的产业结构也发生了相应的变动，制造业在东部地区集聚发展的态势有所减弱，而中西部地区的制造业则取得了快速发展。数据分析表明，2004—2015 年，中西部地区制造业的增长速度明显快于东部地区，而东部地区的腾笼换鸟策略也取得了一定的效果，推动了我国制造业技术结构的高度化。

单从出口商品的技术结构来看，2012 年以来，我国制造业内部高技术行业出口态势良好。通信设备、计算机及其他电子设备制造业一直是我国制造业的出口主导部门，尽管 2005—2010 年其出口总额占制造业出口总额的比重持续下降，但 2012 年重新上升至 27.34%，达到 2002 年以来的最高水平；通用、专用设备制造业的出口额占比也从 6.08% 提高至 9.68%。2010 年以后，交通运输设备制造业的出口增长较为明显，已超越传统的纺织业成为制造业的新兴出口行业。相对而言，仪器仪表及文化办公用机械制造业的出口呈下降趋势，其出口额占比从 2002 年的 6.37% 一路跌至 2012 年的 1.61%。

中等技术行业中的电气、机械及器材制造业出口也一直保持持续增长，现已成为制造业出口第三大行业，其出口额占比从 8.73% 增至 2012 年的 9.75%。而化学工业的出口贡献率则在 2010 年达到顶点之后开始下滑，2012 年其出口额占比为 2002 年以来的最低值，只有 8.98%。

低技术行业的出口额大幅度下降。其中，纺织业的出口额占比持续下降，尤其是 2010 年之后直接从 9.75% 跌至 2012 年的 4.7%，而服装皮革羽绒及其制品业的出口额占比则呈现 U 形发展特征，在经历了较长时间的下降之后回温迅速，其出口从 2010 年开始增长，2012 年占比为 9.78%，其对制造业总出口的贡献度仅次于通信设备、计算机及其他电子设备制造业。

从总的出口额占比来看，我国制造业已经形成了以高技术行业为主导的出口商品结构，2002 年以来一直保持着"高、低、中"的行业出口格局。而且，低技术行业出口额占比从 2002 年的 33.39% 持续下降至 2012 年的 25.43%，2010 年之后，中等技术行业与低技术行业之间的出口差距显著缩小，其出口占比之差从之前的 8.96% 减少至 0.38%。不难看出，我国制造业出口商品结构的技术含量越来越高。

第二节　倒逼推动产业转移和经济增长

一　倒逼推动产业转移

（一）要素错配抑制产业转移效率

加快产业转移步伐、推动区域产业结构调整是实现中国区域均衡发展、推动中国经济持续增长的重要路径之一，尤其是金融危机过后，区域间比较优势的动态变化促使产业结构在空间和层级上发生相应调整，产业区域间转移的步伐不断加快。现阶段，我国已经进入增长速度换档期、结构调整阵痛期、前期刺激政策消化期"三期叠加"阶段，新常态下如何通过产业区域转移调整经济结构、提高经济增长质量成为亟待解决的重点难题。

从理论上讲，产业转移对经济增长的促进作用毋须置疑。雁形转移理论认为，包括进口、进口替代、出口、重新进口四个阶段在内的产业转移能够推动产品从低附加值向高附加值的结构演变，提升产业结构高度；产品生命周期理论认为顺应产品生命周期变化的产业转移有利于转出地区回避某些产品生产上的劣势，帮助转出地区摆脱较高的生产成本压力；边际产业转移理论同样认为，处于比较劣势的边际产业的空间移动可以帮助转出地区回避产业劣势，避免本地区优势产品的出口替代；新经济地理理论主要从产业区位、产业集聚和产业扩散角度研究产业转移问题，认为建立在产业集聚基础上的产业扩散和产业区位转移是降低成本、保持产业外部性和规模经济的重要途径。

从严格意义上讲，产业转移的全部完成包括四个阶段：产业转移前的搜寻阶段、转移产业的落地阶段、转出地的产业整合阶段和承接地的产业升级阶段。第一阶段的重点在于待转移产业及其区位选择，第二阶段侧重于待转移产业的实地入驻，前两个阶段共同强调产业转移能否顺利实现，而产业转移后是否有效则决定于后两个阶段。此前关于产业转移的动力、模式等方面的研究主要关注前两个阶段，研究成果也较为丰富。近年来，随着产业转移战略的逐步落实，转出地在产业转出之后，是否实现了产业结构的升级，承接地承接的产业是否有效地促进当地经济的发展成为学术界和政界共同关注的重点问题。事实上，产业转移绝不仅仅是在空间位置上的复制，能够推动经济结构调整和经济增长才是推行产业转移战略的第一要义。我国产业梯度转移的构想提出于20世纪80年代，此后产业转移便引起了多方面的重视，尤其是2004年"民工荒"现象爆发以来，基于劳动力成本优势的逐渐丧失，东南部地区劳动密集型产业向外转移的愿望更加迫切。金融危机过后，产业区域转移的进程进一步加快。但是，值得我们注意的是，产业转移的实际效应并不如理论中描述的那样显著。如冯根福等（2010）研究表明我国东、中西部地区间只发生了部分的相对产业转移，绝对产业转移的现象尚未发生，我国东、中西部地区间的产业转移还不显著①；胡伟、张玉杰（2015）的实证研究表明尽管我国产业转移稳步增长，但是总体的大规模区域间产业转移还未发生②。刘红光、刘卫东、刘志高（2011）利用区域间投入产出模型定量测算了中国1997—2007年产业区域转移的程度，分析结论认为产业向中西部地区转移的趋势并不明显，加快东部地区产业向中西部地区转移的步伐仍然十分迫切。③ 程李梅等（2013）指出承接地承接产业转移的集聚效应并未促成，西部地区陷入"只见企业，不见产业"的转移陷阱之中。④ 谢呈阳、周海波、胡汉辉（2014）在对产业转移

① 冯根福、刘志勇、蒋文定：《我国东中西部地区间工业产业转移的趋势、特征及形成原因分析》，《当代经济科学》2010年第3期。

② 胡伟、张玉杰：《中西部承接产业转移的成效——基于地理信息系统的空间分析方法》，《当代财经》2015年第2期。

③ 刘红光、刘卫东、刘志高：《区域间产业转移定量测度研究——基于区域间投入产出表分析》，《中国工业经济》2011年第6期。

④ 程李梅、庄晋财、李楚、陈聪：《产业链空间演化与西部承接产业转移的"陷阱"突破》，《中国工业经济》2013年第8期。

的经济效率进行定量分析时也指出，拉力和推力的双重缺失使得由东向西的产业转移难以持续。① 对于导致产业转移效应并不突出的原因，上述学者也分别给出了自己的解释，张公嵬、梁琦（2010）认为与区域间较大经济差距相类似，区域内的不同地区同样也存在明显的发展差距，再加上区域内转移的区位优势，由此带来的产业黏性导致产业转移优先发生在区域内部，产业的区域间转移进程较为缓慢②；刘红光、刘卫东、刘志高（2011）基于区域投入产出的分析指出以沿海地区为主的出口模式和消费市场仍集中在东部是导致产业转移滞缓的重要原因；谢呈阳、周海波、胡汉辉（2014）通过分析同一行业中的企业在不同地区的资源使用情况对产业转移过程中的要素空间配置进行了研究，该研究将劳动力分为高端人才和普通劳动力，结果表明：同一行业中的企业在转入地和转出地所使用的差异性要素配置，尤其是高端人才的区域错配是导致产业转移产出损失的主要因素。

以往产业转移更多地关注产业的转出与转入，而产业转出和转入之后，其理论上的调整效应和集聚效应是否能够有效发挥才是促进转出地和承接地结构调整和经济发展的关键所在。结合已有研究，我们认为，产业转移的有效性在于产业转出或转入之后其与转出地或转入地要素资源是否能够实现高度耦合。一旦产业与要素资源配置不匹配，产业转移的产出损失便不可避免。

我国区域间的经济发展水平呈现明显的梯度差异，在梯度发展模式下，当东部沿海地区的劳动密集型产业丧失其发展优势时，向中西部进行转移是抵消发展优势丧失对我国经济冲击的有效选择。一方面，区域产业转移有利于东部地区调整产业结构，转而发展资本和技术密集型产业；另一方面，中西部地区通过承接产业转移可以带动本地就业、推动地区经济的集聚式发展，最终缩小与高梯度地区的发展差距。

---

① 谢呈阳、周海波、胡汉辉：《产业转移中要素资源的空间错配与经济效率损失：基于江苏传统企业调查数据的研究》，《中国工业经济》2014 年第 2 期。

② 张公嵬、梁琦：《产业转移与资源的空间配置效应研究》，《产业经济评论》2010 年第 9 期。

从产业转移的现实进程来看，我国区域间的产业合作与转移速度明显加快，有力推动了中部、西部地区的经济增长，中部、西部地区工业增加值占比分别从 2004 年的 16.88%、14.07% 上升到 2013 年的 21.64% 和 19.33%，中部、西部地区的经济发展环境持续优化。从典型地区和省份来看，2009—2013 年重庆市累计引进境内省外资金达 2.1 万亿元，比前 5 年总和增长十余倍，承接产业转移取得明显成效，形成了电子信息零部件、汽车零部件、精细化工、纺织服装和消费品制造等产业集群。陕西省也逐步形成以专业产业园区的形式承接产业链或产业集群整体转移的态势。然而，梯度转移理论中所描述的高梯度地区产业大规模向低梯度地区转移的现象尚未出现，产业转移的经济效应也远没有理论描述的那样充分。

其一，宏观上，产业转移的区域经济差距缩小效应并不显著。2002 年东部地区人均 GDP 为 1.39 万元，分别为中部地区、东北地区和西部地区的 2.13 倍、1.3 倍和 2.46 倍，此后这一比例不断上升，2004 年东部地区人均 GDP 分别达到中部地区、东北地区和西部地区的 2.28 倍、1.48 倍和 2.53 倍。此后四大区域间的人均 GDP 差距有所缩小，但是缩小的程度十分有限，2007 年这一数据分别为 2.15 倍、1.47 倍和 2.79 倍，依然高于 2002 年的水平。进入"三期叠加"阶段之后，各区域分化趋势依旧明显。从 2010 年全国四大经济区域人均 GDP 的比较来看，东部地区人均 GDP 是西部地区的 2.17 倍、中部地区的 1.97 倍、东北地区的 1.39 倍。2011 年以来的经济下行区间，中部地区、西部地区和东北地区人均 GDP 增速的下降速度明显高于东部地区，此前有所缓解的区域人均 GDP 差距进一步拉大。另外，从四大区域的经济总量来看，东部地区经济总量占比依然在 50% 以上，中部地区和西部地区略有上涨，但上涨幅度不大，区域间的经济发展差距依旧显著。[①]

其二，产业转移后的"空心化"隐忧频现。产业结构的演进规律显示，伴随着第二产业占国内生产总值的比重不断下降，经济的基础

---

① 此处数据由历年《中国统计年鉴》计算而得。

生产能力逐渐萎缩，如果新的产业升级不能有效地替代传统产业衰退留下的空白，产业空心化便应运而生。从区域结构上看，我国存在双重的"产业空心化"隐忧。一方面，东部沿海发达地区的"产业空心化"。传统产业由东向西的转移与东部沿海发达地区的产业升级发展两者之间存在明显的时滞。制造业由东部沿海发达地区向中西部地区梯度转移的发展战略是推动我国产业升级的重要举措，中西部地区也通过制定各项优惠政策，较好地承接了东部沿海地区部分产业的转移，然而由于短时间内替代性的产业升级难以到位，东部沿海地区"产业空心化"的隐忧开始浮现。数据显示，2012—2015 年浙江省第二产业占 GDP 比重从 50.00% 下降到 45.90%，年均下降 1.6 个百分点，江苏省的第二产业占比则从 50.20% 下降至 45.70%，东部地区其他各省份第二产业占比均呈下降态势。①

能否避免"产业空心化"，主要取决于区域是否有新产业的进驻。新产业的出现无非有两个来源：本地产业的升级和外部新产业的进入。我们面临的现实是：一方面，东部地区产业的升级之路漫漫，在内外巨大的发展压力下，许多东部地区的传统制造企业纷纷倒闭。浙江省统计数据显示，2015 年 12 月末，规模以上工业有亏损企业近6000 家，亏损面比上年末扩大 3.10%，增至 14.50%，亏损额增长34.30%。另一方面，根据产业梯度转移理论，只有当创新主导产业形成一定规模并能对转出的传统产业形成替代时，产业梯度转移才有可能大规模发生。然而我国东部地区的新兴产业大部分都处于发展的初创期或成长期，其替代传统产业的发展优势还不够成熟。如 2015年江苏省高新技术产业实现产值 6.1 万亿元，占工业总产值比重近40.00%②，同年山东省的这一比重达到 31.40%③，浙江省则为37.20%④。但是，与发达国家相比，我国东部地区创新型产业远远达不到主导产业的标准。2001 年的韩国人均 GDP 为 10655 美元，2014

---

① 此处数据源自历年各省《国民经济和社会发展统计公报》。
② 此处数据源自《2015 年江苏省国民经济和社会发展统计公报》。
③ 此处数据源自《2015 年山东省国民经济和社会发展统计公报》。
④ 此处数据源自《2014 年浙江省国民经济和社会发展统计公报》。

年我国东部地区十省市的人均 GDP 均突破 10000 美元，而早在 2001
年韩国高新技术产业产值占工业总产值的比重就已达到 62.00%，美
国的这一比重达到 75.00%，日本更是高达 83.00%。[①] 因此，东部沿
海地区的创新主导产业还没有形成规模，创新活动还没有积聚成推动
产业转移的内部力量，因此东部沿海地区产业主动向中西部地区的大
规模梯度转移还难以发生。事实上，目前我国东部沿海发达地区产业
转移的动因主要来自原材料、劳动力、土地等生产要素成本的增加以
及人民币升值对"两头在外"经营模式的影响，转出产业也以资源依
赖型和劳动密集型产业为主，电子信息产业等高附加值产业的转移主
要集中在加工制造环节。因此，我国现阶段的产业转移更多表现为被
动式的产业转移，这种转移模式很难从内部成长出新型的、更为高端
的替代产业。

　　另一方面，中西部承接产业转移过程中的"产业空心化"。中西
部地区通过承接产业转移有力地促进了区域经济的发展，国家统计局
统计数据显示，2004—2015 年中西部地区的产业比重逐年攀升，其工
业增加值占比分别从 16.88%、14.07% 上升至 21.94%、20.17%，
经济增速上持续了差不多 20 年的"东快西慢"格局也于近年来演变
成"东慢西快"。[②] 但是中西部各省份和地区在承接产业转移的同时
也带来了地方政府间的竞争。为了争夺有限的项目资源，中、西部各
省份和地区往往更多地采用具有地区保护特色的政策，这在一定程度
上扭曲了生产资源的区域配置[③]，区域间的重复建设不断上演，各地
争相建设产业集聚区、工业园区，争相发展高新技术产业，产业结构
存在明显的趋同现象。高新才、周一欣（2012），赵峰、姜德波
（2011）等学者对欠发达地区的研究均表明，我国不发达地区的产业
同构程度较高，尤其是在承接东部产业转移过程中，中、西部诸多地

---

① 刘友金、吕政：《梯度陷阱、升级阻滞与承载产业转移模式创新》，《经济学动态》
2012 年第 11 期。
② 此处数据由历年国家统计局发布的宏观经济数据计算而得。
③ 此背景下，2014 年年底国务院下发《关于清理规范税收等优惠政策的通知》，通过
规范企业税收管理制度来限制税收优惠政策的盲目应用。

区产业结构趋同。① 以战略性新兴产业的发展为例，我国各地区战略性新兴产业类型相似程度较高，节能环保、新一代信息技术、生物、高端装备制造、新能源、新材料和新能源汽车七个产业均有涉及，其中选择新能源、新材料、生物产业的省份占到 90% 以上，选择发展新能源产业的省份最少，但占比也在 50% 以上。② 产业结构趋同严重抑制了区域分工和交换，一旦在产业竞争中失败，中西部地区的诸多产业集聚区和工业园区将同样面临"空心化"风险。

另外，从产业转移方向来看，历史上，全球发生的产业转移都是单方向的由上而下的转移，即由经济发达国家向新兴发展中国家转移，而我国的产业转移却呈现不同的趋势。以出口或代工为主的劳动密集型中小制造企业开始由中国向越南、缅甸、印度等劳动力和资源价格更低廉的新兴发展中国家转移。较典型的如国内电视冰箱等技术成熟性企业纷纷南迁到越南、印度尼西亚甚至非洲；而部分高端制造业在美国、欧洲等发达国家"再工业化"战略的引导下开始回流，英国和美国等发达国家制造业的持续扩张便是最有力的证明。由上而下和由下而上的双重转移模式，给我国的制造业带来了空前的发展危机，产业空心化隐忧不断强化。

其三，产业集群发展质量的区域差异显著。产业转移和承接并不是最终目的，它只是实现产业集聚发展、促进区域结构调整的手段，转出或转入产业后，如何维持和强化产业集聚发展的知识溢出效应、扩散效应、网络协同效应等才是我们关注的重点问题。中国社会科学联合研究中心发布的《中国百佳产业集群》名单显示，上述效应更加突出的产业集群依然主要集中在浙江、广东、江苏、福建、山东等东部地区，其中，上述五省的百佳产业集群就占到了全国百佳产业集群的 70% 以上，中西部地区上榜产业集群数量较少，而且都是具有传统

---

① 高新才、周一欣：《基于 α 和 β 趋同检验的西北五省区产业结构趋同分析》，《西北大学学报》（哲学社会科学版）2012 年第 1 期；赵峰、姜凌波：《产业结构趋同的合意性与区域经济发展——以苏北地区为例》，《财贸经济》2011 年第 4 期。

② 李桢：《区域产业结构趋同的制度性诱因与策略选择》，《经济学动态》2012 年第 11 期。

优势的产业集群，中西部地区承接产业转移后的产业集群发展质量并不高，产业转移的终极效应远未充分显现。

（二）农民工回流能改善要素资源配置，推动产业转移

农民工劳动力供给行为的动态变化尤其是农民工的回流在现实中加快了产业转移的步伐。农民工工资的持续上涨带动了我国东部地区制造业生产成本的增加，使得东部沿海地区的劳动密集型制造业丧失了原本所依赖的低劳动力成本优势。这种情况下，东部沿海地区制造业的发展有两种路径可以选择：第一，转型升级原有的在劳动力要素较为丰富的条件下发展起来的低附加值的劳动密集型产业，转而依靠创新大力推动高附加值制造业的发展。第二，产业外移。在不改变生产方式和技术选择的条件下，原本集聚在东部沿海地区的劳动密集型制造业可以选择向劳动力成本更低的地区转移，比如老挝、柬埔寨等东南亚国家或者是我国的中西部地区。按照前文所述，我国制造业劳动成本显著上升，劳动力成本的比较优势已经非常微弱。但是分地区来看，我国部分地区依然较具劳动力成本优势。数据调查表明，我国地区之间劳动力成本的差距逐步缩小，东部沿海地区尤其是珠三角和长三角这些制造业较为集中的地区，其工人工资水平与中、西部内陆地区之间的差距日渐缩小。2000 年，上海市的劳动力成本最高，是排名最末的河南省的 3 倍以上。而在 2012 年，排名最高的北京市的劳动者收入仅是劳动力成本最低的江西省的 2.4 倍。但是相对而言，江西、河南、山东等省因为劳动力成本相对较低、劳动力资源丰富、基础设施较为发达，日益受到制造业企业的青睐。按照经济学人智库（The EIU）的预测，到 2020 年我国地区间的劳动力成本差异依然存在，而且较为显著，河南、陕西、贵州、湖南、江西等中西部省份依然较具劳动力成本优势，为这些地区承接制造业转移，从而继续保持我国的劳动力优势提供了基础。其中，凭借其丰富的劳动力资源和与沿海港口间交通基础设施的不断改善，安徽已成为寻求迁出长江三角洲高成本城镇的制造业企业的理想选择。联合利华集团决定将生产企业从上海迁至合肥，就是一个知名外资企业放弃沿海地带，选择成本较低的内地生产基地的典型案例。尽管初期遭遇到了诸如电力供应难

以保障等问题，但联合利华还是将全部工厂搬迁到了合肥。

因此，我国东部沿海地区大量的制造业更多地选择向劳动力成本更低的中西部地区进行转移，而且转移规模持续扩大。与"民工荒"发生的时间相一致，我国的产业转移以 2005 年为拐点。2005 年之前制造业主要向东部沿海地区集聚，2005 年后由东向西的区域梯度转移凸显并持续进行。中部地区、西南地区、西北地区和北部沿海地区为产业转入地，东部沿海、南部沿海、东北地区和京津地区为主要的产业转出地，其中东部沿海地区和中部地区分别为最大的产业转出地和产业转入地，其转出和转入总额分别为 43484.77 亿元和 54427.23 亿元，转移规模均在 2011 年达到顶峰，2013 年以来东部沿海地区的转出规模持续显著减小（见表 6-1）。分省市来看，广东、上海、浙江、北京四个地区的转出规模占总转出规模的 90% 以上，安徽、湖北、河南、湖南、江西等中部五省承接了近 60% 的产业转移，四川、重庆、陕西、内蒙古等西部地区的产业承接量仅占 10% 左右，区位条件依然是影响我国产业转移的重要因素，产业转移规模与制造业总体规模一样，呈梯度分布特征。

表 6-1　　　　　　　　　八大区域相对产业转移份额

产业转移规模/亿元	NC	NE	EC	JJ	SC	NW	SW	ME
2000	-15.15	192.05	468.85	3.00	-33.11	-49.61	-43.56	-522.47
2001	-186.58	-662.41	-1056.10	80.63	2739.17	46.56	-436.00	-525.27
2002	624.25	-346.67	409.74	-433.22	229.24	-106.02	-96.15	-281.17
2003	1021.29	-527.96	1020.11	-749.58	760.05	-298.67	-427.59	-797.64
2004	862.21	-620.50	1219.09	214.14	129.72	-189.80	-465.43	-1149.43
2005	2664.71	-319.48	-2258.01	-559.73	-1067.98	98.02	318.06	1124.42
2006	-131.88	124.90	-872.14	-687.51	-195.89	357.94	163.56	1241.01
2007	130.60	116.02	-1900.23	-1335.99	-741.92	384.39	601.94	2745.20
2008	1073.09	1476.31	-3871.19	-1584.71	-2272.69	510.41	503.86	4164.93
2009	2705.94	1991.83	-6397.58	-687.64	-2140.71	1638.10	1573.44	1316.62

续表

产业转移规模/亿元	NC	NE	EC	JJ	SC	NW	SW	ME
2010	-6697.92	666.05	-1278.04	-1464.44	648.70	-167.85	1013.54	7279.97
2011	-244.29	-1201.70	-10161.55	-1066.58	-5537.83	575.91	4375.15	13260.89
2012	7228.71	2586.11	-2779.93	253.49	-5059.68	-1250.66	-1853.14	875.09
2013	-2172.47	-925.31	-6648.12	-382.71	1649.18	1440.60	2275.14	4763.68
2014	833.86	-7675.70	-5472.52	-823.24	1800.11	-822.16	3813.93	8345.73
2015	2476.53	-14741.49	-1845.46	-337.51	1578.57	345.95	3213.70	9309.70

资料来源:由历年《中国工业经济统计年鉴》计算而得。

而且,产业转移同时也是推动东部地区产业转型升级发展的战略举措。数据分析显示,现阶段,我国东部地区向中西部地区转移的产业依然以劳动/资源密集型产业为主。2005—2012年产业转移规模最大的五大行业依次是金属冶炼及加工业,包括普通机械制造业等在内的其他制造业,通信设备、计算机及其他电子设备制造业,食品制造业和非金属制品业,其中,劳动/资源密集型行业转移规模占五大行业转移总额的81.29%。将安徽、河南、湖北等主要产业转入地的转入产业数据相加求得,2005—2012年,上述地区转入产业规模前五位的分别是食品制造业、纺织服装业、普通机械制造业等其他制造业、电气机械及器材制造业和金属冶炼及加工业等,2013—2015年食品制造业、纺织服装业、非金属制品业、金属制品等四大转入产业的占比仍然高达近50%,转入产业以劳动/资源密集型产业为主。

伴随着劳动密集型产业的转出,东部地区可以"腾笼换鸟",将更多的资本和资源用于发展高新技术产业。近年来,东部地区高新技术产业的发展速度不断加快便是最好的佐证,以江苏省为例,2005—2015年,其高新技术产业产值从7928.17亿元增加到6.10万亿元,占工业总产值的比重也从18.80%上升至40.00%。总之,劳动力成本不断上涨的趋势下,产业转移被作为推动我国区域结构和产业结构调整的重要抓手。

　　但是单单是农民工回流并不足以提升产业转移效率。区域产业结构是经济活动在空间范围内的反映，也是生产要素在区域间动态配置的结果，所以区域空间结构的优化也要通过生产要素的均衡配置来实现。理论上，由东向西的产业转移既可以缓解发达地区劳动力要素成本过高、要素短缺的问题，也可以充分利用后发地区更为丰富的劳动力要素资源，提高后发地区的要素配置效率。但我国面临的实际是区域产业变动严重滞后于生产要素的空间变动，导致要素资源的空间错配，进而产生产业转移经济效率的损失。

　　从要素的区域配置来看，导致产业转移效率缺失的原因在于以下几方面。

　　其一，产业转移速度与劳动力要素转移速度不匹配。劳动力要素的区域配置呈现明显的西多东少特征，在东部地区经济快速发展的强大拉力下，劳动力要素由中西部地区逐步向东部地区流动。中西部地区剩余劳动力的东进显著提高了流出劳动力的收入水平，形成了巨大的收入效应。然而随着劳动力流动规模的不断扩大，过多的劳动力流入伴随着边际生产率递减的风险，这限制了东部地区产业升级、技术进步的脚步，不利于东部地区要素配置的优化。张公嵬、梁琦（2010）的数据分析显示，自 2004 年伊始，我国东部沿海地区的边际劳动生产率就低于中部地区。因此，长时期由西向东的劳动力流动是不利于经济增长与结构调整的。金融危机过后，我国劳动力要素的空间配置发生巨大变化，由东向西的要素回流趋势愈加显著，这为中西部地区承接产业转移提供了丰富的劳动力要素支撑，也为东部地区加快产业转型升级提供了诱致条件。以河南省为例，2011 年其省内农村劳动力转移人数首超省外转移，两者之间的差额为 78 万元，2012 年这一差额扩大至 332 万元，2015 年农村劳动力省内外就业差额增至 492 万元，农村劳动力回流规模不断扩大。① 然而，与劳动力要素先行转移相反的是，产业转移由东向西的转移步伐要明显地慢于劳动力

① 资料来源：河南省人力资源与社会保障厅，http://www.ha.hrss.gov.cn/。

要素的转移速度①，由此导致部分地区要素短缺而部分地区要素过剩的局面，带来结构失衡、产能过剩、创新不足等问题，而这些问题在以"三期叠加"为特征的"新常态"经济发展阶段显得更为突出。以浙江省为例，其产能利用率一直在低位徘徊，2015 年第四季度规模以上工业产能利用率为 75.2%，较二、三季度分别下滑 1.3%、0.2%。② 欧美国家一般认为，产能利用率在 79% 至 83% 区间属于产需合理配比。相对而言，浙江省产能利用率低、产能过剩问题严重也是产业转出之后经济效率不高的直接反映。

其二，资本要素与劳动力要素的空间隔离，弱化了产业转移的结构调整效应。在产业转移的框架内，区域间的资本流动通过改变要素间的关联机制、优化要素的空间布局来推动产业结构的调整与优化，而这正是区域利益重置的基础。理论表明，资本要素流动带来的资本空间布局的变化，是促进包括劳动力要素在内的其他要素区域间流动、提高资源配置效率的重要手段，而且资本要素的合理流动有助于缩小区域发展差距。然而，与劳动力要素由东向西的回流趋势相反，我国资本要素自西向东的流动趋势并没有减弱，东部地区在大力发展高科技产业、实现创新发展的过程中，其对资本要素的需求更加强烈，相应的更多的资本要素便被市场力量留在了东部地区，导致劳动力要素与资本要素空间配置上的脱离。从资本形成总额来看，2015 年我国东部地区资本形成总额为 191898.98 亿元，而中部、西部地区的资本形成总额分别为 110862.27 亿元和 101593.18 亿元；从固定资产投资来看，2015 年全国城镇固定资产投资总额为 551590.04 亿元，其中东部地区 246387.30 亿元，中部地区 162297.16 亿元，西部地区 137353.22 亿元；从外商直接投资来看，东部地区实际使用外资金额 6551.60 亿元，同比增长 8.90%，中西部地区实际使用外资金额分别

①　东部地区"民工荒"现象的持续出现便是产业转移步伐慢于劳动力要素转移速度的充分表现，一方面劳动密集型产业尚未完全转出，另一方面劳动力要素开始大量回流，直接导致了东部地区的"民工荒"，尤其是传统劳动密集型企业普通农民工短缺已成常态化。

②　资料来源：浙江省统计局，http：//www.zj.stats.gov.cn/tjfx ＿ 1475/tjfx ＿ sjfx/201601/t20160125＿ 168593.html。

为 644.90 亿元和 617.00 亿元，同比下降 6.80% 和 3.30%。另外，东部地区的资本配置效率也明显高于中西部地区①，我国的资本流入依然以东部地区为主。与此相对应，近年来中西部地区外出农民工人数增速持续回落，2015 年在东部地区务工的农民工数量占比下降至59.58%，远远低于 2010 年的 67.10%。这种资源配置格局制约了中西部地区的资本深化进程，使得中西部地区只能承接基于劳动力成本比较优势的劳动密集型产业，沦为东部地区的加工工厂，其产业转型发展之路受到较大抑制，削弱了产业转移的结构调整效应。

其三，生产要素的空间锁定。按照波特的划分方法，生产要素主要包括两大类：一类是初级生产要素，具体包括土地与自然资源、地理区位、非技术工人、资金等；另一类是高级生产要素，具体包括现代化的交通设施、受过高等教育的人力资本、研究机构、先进的技术等。资源密集型产业的发展主要建立在初级生产要素基础之上，其产业层次相对较低。而技术密集型产业则建立在高级生产要素的基础之上，其产业层次较高。在梯度发展长期存在的战略框架内，东部地区"腾笼换鸟"的产业发展政策主要是将基于初级生产要素的低端劳动密集型产业和资源密集型产业转移出去，进而为东部地区发展基于高级生产要素的高端产业提供空间和要素支撑。与此同时，中西部地区通过承接基于初级生产要素的低端产业，可以将区域生产要素优势与产业转入相结合，但同时也使得这些地区陷入低级生产要素与低端产业相结合的产业分工格局，区域间的产业格局进一步固化，转入地区的产业发展被锁定在低端环节，而且这种锁定在区域经济相关性和互补性长期存在的条件下也将得到强化和持续。历史经验告诉我们，一旦某种分工格局被选定，那么整个经济体内的各种资源配置以及经济活动都会被限定在这一格局上并被长期保持下来，难以打破。因此，我国现有的区域产业分工格局使得后发地区锁定在低级生产要素与低端产业"双低"相结合的产业发展状态，其通过承接产业转移实现地区产业升级的目标道路严重受阻。

---

① 此处数据来自历年国家统计局发布的官方公告和《中国统计年鉴》。

　　其四，技术封闭与技术转移迟滞。我国目前的产业区域转移实际上是"二战"以来国际产业转移在国内市场上的进一步延续。"二战"以后，全球范围内的产业转移大致可以分为三个阶段，第一个阶段是欧美制造业尤其是劳动密集型产业向日本和德国等后发国家的转移，第二个阶段是制造业由德国与日本向包括中国香港、新加坡、韩国和中国台湾等亚洲四小龙在内的新型工业化国家和地区的转移，第三个阶段中劳动密集型产业进一步由新型工业化国家向劳动力成本具有绝对比较优势的中国大陆转移。现在我国所经历的劳动密集型产业由东南部沿海发达地区向中西部等后发地区转移的阶段正是前三次国际产业转移在我国国内的延续。发达地区转出的产业经过此前三个阶段的不断发展，已经形成了嵌入式产业集群，而且这些产业集群的发展大多是以跨国公司为主导的，这是我们积极参与国际分工的结果。而嵌入式产业集群的发展过多依赖跨国公司的技术优势，转入地区只是为集群发展提供相对低廉的生产成本，包括由区位优势带来的运输成本优势、劳动力成本优势以及庞大的市场需求规模。作为一种由跨国公司主导的集群发展方式，嵌入式产业集群具有一种内生的"隔绝机制"（Bell，2005）①，即跨国公司有选择性地只向集群中极少数合作伙伴进行技术扩散，这导致该类型的产业集群往往具有较强的内在封闭性，传统产业集群中所存在的技术溢出与技术扩散效应被严重限制在极少数核心企业中，外围相关企业的技术升级速度严重滞后于核心企业，而且由于"隔绝机制"的作用，集群中核心企业的升级对产业集群整体升级的推动作用十分有限，甚至可能导致整个集群陷入"升级悖论"，即集群内企业沿某一特定技术路径升级越快，当地隐性知识基础的生成就越困难，与当地产业关联被弱化的可能性也就越大。可见，如果我国由东向西的产业内迁仅仅是让中西部地区加入由跨国公司主导的嵌入式全球价值链中，那么其最终可能的结果便是中西部地区要素资源的被掠夺和技术升级的被限制，不利于中西部地区

　　① Bell G. , "Clusters, Network and Firm Innovativeness", *Strategic Management Journal*, 26 (3), 2005, pp. 287 - 295.

产业的长期发展（周勤、周绍东，2009）。①而且，从我国产业转移的现状来看，研发环节和制造环节空间分离的趋势日益明显，产业转移呈明显的片段化。其中，东部地区依然保持了转移产业的核心技术，而中西部地区尽管承接了许多高科技产品的生产，但它们只能沦为东部地区拥有核心技术企业的生产车间，这样长期发展的结果，只会使得中西部地区重蹈我国东部地区在国际产业分工中的困顿局面，其技术创新能力被弱化。一方面，从高新技术产业发展规模上看，2003—2014 年西部地区高技术产业总产值占全国的比重从 5.5% 降至 1.99%，2011 年中部地区高技术产业总产值占全国的 11.29%，仅为东部地区的 13.83%，高新技术产业发展的区域差距明显。另一方面，从高新技术创新效率来看，东部地区与西部地区的技术研发效率的差距逐年拉大。②2003—2014 年，东、西部地区的专利申请数量差距从 6262 件增至 102581 件，差距增大约 15 倍，而同时期最终得到授权的发明专利数量差距则从 2594 件增至 56323 件，差距扩大近 21 倍。东部地区与中部地区的上述指标差距分别从 2651 件增大至 100354 件和从 6603 件增加至 55207 件，差距分别扩大约 37 倍和 7 倍多。总之，中西部地区的技术创新效率并不高。

综上所述，我国生产要素的空间错配导致区域产业转移未能与生产要素的空间配置形成有效的耦合，产业转移进程受到阻滞，产业转移的结构调整与经济增长效应也受到了削弱。因此，要提高产业转移效率，需要从改善区域间的要素配置着手。

二　产业转移有利于区域经济均衡增长

产业转移有利于推动转出地和转入地的经济增长，缩小区域间的经济发展差距。

第一，产业转移推动了转移产业在中西部地区的集聚发展，有利于缩小区域经济差距。制造业在东部地区的高度集聚吸引了大量资

---

①　周勤、周绍东：《产品内分工与产品建构陷阱：中国本土企业的困境与对策》，《中国工业经济》2009 年第 8 期。

②　直观上看，专利数指标越高，说明该企业对新技术的研发效率越高，利用效率越高。

本、技术和劳动力的涌入，由此产生的极化效应和溢出效应是推动我国制造业快速发展的重要基础。然而制造业"过度东倾"的区域布局在提高我国对外一体化程度的同时，也阻碍了我国内部区域一体化水平的提高，导致我国区域间的梯度差异越发显著，而且由于产业过度集聚带来的产业同构、过度竞争等负面效应不断显现，抑制了东部地区产业的升级发展。因此，推动制造业从东部地区向中西部地区转移成为缓解区域发展差距、促进产业优化升级的合理途径。实证研究表明，承接产业转移确实能够实现产业的集聚发展，产业转移对产业集聚的影响伴随着转移规模的不断扩大而显著增强。在承接产业转移的过程中，中西部地区的产业集聚程度明显增强，而产业的集聚发展又进一步促进了本地劳动生产率的提升，进而推动了该地区的经济增长，而制造业自东向西的集聚式转移有利于区域间的协调发展。

第二，产业转移增强了区域间的技术溢出效应，有利于经济增长。产业转移的理论框架内，技术和经济发展水平具有相同的梯度分布，正向技术溢出效应显著存在于产业从高梯度地区向低梯度地区的转移过程中。有关沃尔沃跨国投资、印度尼西亚等微观企业或宏观国家层面的实证研究均证实，国际产业转移推动全球产业结构调整的同时，不同程度地推动了产业承接地的技术进步。然而，部分研究认为跨国公司主导的产业转移，其技术溢出效应主要发生在跨国公司内部，并不存在向当地企业扩散的迹象，转入企业与当地企业间的技术联系更多地表现为普通信息的传递，并没有带来高水平的技术进步，反而会由于激烈的产业竞争、较弱的产业关联和创新资源的争夺等多种因素，带来负的技术溢出效应。即使存在正的技术溢出效应，产业转移带来的开放式创新会对承接地的自主创新形成一定程度的挤出效应，导致转入地对开放创新的依赖，最终被锁定在"低端技术陷阱"。更有甚者，会出现由本地企业向转入企业的技术反向扩散。就我国而言，以 FDI 为主要形式的跨国产业转移有力推动了我国的技术创新步伐，提升了我国的技术创新能力。但这一创新推动作用是否同时存在于中国内部区域间的产业转移中尚存一定的争论。一方面，国内产业转移对中西部地区具有正向的技术溢出效应，但受限于转入地经济发展水平、人力资本存量、金融市场和技术吸收能力等多种门槛因素的作用，技术溢出效应的大小不一。另一方面，目前我国东部地区的转出产业大多处于蜕变创新阶段，但承接地有限的创新能力不足以对所承接产业进行蜕变创新，从而增加了承接地产业技术升级的难度。而产业转移对象片段化进一步使承接地陷入了技术落后的经济增长。

第三，产业转移能够优化区域间的要素配置，推动经济增长。资本和劳动力要素流动是推动一国经济增长的重要因素，这一点早就得到了空间结构理论的证实。将其引入产业空间转移模型中，这一观点同样成立。跨区域的产业转移同时伴随着要素的跨区域流动，而伴随着要素流动的产业转移作为一种空间优化方式，有利于消除区域间的要素流动壁垒，推动区域经济增长。只是，要素的空间流动对不同区域经济增长的影响程度也不尽相同。对于产业转入地而言，内生于产业转移的要素流动促进了其经济增长，影响程度视该区域的人力资本存量而定，但产业转出地的经济增长却因为要素流出受到了一定程度的抑制。相反，要素的跨区域流动也反过来影响产业转移。预期收入差距、人力资本和技能专用性等因素使我国的劳动力流动呈现外流刚性的特征，产业区际转移的规模和进程均受外流刚性的限制，并进一步使得产业转移增量偏向于劳动密集度较低的生产安排。同时受政府竞争、投资边际效率、市场自由度等多种因素的影响，资本要素依然保持着向东的流动趋势，导致要素流动速度滞后于产业转移，削弱了产业转移的经济效率。

第四，产业转移可以提升转入地的产业结构，促进其经济增长。产业转移具有显著的阶段性和次序性特征，一般而言，先行转出产业是东道国的比较劣势产业，由于先进国家的劳动力成本明显高于落后国家，因此转出产业主要以低端的劳动密集型产业为主，随后再慢慢地向资本密集型和技术密集型产业过渡。在这种阶段性特征下，产业转移对一国经济增长的促进作用首先表现在数量上，而非质量上。我国自东向西的产业转移也呈现明显的次序性，劳动密集型产业的转移要先于资本和技术密集型行业，现阶段的转移产业依然以低端劳动密集型产业为主。在国际产业转移过程中，我国大量承接了发达国家较低层级的制造业，国际产业转移对中国产业结构的优化和升级效应并未显现，反而使得我国陷入全球产业链的低端困境，国际分工格局被锁定。同样地，我国产业自东向西的转移推动了中西部地区非农产业的飞速增长，促进了中西部地区的经济增长，但由于转移产业以劳动密集型产业为主，使得中西部地区成为我国承接国际产业转移的内延地，沦为东部地区的"加工厂"。而且，由于产业转移规模尚小，产业转移对东部沿海地区产业结构调整与优化升级的推动作用也未凸显。

总之，农民工群体内部的代际差异改变了劳动力要素的空间配置，倒逼推动了我国区域之间产业布局的调整。东部沿海地区由原来的以劳动密集型制造业为主转而大力发展依靠创新的高技术产业，中西部地区则可以通过承接东部沿海地区的制造业发展来推动产业集聚、技术进步，实现区域经济增长。

第三节　推动技术进步和经济增长方式的转变

一　要素禀赋、比较优势与技术选择

据前文所述，在资源要素禀赋理论的框架内，一国或一地区的竞争优势应当建立在较为丰富的要素资源基础上。拿最基本的劳动和资本两要素来说，如果一国或一地区资本要素较为丰富，那么该国应优先发展大量使用资本要素的资本密集型产业，开发资本偏向型的技术进步。相反，如果一国或一地区劳动力资源较为丰富，那么该国应当优先发展大量使用劳动力要素的劳动密集型产业，开发劳动偏向型的技术进步。工业化发展初期，我国最丰富的要素是劳动力要素，因此，理应发展劳动偏向型的技术进步，但是从现实来看，我国却走了资本偏向型技术进步的发展路径。

英国的希克斯（Hicks）在其著作《工资理论》中最早提出了技

术进步偏向性这一概念。[1] 书中，希克斯把投入要素的边际生产效率作为划分技术进步的依据，按照劳动要素边际生产率和资本要素边际生产率的相对变动，希克斯把技术进步分为劳动节约型的技术进步、资本节约型的技术进步以及著名的希克斯中性技术进步。

按照希克斯的观点，在利率和工资水平保持不变的条件下，两大要素的边际生产效率均呈持续提高的发展趋势，如果资本要素边际生产效率的提高相对较快，即 $MP_K/MP_L\uparrow$，那么在劳动和资本要素可替代的情形下，我们更加倾向于用资本投入代替劳动投入，以获取更大的利润空间，这样的替代导致生产要素投入总量中资本投入占比相对上升，也即出现了劳动节约。此时的技术进步被称为劳动节约型技术进步。如果劳动要素边际生产效率的提高相对较快，即 $MP_K/MP_L\downarrow$，那么在要素可替代的情形下，我们会选择用更多的劳动来替代资本，从而导致劳动投入占比上升，资本投入占比则相对下降，也即节约了资本。此时的技术进步被称为资本节约型技术进步。如果两大要素边际生产效率保持同向同幅度的变动，即错误！未找到引用源。保持不变，则上述两种情况中的要素替代将不会发生，两大要素的相对投入比例也将保持不变。此时的技术进步被希克斯称为中性的技术进步。

2002 年，Acemoglu 在希克斯的基础上进一步扩展了偏向型技术进步的内涵，提出了要素偏向型技术进步的概念。[2] Acemoglu 认为，如果技术进步使得 $MP_K/MP_L\uparrow$，则该技术进步表现为资本偏向型技术进步，在这一技术进步模式中，企业倾向于用边际产出水平更高的资本要素来替代劳动要素。相反，如果技术进步带来的结果是 $MP_K/MP_L\downarrow$，那么该技术进步表现为劳动偏向型技术进步，此时的企业更愿意用边际产出水平更高的劳动要素来替代资本要素。如果技术进步使得两大要素边际生产效率之比保持不变，此时生产过程中劳动和资本两要素不会发生任何替代，技术进步为中性。

---

[1] Hicks, *The Theory of Wages*, New York: Peter Smith, 1948.

[2] Acemoglu, D., "Directed Technical Change", *Review of Economic Studies*, 69 (4), 2002, pp. 781–809.

综合上述关于偏向型技术进步的概念界定，我们可以得出这样的结论：希克斯笔下的劳动节约型技术进步，其实质就是 Acemoglu 所研究的资本偏向型技术进步，而希克斯提到的资本节约型技术进步，其实质等同于 Acemoglu 的劳动偏向型技术进步，而两者关于中性技术进步的看法并无差异。因此，我们可以总结如下：对于任意的两种生产要素 Z_1 和 Z_2，技术进步带来的哪一种生产要素的边际产出增长更快，技术进步就偏向于哪种要素的技术进步。

在要素禀赋理论的框架内，一国所具有的要素基础是其实现经济增长的基础条件，一国发展什么样的产业、采取何种方式的技术进步都应该与该国的要素禀赋基础相一致，如此才能实现经济收敛。不同要素的禀赋条件不同，要素价格也高低不一，要素越丰富，其价格也就越低。在市场经济条件下，企业主要根据要素价格高低来选择利润最大化的要素配置，并据此实现相应的技术进步。相对而言，对于劳动力要素较为丰富的国家或地区而言，更为合理的技术进步方式应当是劳动偏向型的技术进步，而对于资本要素相对丰裕的国家或地区而言，选择资本偏向型的技术进步更符合其要素禀赋基础，也更加合理。

在资本要素和劳动力要素的简单组合中，我国的劳动力要素相对丰富，这是众所周知的事情。但是在选择技术进步方式时，我国却形成了资本偏向型的技术进步，这明显与我国的要素禀赋条件不一致，导致我国的经济增长缺乏内生性，同时也带来了各种各样的问题。究其原因，我们可以看到尽管我国劳动力要素相对丰富，但是作为后发国家，在发展经济的过程中，为了快速跟上经济全球化的发展步伐，我们花费了大量物质资本从发达国家进口机器设备，辅之以国内廉价的劳动力来推动经济的快速增长。但是依靠进口机器设备形成的技术进步更多地只是技术复制而不是自我创新，对我国经济增长的推动作用并不具备长期可持续性。而且，机器设备的进口主要靠的是物质资本，这就相当于我国的技术进步是建立在大量物质资本投入上的，由此形成了资本偏向型的技术进步。这种技术进步方式的长期运行，导致在要素收入分配格局中，资本收益明显高于劳动收益，形成了偏向资本的收入分配格局，造成了要素分配的不均衡。这是因为，劳动力和资本的要素组合中，两者具有一定的可替代性，伴随着资本投入的不断增加，产业发展对劳动力的需求反而会减少，进而导致劳动力要素价格降低。因此，尽管理论上劳动密集型制造业的发展应当有利于增加对劳动力要素的需求，进而提高劳动者收入，但由于对外贸易的影响，为了保证出口商品在国际市场上的竞争优势，在技术创新能力不高、劳动力要素相对丰富的条件下，我们采用了用劳动替代资本的发展战略，通过压低劳动力价格、降低企业生产的劳动力成本来获得利润空间和竞争优势，最终抑制了劳动者收入的提高，迫于生计，许多劳动力不得不从该产业转出，劳动力短缺也就不可避免。这也是为什么我们在前文分析"民工荒"现象时指出，早期的"民工荒"主要就是农民工工资过低的缘故，这其中技术进步起着非常重要的作用。

二 技术进步对劳动力流动的影响

不同产业和不同区域的技术水平不同，而这种技术之间的差异进一步带来了劳动生产率的差异，不同产业和不同地区的劳动生产率也各有高低，相应的产业和区域间的工资水平也不尽一致。在存在收入差异的基础上，劳动力便自发在产业与产业间、不同区域间流动。

(一) 技术进步、产业发展与工资率差异

包括自然资源、区位条件、地理环境、劳动力跨产业流动、技术进步等因素都有可能导致产业结构的变化。而在所有因素中，技术进步是引导产业结构变动的最活跃因素，技术进步、技术创新主导新产品的生产，进而主导了相关产业从兴起、发展到衰退的全过程。然而，不同产业的技术水平并不一致，这使得产业间的劳动生产率也存在明显差异，进而推动了差别工资的形成并引发了劳动力的跨产业流动。

按照工业化进程中产业结构演进的一般规律，在工业化发展初期，第一产业占国民经济的比重较高，第二产业和第三产业占国民经济的比重较低，整个国民经济呈现"一、二、三"的产业格局。伴随着工业化进程的不断推进和经济发展水平的不断提高，第一产业占比

逐渐下降，第二产业和第三产业占比逐渐上升，其中，第二产业发展较快，并最终超过第一产业成为国民经济的主导产业，此时国民经济呈现"二、三、一"的产业格局。伴随着经济服务化趋势的逐步增强，第三产业最终将超过第二产业，国民产业格局将从"二、三、一"演变为"三、二、一"。整体而言，产业结构的重心沿着第一产业、第二产业、第三产业的顺序转移。与产业结构的变动相一致，劳动力也由最初的集中在第一产业开始由第一产业转出，并流向第二产业和第三产业，各产业的劳动吸纳能力由第一产业最强逐步转变为第二产业最强和第三产业最强。这是产业结构和就业结构演进的一般规律。

在产业结构的演进过程中，不同产业间的技术水平是不均衡的。改革开放以来，我国劳动生产率迅速提高，其中主要依靠产业部门生产效率的提高。但是，分产业来看，不同产业劳动生产率的提高程度不一，对中国整体劳动生产率的贡献程度也不均衡。其中，第一产业劳动生产率虽然有较大提高，但是其增长速度并不高，与第一产业相比，第二产业和第三产业劳动生产率在大幅度提高的同时，也保持了良好的上涨势头。尤其是第二产业，其劳动生产率远远高于全社会的平均劳动生产率，也高于第三产业的劳动生产率。有研究表明，我国第三产业的劳动生产率大概只有第二产业的60%。而且近年来，这种产业间劳动生产率的差异甚至有不断扩大的态势，劳动生产率的产业布局越发不均衡，由此导致产业间工资率的增长速度也快慢不一。总体而言，改革开放以来，第一产业工资率的增长速度较慢，第二产业和第三产业工资率的增长速度明显较快。因此，越来越多的第一产业劳动力开始向第二产业和第三产业转移。

在劳动供给理论的框架内，劳动力资源越是丰富的产业其工资率越低，相反，劳动力要素越是稀缺，相关产业的工资率越高。建立在工资率差异基础上的劳动力流动格局中，劳动力倾向于从工资率低或者工资增长较慢的部门向工资率或工资增长较快的部门流动，同时也从劳动力资源相对丰富的产业部门流向劳动力较为稀缺的产业部门。而源源不断流入的劳动力为本来劳动生产率较高的部门提供了无限的劳动力支撑,使其建立起了基于劳动力数量上的劳动力比较优势,这种优势使得该产业在不必提高劳动生产率的条件下就可以维持较大的利润空间,从而延缓了该产业劳动生产率的提高和技术进步。我国农村劳动力向第二产业的大量转移使得第二产业的技术进步长期依靠技术引进和技术复制,因此,尽管第二产业规模越来越大,发展速度越来越快,但是其技术创新能力并没有相应的提高,使得我国的产业发展长期建立在外延式的经济增长模式下。

(二)技术进步、地区发展差距与工资差异

按照技术进步的观点,不同的要素结构适用于不同的技术进步类型。我国区域间的要素结构明显不同,中西部地区劳动资源丰富但资本要素短缺,东部地区则资本要素较为丰富,这种要素结构的差异使得区域间的技术水平也呈现巨大的差异。由于我国采取了购买外国先进机器设备等资本密集型的技术进步,导致东部地区在发展此类型技术进步方面拥有了先天的要素禀赋优势,由此带动了东部地区技术水平的快速提高,同时也拉大了东部地区与中西部地区技术水平的差异。这种技术水平的差异进一步反映在劳动生产率上,导致区域间劳动力要素的价格也不尽相同,由此引发了劳动力要素从要素价格低的区域流向要素价格高的区域。

而源源不断的劳动力要素的流入,使得原本劳动力资源相对短缺的地区拥有了充足的劳动力要素支撑,具备了基于劳动力数量的比较优势,赢得了发展机遇。但是如同产业发展一样,充足的劳动力供给使得劳动力流入地区能够在不改变技术条件的基础上,通过压低劳动力工资就可以获取足够的利润空间,因而限制了该地区劳动生产率的提高,延缓了其技术进步的步伐,导致该区域的经济发展建立在外来的要素优势上,却缺乏内生性的经济增长动力。

我国区域间的经济差异就呈现上述特征。东部地区在改革开放战略的指导下,凭借自身优越的区位条件和国家政策的大力支持,经济快速崛起,资本要素大量聚集。在此基础上,东部地区率先发展了资本密集型的技术进步,其与中西部地区的技术差距持续扩大,这种差距进一步体现在劳动生产率和工资率上,推动了中西部地区劳动力向东部地区的流动，帮助东部地区建立起了以劳动密集型产业为主的发展格局，并依此参与国际竞争，有利推动了我国外向型经济的发展。但此种发展模式的缺陷就在于，劳动力的无限供给使得东部地区劳动密集型产业获得了长足的发展空间，劳动密集型企业缺乏技术创新的动力，因此，导致我国东部地区制造业的技术创新能力长期徘徊在低水平且停滞不前，经济增长的内生动力严重不足。

三　代际差异视角下的技术重置与经济内生增长

"民工荒"现象爆发以来，我国的劳动力流动主要是从工资水平较低的中、西部等落后地区和农村流向工资水平较高的东部发达地区和城市，由此形成了城市主导、东部地区优先发展的区域格局。然而，伴随着第二代农民工逐渐成为农民工群体的主力军，其与第一代农民工较大的群体差异使得我国的劳动力市场也呈现了新的变化。如第五章所述，劳动力市场变动最典型的特征表现在：第一，"民工荒"由短期现象发展成为一种长期现象，"民工荒"常态化，而且单纯依靠提供工资已经不足以解决劳动力短缺问题；第二，劳动力流动方向发生了逆转，中、西部等地区本地转移规模持续增加，农民工跨省转移的增速持续下滑，农民工尤其是第二代农民工回流意愿较强，农民工返乡规模不断扩大；第三，农民工工资持续上涨，并由此导致我国制造业劳动力成本上升，制造业转型升级迫在眉睫。而上述变动催发了产业结构的重新调整，并引导了新一轮的技术进步。

首先，就产业结构而言，农民工代际差异带来的劳动力市场的变化有利于推动我国产业结构的高度化，并最终带来内生性的经济增长。在要素结构内部，企业根据要素的多寡来进行技术选择。农民工代际差异引发的劳动力短缺和劳动力成本上涨现象使得企业在资本和要素之间的选择发生了改变，劳动力要素价格的上涨意味着原本劳动力丰富、资本短缺的要素结构发生了改变，企业原有的技术进步方式必须随之改变，这有利于我们改变长期以来发展的资本偏向型技术进步，转而进行劳动密集型技术进步，进而推动劳动密集型产业的转型升级，推动我国产业结构的高度化进程，并通过提升技术水平改变原有的基于要素禀赋优势的外延式经济增长模式，转而实现经济的内生增长。

其次，就区域结构而言，劳动力流向的改变和制造业劳动力成本的不断上升导致东部地区丧失了长期以来的劳动力成本比较优势，东部地区劳动密集型制造业的发展遭遇严峻挑战。在东部地区制造业创新能力尚不足以对冲劳动力成本上升、高新技术产业尚未成为主导产业之前，劳动密集型制造业依然是推动我国经济增长的重要产业部门。为此，在劳动力成本不断上涨的背景下，唯有通过降低劳动力成本才能维持劳动密集型制造业的发展。而从区域间的对比来看，东部地区劳动力成本优势丧失的同时，中西部地区的劳动力成本优势凸现，因此，制造业的跨区域转移成为继续维持我国劳动力成本比较优势的选择。所以，自 2004 年以来，我国制造业自东向西转移的步伐不断加快，有力推动了中西部地区的经济发展。东部地区在转出传统劳动密集型产业的同时，可以把更多的资源让位于高新技术产业的发展，而且劳动力成本的持续上涨也可以倒逼推动东部地区不断开发新技术、创造新产品、满足新需求，从而提升东部地区的自主创新能力，实现其产业升级和内生增长的发展目标。

最后，从城乡结构来看，经济发展的同时也使得农村劳动力向城市转移的成本越来越高，本就留城意愿不强、留城能力不高的第一代农民工群体纷纷回流至农村，回归农业生产。相对于留守农村的劳动力，第一代农民工因为在城市务工时间较长，积累了丰富的生产经验，技能水平也相应提高，更容易接受新观念和新技术，他们回归农业生产有利于提高农业的技术进步。

综上所述，农民工代际差异所带来的劳动力市场的变动有利于我们推动技术进步，改变技术进步类型，提高科技创新能力。现代经济增长理论认为，技术进步是实现一国经济内生增长的原动力。发展什么样的技术进步应当视一国的要素结构而定。要素结构中的不同要素具有一定的替代性，如资本要素稀缺时，可以用劳动力要素替代资本要素，劳动力要素稀缺时，可以用资本要素替代劳动力要素，也即一种要素的缺少可以用另一种要素的增加来补偿，却不必改变生产方法。然而在劳动力无限供给的经济组合中，无限的劳动力追逐有限的资本，这时依靠低劳动力成本的生产方法也可以维持下去。一旦劳动力要素开始短缺，大量的资本找不到与之相匹配的劳动力，经济生产便会受到限制，这时单纯依靠资本的增加无法对冲劳动力缺失对整个经济组合的影响，现有的生产方法也就无法继续，这就需要我们对生产方式进行变革。

　　我国在劳动力相对过剩、资本相对稀缺的要素组合下，选择了发展资本偏向型的技术进步，压制了劳动力工资的上涨空间，使得我国的经济发展在较长时间内都依赖于廉价的劳动力成本优势。当要素组合发生变动，劳动力转而变得相对稀缺时，我们应当适应要素结构的变动，改变技术进步类型，进而推动经济增长方式的转变。反映在结构上，就是要加快制造业的转型升级，提高我国制造产品的附加值，加快对传统劳动密集型制造业的改造，加快推动区域间的产业转移与承接，利用正在弱化但尚未消失的劳动力成本优势，改变区域生产布局，加快提高农业生产技术，以技术进步来推动内生性经济增长模式的实现。

第七章　我国劳动力市场结构变动的
　　　　　制度效应

非均衡发展理论认为，经济发展过程在空间上并不是同时产生和均匀扩散的，而是从一些条件好的地区或者部门开始。具体而言，我国实行的是"先城市后农村""先沿海后内陆"的非均衡发展战略，并在此战略的指导下形成了一系列偏向城市和偏向沿海地区的制度安排，并最终形成了城乡差距和区域差距较为明显的经济格局。偏向性制度在提高我国经济绩效的同时，导致城乡和区域差距不断扩大，进而影响了我国劳动力的跨城乡和跨区域流动。

区域偏向制度和城市偏向制度长期实施的累积效应使得这种双重偏向性的制度安排被作为一种集体选择的结果而固定下来，而制度安排的自我增强机制导致偏向性的制度安排不断被强化，偏向性无法被打破的前提下，容易形成对偏向性制度安排的路径依赖，带来区域和城乡发展差距的日益扩大，不利于区域结构和城乡结构的优化调整。而农民工代际差异的分析框架内，劳动力市场的结构性变动倒逼推动了我国偏向性制度安排的逆向调整，有利于加快我国制度安排的诱致性变迁进程。

第一节　我国偏向性的制度安排

改革开放以来，我国在产业布局、资金投向等多方面的多项政策都是非均衡发展战略的具体体现。比如，工业化发展初期，在农村和城市的关系处理上，我们在较长时间内实行的都是"先城市后农村"

的工业化战略，在经济发展的区域布局上，我们奉行的是"从沿海、沿江、沿边到内部"的梯度发展原则。这样的非均衡战略使得我国能够把有限的资源集中起来，推动工业化在城市和沿海地区的较快启动与发展，通过城市和沿海地区的快速发展辐射带动农村和内陆地区的经济增长。在该战略的推动下，我国形成了区域偏向和城市偏向的制度安排，同时也形成了区域分割和城乡分割的经济格局。

一　区域偏向的制度安排

区域经济发展的初始条件不同，其对制度的需求也不尽相同。就对外开放而言，东部地区拥有先天的区位优势，具备发展外向型经济的初始条件，在改革开放战略的推动下，东部沿海地区率先实现了从计划经济向市场经济的过渡，其市场化进程明显快于内陆地区，并带动了我国经济的快速腾飞。为了帮助东部沿海地区的产业发展，我国采取了一系列向其倾斜的政策措施，这为东部沿海地区的经济发展提供了巨大的制度红利，但中西部地区由于先天条件的限制，无法享受由制度变革带来的改革红利，最终形成了东部沿海地区优于内地的非均衡制度格局，东部沿海地区的制度环境明显优于中西部地区。具体体现在：

第一，区域间的制度供给不平衡。改革开放以来，我国通过渐进式改革成功实现了从计划经济向市场经济的转轨，其中试点推广是我国渐进式改革的基本经验之一。在市场经济体制改革的过程中，几乎所有的试点都是先从东部地区开始再向中西部地区推广，最后在全国铺开。比如，在收入分配领域，东部地区较早实行了生产要素也可参与分配的制度，而中西部地区直到十五大之后才确立了按生产要素参与分配的基本原则。甚至有的制度只在东部地区存在，并没有推广到中西部地区，成为东部地区发展过程中享有的特权。

第二，中西部地区制度体系不完善。一项制度的有效发挥同时依赖于与其相配套的一系列制度的实施，而中西部地区却出现了这样的情况：一种情况是只有核心制度，没有配套制度。比如，中西部地区在农村经济制度变迁方面严重落后于东部沿海地区，它们长期实行的都是单一的家庭承包责任制，并没有相关的配套制度与之相适应，由此导致中西部地区农村产权的改革严重滞后于东部地区。另一种情况是只有配套制度，没有核心制度。比如产权制度的改革一直推行较慢，而中央主要是针对产权制度的外围制度，比如劳动制度、收入分配制度等进行改革，产权制度改革直到中共十五大才开始推行。与中西部地区相反，东部地区的制度体系较为完善，其核心制度与配套制度出台的相对及时，较少出现两者相互脱节的现象。

第三，地区间制度创新步伐不一致。在非均衡发展战略的影响下，我国的经济特区大多设立在东部地区，这些特区除了享受国家规定的优惠政策以外，还享有一定制度的自主创新权，这样的制度创新能够有效满足快速市场化过程中各类市场主体的发展需求，推动了社会主义市场经济体制的较快建立。而中西部地区相应的则缺乏这样的自主权，往往是东部地区试验成功之后才会在中西部地区推动实行，这导致中西部地区的制度创新步伐严重落后于东部地区。

上述偏向东部地区制度的长期实施带来了较高的经济绩效，使得东部地区成为中国经济增长的排头兵和领头羊，形成了对资本和劳动力要素的强大吸引力。大量资本要素和劳动力要素纷纷向东部地区集聚，进一步推动了其经济的快速增长。而中西部地区由于缺乏相应的制度支持，其劳动力要素持续转出，与东部地区之间的发展差距在较长时间内呈逐步扩大的态势，造成了区域不均衡的经济格局。分区域看，东部地区集中了全国65%以上的产出，集中了全国70%以上的高科技产业，贡献了全国70%以上的税收。发展较好的现代服务业和高端制造业多集中于东部地区，东部地区的人均GDP和收入水平也远远高于中西部地区。

二　偏向城市的制度安排

中华人民共和国成立以后，工业化在较长时间内走的都是重工业优先的发展战略。为了配合该战略的有效实施，我国大量的资本资源都集中在工业上，而因为工业主要集中在城市，因此，城市的资源相对集中，进而形成了城乡非均衡的经济格局。农村和农业在客观上成了为工业化和城市化提供积累的源泉，我国通过工农业价格"剪刀差"等途径形成了"以农养工"的资源配置格局。曾经有学者对这种资源配置格局进行了研究，数据表明，20 世纪 50 年代初期到 90 年代的 40 年间，农业为工业提供的资本积累将近 1 万亿元，由此形成了我国偏向城市的制度安排。这一偏向性制度安排的长期实施使得农村大量的资本和劳动力要素聚集在城市，推动了城市化和现代化进程，然而农村和农民却被排除在城市化和现代化之外，在国民收入分配格局中处于劣势地位。具体而言，偏向城市的制度安排主要体现在以下几方面。

第一，户籍制度。户籍即户口，户口的不同体现的不仅是居住地区的差异，更重要的是附着在户口上的包括就业、医疗、教育等多种福利待遇的差别。前文回顾劳动力流动进程时提到，改革开放前的较长一段时间内，我国实行的都是限制劳动力流动政策。而这种政策的核心主要就是限制农村人口向城市的流动，政策实施的前提就在于城乡间的户口差异，由此导致我国城乡二元分割的体系得以建立并在较长时间内得到了延续。改革开放后，尽管我国先后实行了家庭联产承包责任制等农村土地经营制度的改革，实行了"城市包围农村"的发展战略，但是建立在户籍基础上的城乡二元分割体系并没有得到根本性的破除，农村人口和城市人口在就业、医疗、教育等方面的差异非常大，在非均衡的发展格局中，农民长期处于天平的低端，不能和城市人口享有同等的就学、就医、住房、社会管理以及社会保障等待遇。自 2008 年以来我国户籍制度改革加速推进，截止到 2015 年 9 月北京发布户籍制度改革意见，全国已出台户籍制度改革方案的省份达到 30 个，各地普遍提出取消农业户口与非农业户口性质区分，转而实行城乡统一的户口登记制度。按照国家现行的统计口径，在城市居住超过半年以上会被统计在城市的常住人口中，但是常住人口不是户籍人口，居住在城市的农村人仍基本不能甚或完全不能享受与城市户籍相挂钩的公共福利，城乡二元的户籍制度依然存在。

第二，农村土地制度。家庭联产承包责任制的实施，推动了我国农村土地使用权与所有权的两权分离。按照制度改革的相关规定，家庭联产承包责任制意味着农民工在不拥有土地所用权的前提下，可以拥有其承包土地的使用权，以及建立在使用权基础上的收益权、转让权。但是这些权利只是部分的，农民对承包地的转包、转让等必须在法律规定的范围内。而且农民不能轻易更改承包土地的使用用途，当农地变为工业用地或商业用地时，要先按照国家建设征用土地的规定对土地实行征收，将其收归国有，农民除了按照政策规定获得补偿外，不能分享农地转为非农用地所获的增值收益。

第三，社会保障制度。在城乡二元分割的体系内，城乡社会保障制度也呈现较大的差异，明显偏向城市。计划经济时期，城乡分割性的社会保障制度主要体现在社会保障覆盖范围主要在城市，农村实际上是没有社会性的福利制度的，农村居民的生老病死基本靠家庭，而城市居民则基本由其供职的单位承担，即农村没有任何福利制度，而在城市实行的是企业代替政府的"企业办社会"的福利制度。发展到市场经济阶段，社会保障的覆盖范围逐步由城市扩大至农村，农村居民基本养老保险、新型农村医疗保险等社会保障制度相继在农村实行。但是以户籍制度为基础的分割性的社会保障体系并没有改变，城乡社会保险受益水平差距显著。以养老金为例，2016 年城镇退休职工人均养老金在 2.5 万元左右，是城乡居民基本养老金的 20 多倍，占当年城镇职工平均工资的 40% 以上；与之对应，农村居民人均养老金不足 1000 元，不到城镇职工退休金的 1/20，仅占农村居民人均可支配收入的 10% 左右，农村社会保障水平极低，城乡之间的社会保障差异显著。

偏向城市制度的长期实施，形成了城乡差别较大的经济发展格局，城市发展水平明显高于农村，城乡发展差距显著。收入方面，2002 年以来，我国城乡收入比一直在 3 以上，2007 年城乡居民收入差距扩大到改革开放以来的最高水平 3.33∶1，此后城乡人均收入倍差长期维持在 3 以上。尽管 2015 年以来这一数据降到 2.7 左右，但是城乡居民人均收入水平的绝对差异却持续扩大。消费方面，长期以来，城镇居民人均消费支出一直是农村居民消费支出的 2 倍以上，1983 年，城镇居民与农村居民的恩格尔系数分别为 59.2 和 59.3，两者几乎无差别，但是近年来农村居民的恩格尔系数显著高于城镇居民，城镇居民的生活质量增长较快。公共资源方面，全国最好的教育、医疗等基本公共服务几乎全部集中在城市，城乡基本公共服务差距较大。

第二节　制度安排对劳动力流动的影响

一　区域发展差异影响劳动力跨区域流动

不同制度安排带来的经济绩效的差异推动了要素在区域和部门间的流动。偏向东部地区制度的长期实施，形成了区域差别较大的经济发展格局，东部地区经济发展水平明显高于中西部地区。经济绩效的差别改变了要素的区域布局，我国中西部地区大量的劳动力开始向东部地区转移，进一步推动了东部地区的经济发展和我国的城市化进程，同时也进一步拉大了城乡之间与区域间的差距，带来新一轮的要素流动。如上所述，制度安排与劳动力流动之间存在一种循环强化机制，劳动力要素从经济绩效较低的中西部地区流向经济绩效较高的东部地区，在经济利益的驱使下，形成了劳动追逐资本的要素流动格局，丰富了东部地区的劳动供给，促进了其劳动密集型产业的大力发展，最终形成了劳动密集型产业从东部地区到中部地区、再到西部地区的递减布局。

尽管东部地区劳动密集型产业的发展推动了中西部地区劳动力向东部地区的流动，但是劳动密集型产业在东部地区的集聚发展同时使得我国的经济增长长期依赖于劳动力要素的大量投入，可与此同时劳动生产率却没有相应提高，反而形成了资本推动型的经济增长方式。在这种方式下，我国形成了偏向资本的利益分配格局，劳动力工资长期处于较低水平。中华人民共和国成立以后我国长期推行的低工资、低物价制度使得我国的工资标准在较长一段时间内基本保持不变，长期保持在仅够维持劳动简单再生产的基本生存线。20 世纪 90 年代开始，我国的工资水平逐年上涨，但总体上其增长速度依然慢于国民经济的增长速度，我国的工资水平依然不高，低工资越来越变成一种惯性被延续下来，构成了工资水平提升的最大障碍。因此，自 1994 年起我国开始在法律上实行最低工资保障制度。按照中华人民共和国劳动和社会保障部发布的最低工资规定中所述,最低工资是指"劳动者在法定工作时间提供了正常劳动的前提下,其雇主或用人单位支付的最低金额的劳动报酬"。而最低工资保障制度的实施也在一定程度上保护了劳动者的正常权益,有利于劳动者报酬水平的提升。尽管我国的最低工资标准每年都在调整,但是相对来说,其水平依然较低,而且这一较低的劳动报酬构成了劳动供求双方谈判的起点,导致谈判的结果只能建立在最低工资基础上,劳动者实际工资水平提升空间非常有限,许多劳动者只能获取基于最低工资标准的合法工资。在低工资模式下,企业发展形成了一种恶性循环,要在竞争中生存,企业不得不持续压低劳动者工资。而工资水平的居低不升则延缓了我国的劳动力转移进程,不利于城镇化建设,也导致我国的经济增长被迫沿着外延式的增长路径持续下去。

二 城乡二元制度、双重劳动力市场与就业歧视

偏向城市制度的长期实施形成了分割性的劳动力市场,使得农民工虽然进入了城市,却不能共享城市发展成果。伴随着我国经济的快速发展,我国的社会结构也发生了巨大改变,大量农村剩余劳动力从农村流向城市,我国由农民与市民的二元结构转变为农民与市民、农民工与市民并存的"新二元结构",农民与市民的差异进一步发展成为农民与市民的差异以及农民工与市民的差异,而农民工与市民的差异本质是"外来农民工"在城市内就业,但不能与城市有户籍从业人员及其家属享有同等的权利和待遇,这种不公平就是歧视。现代劳动经济学认为,当雇主为既定生产率特征所支付的价格依据人口群体的不同而表现出系统性差别的时候,就可认为在劳动力市场上存在歧视(伊兰伯格、史密斯,1999)。从这点出发,我们可以简单地把歧视等同于同工不同酬,而同工不同酬本身就是农民工在劳动力市场中遭受

歧视的一种表现。①

　　为什么劳动力市场会产生歧视？竞争性歧视理论和非竞争性歧视理论从劳动力市场的竞争程度出发，较好解释了诸多因素对就业歧视的影响。竞争性歧视理论主要以贝克尔的个人偏见歧视理论为基础。贝克尔（Gary S. Becker, 1957）将产品市场和劳动力市场均视为完全竞争的，短期内的就业歧视主要来自雇主、雇员或者顾客的歧视偏好，长期来看，产品市场上的竞争力量将会惩罚并淘汰歧视性雇主，此时的歧视主要来自雇员或者顾客。② 此后，阿罗（Kenneth J. Arrow, 1972）进一步拓展了贝克尔的雇员歧视模型，分析认为完全竞争的条件下，短期内劳动力市场的就业歧视主要是因为雇员之间的不完全替代和企业雇用或辞退雇员的调整成本。③ 卡恩（Lawrence M. Kahn, 1991）则丰富了贝克尔关于顾客歧视的理论内容，将市场分为服务部门和制造部门，两部门存在两类生产率完全相同的雇员，此时与顾客直接接触的服务部门更容易产生歧视。在此基础上，卡恩进一步指出歧视性工资差异主要取决于顾客需求、技术、少数群体劳动力的相对规模。④

　　与竞争性歧视理论不同，非竞争性歧视理论假定劳动力市场是不完全竞争的，拥挤效应、双重劳动力市场、搜寻成本理论和串谋理论等均属于非竞争性歧视理论。1971 年，伯格曼（Barbara Bergmann, 1971）提出了一个拥挤模型，指出歧视将黑人过度拥挤在某些行业，而排斥在其他行业之外，此时原本完整的劳动力市场被分割成白人市场和非白人市场，白人市场的劳动需求远远大于供给，而非白人市场

---

　　① 农民工在劳动力市场中受到的歧视可以分为两个部分：第一部分是能不能进入，也就是就业隔离问题；第二部分是进入后能不能获得相同的工资待遇。第二部分直接涉及同工能否同酬的问题。

　　② Becker, G. S., *The Economics of Discrimination*, Chicago: University of Chicago Press, 1957.

　　③ Arrow, K. J., "Some Mathematical Models of Race Discrimination in the Labor Market", in A. Pascal （ed.）, *Racial Discrimination in Economic Life*, 1972, Chapter 6, Lexington, Mass.: D. C. Heath, pp. 187 – 203.

　　④ Kahn, L. K., Customer Discrimination and Affirmative Action, *Economic Inquiry*, 1991, XXIX, July, pp. 555 – 571.

的劳动供给则远远大于需求，从而出现了巨大的工资差异。[①] 多瑞格和皮奥尔（Doringer，P. & Piore，M.，1971）则是直接将劳动力市场分成两大非竞争性部门：主要部门和从属部门，认为主要部门的工资率较高、工作条件良好、就业稳定、工作安全、有良好的职业发展前景，而从属部门的工资率较低、就业不稳定、工作条件较差、职业前景黯淡，而且劳动者在这两个相互分割的部门之间几乎不能流动。[②]瑞克（Michael Reich，1981）的串谋理论进一步指出，假如雇主认为歧视能使他们受益，他们就会彼此联合起来，串谋对弱势雇员群体进行压制，导致被压制的群体不得不接受买方独家垄断工资的局面。[③]布莱克（Dan H. Black，1995）的搜寻成本歧视理论认为，搜寻工作存在成本的条件下，雇主基于边际收益等于边际成本的利润最大化选择会使搜寻成本更高的劳动者获得较低的工资。[④]

对于我国农民工而言，如果城市劳动力市场是统一的、完全竞争的，那么大量农村剩余劳动力的进入，将会使供给增加，降低了与其具有相同劳动生产率的劳动力的工资。这种情况下，即使农村剩余劳动力是无限供给的，源源不断地涌入城市现代部门也不会产生歧视。与此不同的是，依据双重劳动力市场理论，如果城市劳动力市场是分割的，具有非竞争性歧视，进入城市现代部门的农村剩余劳动力与城市原有的劳动力将会形成双重劳动力市场，由此造成农村迁移劳动力和城市原有劳动力之间的歧视。同时，在拥挤效应下，农村剩余劳动力无限供给的特征，使得其所在劳动力市场的拥挤程度提高，从而加剧了拥挤带来的歧视。

由此可以断定，造成我国农民工就业歧视的最重要原因在于劳动

① Bergmann, B., "The Effect on Incomes of Discrimination in Employment", *Journal of Political Economy*, 1971, Vol. 79, pp. 294 –313.

② P. Doringer, M. Piore, *Internal Labor Markets and Manpower Analysis*, Massachutte: D. C. Heath and Company, 1971.

③ Michael Reich, *Racial Inequality: A Political – Economics Analysis*, Princeton, N. J., Princeton University Press, 1981.

④ Dan H. Black, "Discrimination in an Equilibrium Search Model", *Journal of Labor Economics*13, No. 2 (April 1995), pp. 309 –334.

力市场的分割性，而人力资本水平低、拥挤效应等其他因素只是强化了分割劳动力市场对就业歧视的影响。进一步的，分割的劳动力市场大多具有内生性，其形成原因包括市场性因素和非市场性因素，在我国，建立在二元户籍制度之上的就业制度、社会保障制度等在内的非市场因素是导致劳动力市场分割的主要原因。

中华人民共和国成立伊始，为了快速推进工业化发展战略，国家允许农民向城市自由迁移，城市常住人口迅速增加，大量农民定居城市，转变为市民和工人。但是这一时期城市的就业机会并没有增加，大量农民的涌入反而加剧了就业竞争。因此，1958 年，我国颁布了《中华人民共和国户口登记条例》，农村人口向城市的自由迁移被阻滞，人口流动被严格控制。也正是从这一条例颁布开始，我国正式形成了基于户籍制度基础上的城乡分割的二元体系，农民被迫困守于农村从事农业生产。而在城乡非均衡发展战略下，几乎所有的制度设计都围绕"先城市，后农村"的发展思路，导致城乡二元格局逐步被固化并不断强化。数据显示，1980 年，占全国劳动力 75% 的农村劳动力被限制就业于农村（主要是从事农业生产），而占全国劳动力 25% 的城市劳动力则在城市享有优先就业甚至独占权，这种就业权是以限制农村劳动力流动和排斥农村劳动力在城市的就业机会来实现的。

1978 年开始，家庭承包责任制的推行极大提高了农业生产力，产生了农村剩余劳动力。1984 年以后，随着允许农民自理口粮进入小城镇就业的政策出台，大规模的农村剩余劳动力涌入城市，使"民工流"加入了城市劳动力市场。尽管农民工进入城市务工，但以户籍制度为基础的二元分割体制并没有改变，虽然农民工与城市市民共同竞争有限的城市就业岗位，但两大群体的竞争领域是分隔的，由于户籍的限制农村劳动力并没有获得与城市劳动力平等的社会经济地位和就业岗位，部分较好的职业被"保护"起来，形成劳动力市场的人为分割和职业分层，城市劳动力主要流入职业队列中处于较高层次的部分，如行政事业单位、大中型国有企业等，一般被称为"正规劳动力市场"，而农民工则主要流入那些临时性的、收入低下、体力繁重、工作条件差的岗位，被称为"非正规劳动力市场"，两类劳动力市场始终保持着割裂特征，尤其是 20 世纪 90 年代后期，国有企业开始深化改革，出现大量城市下岗失业人员之后，不利的就业形势迫使城市政府出台地方就业保护政策，给予城市劳动力优先的就业地位，制定了种种政策和规则排斥农村劳动力进城就业。比如，1994 年劳动部发布了《农村劳动力跨省流动就业管理暂行规定》，明确只有在本地劳动力无法满足需求，并符合规定中所列条件的，用人单位才可跨省招用农村劳动力。① 由于该规定是劳动部颁布的国家级就业政策，具有强大的示范效应，很多地方政府也纷纷出台了限制农民工就业的歧视性就业政策，控制用工单位使用农民工的数量，限制农民工的行业工种。② 如 1995 年上海市劳动局规定，金融和保险业的各类管理员、调度员、商业营业员、宾馆服务员、话务员等行业工种不准使用外地劳动力。广东地方政府则强调城市就业"三先三后"原则，即首先考虑城市里的工人，后考虑农村来的工人；首先考虑当地人，后考虑外来人口；首先考虑本省里的人，后考虑外省人。北京市也从 1996 年开始每年公布允许和限制使用外来劳动力的行业、工种和职业清单，而且限制的种类和数量每年有所增加，到 2002 年年初，北京市限制使用外地来京务工人员的行业为 8 个，限制的职业为 105 个。《武汉市使用外来劳动力管理规定》中明确武汉市党政机关的工勤人员不能使用农民工，高精尖行业及管理人员等科技含量高的行业工种禁用农民工，商业、车工、钳工等行业工种要控制使用农民工。

　　总之，城乡二元体制下，劳动力市场是分割的，农民工更多地集中在非正规劳动力市场就业，由于受农民工供过于求、教育程度低、技能水平不高等因素的影响，农民工工资水平本就不高，而各级政府一系列限制农民工的就业制度进一步加剧了上述市场因素的作用，农民工就业歧视较为突出。

　　自 2008 年以来，我国户籍制度改革加速推进，2011 年国务院提

---

① 规定中所列条件包括：（1）本地劳动力普遍短缺；（2）用人单位需招收人员的行业、工种属于在本地无法招足所需人员的行业和工种；（3）用人单位在规定的范围和期限内，无法招到或招足所需人员。

② 该规定目前已废止，但其影响力深远，以致一些地方政府仍然在执行歧视性就业政策。

出要积极稳妥实行户籍制度改革，2014 年国务院公布的《关于进一步推进户籍制度改革的意见》规定了建立城乡统一的户口登记制度，截止到 2015 年 9 月北京发布户籍制度改革意见，全国已出台户籍制度改革方案的省份达到 30 个，各地普遍提出取消农业户口与非农业户口性质区分，转而实行城乡统一的户口登记制度，我国实行了半个多世纪的二元户籍管理模式将退出历史舞台，城乡二元分割的格局逐步松动，而原先针对农民工的赤裸裸的歧视性就业制度也逐渐被消除，多数城市已经取消了针对农民工就业总量、行业工种的直接限制。

　　但是显性歧视性的户籍制度和就业制度的消除并不意味着农民工就业歧视已经不存在。按照国家现行的统计口径，在城市居住超过半年以上会被统计在城市的常住人口中，近年来，一些地方即时的政策有时也会以常住人口为口径，惠及外来农民工。但是常住人口不是户籍人口，农民工仍基本不能甚或完全不能享受与城市户籍相挂钩的公共福利和政治权利，其所遭受的就业歧视并未消失。而且，建立在户籍制度基础上的社会保障制度、教育制度、住房制度等的"隐性户籍墙"依然存在，附着在该制度体系上的权利和待遇差异也是农民工就业歧视的表现。农民工所遭受的隐性歧视还进一步表现在城市市民的态度偏见和行为排斥上，可以说，只要市民和用人单位对农民工身份不认同，那么农民工的隐性就业歧视就将长期存在，农民工即使进入了城市，也无法真正融入城市。①

　　只不过，现阶段农民工的就业歧视有所弱化，庞念伟和陈广汉（2013）、徐凤辉和赵忠（2014）等学者的研究都证明了这一点，他们的实证分析表明城镇职工与农民工之间的工资歧视有所降低，这种降低在同一所有制和同一职业内部更加明显（吴晓刚、张卓妮，2014）。

　　综上所述，农民工所遭受的就业歧视并没有消失，它只是伴随着

---

　　① 这里的隐性歧视并不是在户籍制度改革之后才有的，而是从农民工进入城市就一直存在。只是在户籍制度改革之后，显性的就业歧视逐步弱化，隐性的就业歧视更加凸显。

制度改革的不断深入而有所弱化。① 而且，在劳动力市场分割特征并未彻底扭转、一体化的劳动力市场尚未建立的背景下，农民工依然大多被限制在城市的从属劳动力市场，以非正规就业的形式在城市谋取生存。可以说，非正规就业已经成为农民工就业的常态，这一常态使得农民工就业空间缩小和就业成本增加、就业地位低下，农民工缺乏自我培训投资的激励，从而使得他们的职业流动更多地是一种水平的移动，很难得到垂直的提升，呈现非正规就业的黏性，他们所遭受的就业歧视也被保持了下来，这种歧视最直接地体现在农民工与城镇职工的工资差距上。

三 制度歧视对农民工工资的影响

理论上，导致工资差距的因素有很多，包括劳动力年龄、受教育程度、技能水平等在内的个人禀赋差异，同时也会带来差异性的工资收入。不同类型的雇主也会有不同的雇用偏好，进而导致符合其偏好特征的劳动力要素工资水平更高，不同类型劳动力差异性的供求结构也是影响工资差距的市场因素。但是，针对不同国家的实证研究表明，除了上述个人禀赋和市场因素之外，还有一系列非市场因素会带来劳动力工资收入上的差异，其中占据重要地位的便是劳动力市场上的歧视，包括性别歧视②、对国外移民的歧视③、种族歧视④等。此外，还有一种歧视在我国表现得尤为突出，就是户籍歧视，这一歧视主要发生在农民工与城镇职工之间。

---

① 如孙婧芳（2017）从就业进入、工资影响因素和工资歧视三个方面对2001年、2010年城市劳动力市场中户籍歧视的变化进行研究，结果表明户籍歧视依然存在，只是程度有所减轻。

② 张世伟、郭凤鸣：《分位数上的性别工资歧视——基于东北城市劳动力市场的经验研究》，《中国人口科学》2009年第12期。

③ P. N. Junankar, S. Paul, Wahida Yasmeen, "Are Asian Migrants Discriminated Against in the Labour Market? A Case Study of Australia", *IZA Discussion Paper*, No. 1167, 2004.

④ G. Reza Arabsheibani, Jie Wang, "Asian – white male wage differentials in the United States", *Taylor and Francis Journals*, 17 (1), 2010, pp. 37–43.

　　Meng and Zhang[①]、姚先国和赖普清[②]等学者较早关注了我国劳动力市场中的户籍歧视，王美艳[③]、屈小博[④]、孙婧芳[⑤]等学者的研究也表明，户籍歧视是造成农民工与城镇职工工资差距的重要原因。在对歧视问题的研究中，学术界形成了两种不同的歧视理论：竞争性歧视理论和非竞争性歧视理论。其中，非竞争性歧视理论所关注的劳动力市场的分割性更加接近转型国家的宏观经济现实，因此常常被用来解释工资差异。如城乡分割[⑥]、地区分割[⑦]、国有—非国有的体制分割[⑧]和职业分割[⑨]等，这些都是劳动者在就业、工资和福利等方面差异的主要原因。导致劳动市场分割的因素有很多，如 Wachtel 的劳资关系说[⑩]、Thurow 的职位竞争说[⑪]等，结合非竞争性歧视理论来看，尽管分割性的劳动力市场是造成工资差距的主要原因，然而分割性劳动力市场则主要源于歧视的作用，分割性劳动力市场只是歧视作用于工资差距的中间机制。对于我国农民工而言，尽管性别分割[⑫]、职业分割[⑬]显著影响其工资收入，但针对其与城镇职工在工资和福利获得方

　　① Meng Xin, Zhang Junsen, "The Two – Tier Labor Market in Urban China", *Journal of Comparative Economics*, 29 (3), 2001, pp. 485 – 504.

　　② 姚先国、赖普清：《中国劳资关系的城乡户籍差异》，《经济研究》2004 年第 7 期。

　　③ 王美艳：《城市劳动力市场对外来劳动力歧视的变化》，《中国劳动经济》2008 年第 1 期。

　　④ 屈小博：《城镇本地与迁移劳动力工资差异变化："天花板"还是"黏地板"?》，《财经研究》2014 年第 6 期。

　　⑤ 孙婧芳：《城市劳动力市场中户籍歧视的变化：农民工的就业与工资》，《经济研究》2017 年第 8 期。

　　⑥ 蔡昉、都阳、王美艳：《户籍制度与劳动力市场保护》，《经济研究》2001 年第 12 期。

　　⑦ 张展新：《从城乡分割到区域分隔——城市外来人口研究新视角》，《人口研究》2007 年第 6 期。

　　⑧ 张车伟、薛欣欣：《国有部门与非国有部门工资差异及人力资本的贡献》，《经济研究》2008 年第 4 期。

　　⑨ 姚先国、黄志岭：《职业分割及其对性别工资差异的影响——基于 2002 年中国城镇调查队数据》，《重庆大学学报》（社会科学版）2008 年第 2 期。

　　⑩ M. L. Wachter, "A Labor Supply Model for Secondary Workers", *Review of Economics & Statistics*, Vol. 54, No. 54, 2001, pp. 141 – 151.

　　⑪ L. C. Thurow, *Generating Inequality*, New York：Macmillan Press, 1975.

　　⑫ 吕晓兰、姚先国：《农民工职业流动类型与收入效应的性别差异分析》，《经济学家》2013 年第 6 期。

　　⑬ 符平：《农民工的职业分割与向上流动》，《中国人口科学》2012 年第 6 期。

面存在的差异而言，其原因既与就业者个人禀赋和就业环境的差异有关，也与户籍这一制度性因素带来的户籍歧视显著相关。[①]

户籍制度是我国特有的劳动力市场上城市劳动力就业保护的制度基础[②]，针对城市劳动力的就业保护无形地把我国的劳动力市场分割成了城市和农村两部分，在相当长的一段时间内，农民被禁止或限制进入城市务工。1958—1984 年，《中华人民共和国户口登记条例》的实施导致农村人口向城市的自由迁移被阻滞，农民被迫困守于农村从事农业生产。1984 年以来，尽管农民向城市转移的显性藩篱逐步被撤销，但是户籍差异导致进入城市的农民工无法获得与城市市民一样的就业机会，城市劳动力市场的就业权几乎被城市市民独享，他们处在劳动力市场的上层，主要集中在行政事业单位、国有企业等一级劳动力市场，而农民工只能从事那些城市职工不愿意干的工作，被困囿于二级劳动力市场。数据显示，70% 以上的农民工集中在制造业、建筑业以及交通运输、仓储和邮政业及批发和零售业、住宿和餐饮业等技能水平较低、收入水平不高的行业。在二级劳动力市场内部，农民工个体间的工资差异主要是由其个人禀赋导致的，而在一级与二级劳动力市场之间，农民工与城镇职工的工资差异至少在部分程度上是由户籍歧视导致的。也正是由于户籍制度的存在，Nielsen 和 Rosholm 等[③]认为的只要移民能够获得就业机会，当地人和移民工资差距会逐渐缩小的现象并没有发生在我国的农民工与城镇职工之间，反而使得户籍歧视带来的城镇职工的工资溢价日益增强。[④] 如果没有户籍制度的存在，我国城市劳动力市场至多表现为性别分割、职业分割、体制分

① 万海远、李实：《户籍歧视对城乡收入差距的影响》，《经济研究》2013 年第 9 期。

② 蔡昉、都阳、王美艳：《户籍制度与劳动力市场保护》，《经济研究》2001 年第 12 期。

③ Nielsen, H. S. et al., "Qualifications Discrimination or Assimilation? An Extended Framework for Analysing Immigrant Wage Gaps", *Empirical Economics*, Vol. 29, No. 4, 2004, pp. 855 - 883.

④ 吴贾、姚先国、张俊森：《城乡户籍歧视是否趋于止步——来自改革进程中的经验证据：1989—2011》，《经济研究》2015 年第 11 期。

割，农民工与城镇职工工资差距问题也就成了伪命题。①

至于户籍歧视导致劳动力市场分割进而引发工资差异的理论机制，我们遵循以下思路：在非竞争市场的框架内，劳动力市场中的劳动者无法根据其劳动产出获取相应的劳动报酬，劳动者工资存在差异。农民工与城镇职工间的工资差异不是源于劳动者的生产能力或产出的差异，而是源于劳动者的个人特征，如性别、种族、宗教等。更重要的是，在我国独特的户籍制度安排上，这种工资差异在很大程度上源于户籍歧视。户籍歧视导致了分割性的劳动力市场，进而通过改变不同劳动力市场上的供求关系来影响工资。②

遵循以上研究思路，我们提出如下命题。

命题一：户籍制度的存在导致我国的城市劳动力市场被分割为一级劳动力市场和二级劳动力市场，城镇职工主要集中在一级劳动力市场就业，农民工主要集中在二级劳动力市场就业。

命题二：一级劳动力市场和二级劳动力市场的工资具有显著差异，一级劳动力市场（城镇职工）工资水平较高，二级劳动力市场（农民工）工资水平较低。

命题三：分割性的劳动力市场中，包括性别、年龄、婚姻、教育程度等在内的个人特征和包括职业类型、就业企业性质、就业区域等在内的就业分布均是城镇职工和工资差异的来源。二元分割的户籍制度带来的户籍歧视也在较大程度上影响农民工的工资差距。因此，农民工工资差距可以被理解为上述不同因素的共同作用。

命题四：性别、年龄、婚姻、教育程度、职业类型、企业性质和区域等因素带来的工资差异是显性的，可以被直接测算出来。户籍歧视带来的工资差距是隐性的，不易被直接测算。

（一）模型设定

在实证分析中，我们借用章莉、李实等的模型分析框架，采用

①　因为户籍是区分农民工和城镇职工的唯一标准，没有户籍的差异，也就不存在农民工与城镇职工的类别划分。

②　在这点上，我们遵循亚当·斯密的思路，其在《国民财富的性质和原因的研究》中指出，政策的不均等性会影响劳动力市场的供求，进而造成工资差异，最终决定工资的力量还是市场。

Oaxaca – Blinder 分解方法将户籍歧视导致的工资差距从总工资差距中分离出来。[①] 考虑工资决定的明瑟方程：

$$Y_g = \alpha_g + \beta_g X_g + \varepsilon_g \qquad \text{式（7.1）}$$

其中 $g = u$，m，u 代表城镇职工，m 代表农民工，X_g 是特征向量，包括影响工资差距的各个因素，年龄、教育、户口、性别、婚姻状况、地区、职业以及企业性质等。我们运用 OLS 分别计算两个群体 u 和 m 工资方程的系数，其结果表示为：

$$\hat{Y}_u = \hat{\alpha}_u + \hat{\beta}_u \hat{X}_u \qquad \text{式（7.2）}$$

$$\hat{Y}_m = \hat{\alpha}_m + \hat{\beta}_m \hat{X}_m \qquad \text{式（7.3）}$$

进一步求得工资对数估计值的差：

$$\Delta Y = \bar{Y}_u - \bar{Y}_m = \hat{\alpha}_u - \hat{\alpha}_m + \hat{\beta}_u \bar{X}_u - \hat{\beta}_m \bar{X}_m \qquad \text{式（7.4）}$$

对（7.4）变换可得：

$$\Delta Y = \bar{Y}_u - \bar{Y}_m = \beta^* (\bar{X}_u - \bar{X}_m) + [(\hat{\beta}_u - \beta^*) \bar{X}_u + (\beta^* - \hat{\beta}_m) \bar{X}_m + (\hat{\alpha}_u - \hat{\alpha}_m)] \qquad \text{式（7.5）}$$

式中，工资差距可以分为两部分，其中，$\beta^* (\bar{X}_u - \bar{X}_m)$ 是由特征向量 X 导致的工资差距，来源于年龄、教育、工作稳定性、户口、性别、婚姻状况、地区、职业以及所在单位的所有制性质等。它反映了不同年龄、不同性别、不同职业、不同所有制单位劳动者的工资差异，$(\hat{\beta}_u - \beta^*) \bar{X}_u + (\beta^* - \hat{\beta}_m) \bar{X}_m + (\hat{\alpha}_u - \hat{\alpha}_m)$ 则是由上述因素之外的不可解释变量带来的，从经济学意义上讲，它的存在代表着同一性别、同一年龄、同一教育程度、同一职业、同一所有制单位劳动者的工资差异。按照前文的研究逻辑，这部分差异主要体现了劳动者群体之间的歧视。即 $(\hat{\beta}_u - \beta^*) \bar{X}_u + (\beta^* - \hat{\beta}_m) \bar{X}_m + (\hat{\alpha}_u - \hat{\alpha}_m)$ 衡量的是歧视所带来的工资差距。要知道这一部分的工资差距关键是要确定 β^*，这里我们称之为无歧视系数。

在以往针对群体差异的研究中，β^* 的选择通常有四种方法。

第一，直接选用某一单个群体 u 或 m 的估计系数 $\hat{\beta}_m$ 或 $\hat{\beta}_u$ 作

---

① 章莉、李实、William A. Darity Jr. and Rhonda Vonshay Sharpe：《中国劳动力市场上工资收入的户籍歧视》，《管理世界》2014 年第 11 期。

为 β^*。

第二，选用 $\hat{\beta}_m$ 和 $\hat{\beta}_u$ 的简单加权平均数作为 β^*，此时 $\beta^* = w\hat{\beta}_u + (1-w)\hat{\beta}_m$。考虑到群体间样本数量的差异，本书用两个群体样本数量之比分别作为权重 w 和（$1-w$）来计算 β^*，具体如式（7.6）所示：

$$\beta^* = \frac{n_u}{n_u + n_m}\hat{\beta}_u + \frac{n_m}{n_u + n_m}\hat{\beta}_m \qquad\qquad 式（7.6）$$

第三，利用式（7）进行回归分析，选用回归估计出的系数 $\hat{\beta}$ 作为 β^*，此时计算出的 $\hat{\beta}$ 被称为 Omega 系数。

$$Y = \alpha + \beta X + \varepsilon \qquad\qquad 式（7.7）$$

第四，Jann[1] 和 Fortin[2] 认为，简单加权法往往会低估歧视对工资差距的影响，因此他们建议，在估计全样本系数时，将户籍加入 X 的特征向量中，即利用式（7.8）进行回归分析，此时回归估计出的 $\hat{\beta}$ 我们称为全样本系数。其中，RPR 是虚拟变量——户籍，$RPR = 0$ 代表城镇职工，$RPR = 1$ 代表农民工。

$$Y = \alpha + \gamma RPR + \beta X + \varepsilon \qquad\qquad 式（7.8）$$

上述四种方法中，第一种方法的研究结果大相径庭，比如邓曲恒[3]、郭凤鸣和张世伟（2011）分别选用 u 和 m 的估计系数作为无歧视系数 β^* 来计算 2002 年农民工的工资差距，其针对同一来源数据即中国家庭收入调查数据（CHIP）的估计结果分别为 60% 和 12.99%，高低相差近 47 个百分点。因此，这里主要用后三种方法来测算户籍歧视对农民工工资差距的影响。

具体的 Oaxaca - Blinder 分解过程按照以下步骤进行：①运用式（7.2）和式（7.3）分别估计农民工群体和城镇职工群体的收入方

① Jann, Ben, "The Blinder - Oaxaca Decomposition for Linear Regression Models", *The Stata Journal*, Vol. 8, No. 4, 2008, pp. 453 - 479.

② Fortin, Nicole M., "The Gender Wage Gap Among Young Adults in the United States: The Importance of Money Versus People", *Journal of Human Resources*, Vol. 43, No. 4, 2008, pp. 884 - 918.

③ 邓曲恒：《城镇居民与流动人口的收入差异——基于 Oaxaca - Blinder 和 Quantile 方法的分解》，《中国人口科学》2007 年第 4 期。

程；②利用式（7.5）对工资差异进行分解。分解时采用三种方法：方法一，考虑到群体样本的差异，本章利用式（7.6），选用加权平均法对工资差距来确定无歧视系数 β^* 进而对工资差距进行分解；方法二，利用式（7.7）确定无歧视系数 β^* 进而对工资差距进行分解；方法三，利用式（7.8）来确定无歧视系数 β^* 进而对工资差距进行分解。

（二）数据说明与统计

这里利用中国家庭营养健康调查（CHNS）2011 年的调查数据，该数据共涵盖了辽宁、黑龙江、江苏、山东、河南、湖北、湖南、广西、贵州、北京、上海、重庆 12 个地区的样本。在综合考虑多种因素匹配数据并对样本进行离群值处理之后，最终从所有成年样本中利用户口这一变量筛选出全样本 2960 个，其中城镇职工 2021 个，农民工 939 个。特征向量则选取性别、年龄、婚姻、教育程度、工作稳定性、职业类型、就业单位类型、就业区域等指标，具体统计结果如表 7 - 1 所示。

表 7 -1　　　　　　　　农民工和城市职工的分群体统计结果

	城市职工			农民工		
	样本数	分布（%）	月均工资（元）	样本数	分布（%）	月均工资（元）
性别						
男	1080	53.44	801.78	570	60.70	729.51
女	941	46.56	829.59	369	39.30	701.28
教育程度						
初中及以下	794	39.29	630.15	798	84.98	717.05
高中	949	46.96	844.74	133	14.16	704.16
大专及以上	278	13.76	1239.45	8	0.85	1092.25
婚姻状况						
未婚	703	34.78	961.83	327	34.82	769.29
已婚	1318	65.22	736.27	612	65.18	691.24
职业						
专业技术人员	525	25.98	1026.85	39	4.15	648.11

续表

	城市职工			农民工		
	样本数	分布（%）	月均工资（元）	样本数	分布（%）	月均工资（元）
管理者	173	8.56	947.49	29	3.09	901.17
一般行政人员	75	3.71	713.72	33	3.51	592.06
技术工人	517	25.58	786.93	90	9.58	794.03
非技术工人	336	16.63	617.73	576	61.34	721.96
服务人员	395	19.54	697.78	172	18.32	676.35
企业性质						
国有企业	1392	68.88	821.26	150	15.97	557.18
集体企业	248	12.27	757.88	326	34.72	669.97
民营企业	356	17.62	814.48	450	47.92	801.79
外资企业	25	1.24	1018.42	13	1.38	907.69
地区						
辽宁	223	11.03	835.85	51	5.43	836.80
黑龙江	339	16.77	983.03	79	8.41	913.84
江苏	303	14.99	795.16	230	24.49	674.56
山东	211	10.44	609.06	102	10.86	649.31
河南	161	7.97	709.74	68	7.24	800.71
湖北	203	10.04	691.84	100	10.65	699.25
湖南	140	6.93	614.12	57	6.07	662.56
广西	171	8.46	588.23	149	15.87	581.15
贵州	180	8.91	815.92	72	7.67	612.58
北京	26	1.29	2010.00	18	1.92	1454.44
上海	50	2.47	1844.20	4	0.43	1770.00
重庆	14	0.69	1776.43	9	0.96	1361.11

从分群体特征的个人特征来看，劳动者工资的性别差异、教育程度差异、婚姻差异等所有特征向量的差异十分明显。和城镇职工相比，农民工与城市职工的婚姻状况差别不大，但是城市职工男性比例稍低，其教育程度明显高于农民工。近85%以上的农民工都是初中以下文化程度，而60%以上的城市职工是高中以上文化程度。

从就业分布来看，81%的城市职工集中于体制内的国有企业和集体企业就业，而近50%的农民工则集中在体制外的民营企业和三资企业就业。农民工与城市职工在服务业的就业分布差别不大，但是更多的城市职工从事教师、警察、律师等专业技术职位，而60%以上的农民工从事的是技术含量较低的简单工作，农民工的技能水平显著低于城市职工。

总的来看，农民工与城市职工工资差距显著，城市职工月工资高出农民工13个百分点，尤其是对于就业单位性质一样的农民工而言，其工资水平显著低于城市职工。例如，同在国有企业就业的农民工，其工资水平仅为城市职工的67.84%。

(三) 实证结果

这里利用式 (7.2)、式 (7.3)、式 (7.7)、式 (7.8) 进行了OLS 回归分析，表 7 - 2 是对分析结果进行怀特检验的结果，我们可以发现模型存在异方差。因此，在进行 OLS 回归分析时，本书用稳健标准误代替一般标准误，最终回归结果如表 7 - 3 所示。进一步根据方法一、方法二、方法三和式 (7.5) 对工资差距进行 Oaxaca - Blinder 分解，结果如表 7 - 4 所示。

表 7 -2　　　　　　　　各个收入方程的怀特检验结果

异方差	chi2	df	p
方程 (2)	329.81	224	0.0000
方程 (3)	387.56	249	0.0000
方程 (7)	322.49	222	0.0000
方程 (8)	244.53	186	0.0026

从表 7 -3 中不难看出，两大群体在性别、年龄等个人特征上的差异较为一致，即年龄越大，工资越低，女性工资低于男性。但是两大群体在教育程度上的差异并不一致，城市职工的文化程度与工资收入正相关，但是高中文化程度的农民工工资要低于初中及以下文化程度的农民工。从回归结果可以看出，职业类型对两大群体工资影响的

差异较为显著，而且影响方向也不一致。包括管理者、企业行政人员、技术工人、非技术工人、服务人员等在内的城市职工的工资均不同程度地低于包括教师、警察、律师等在内的专业技术工作者，而农民工群体恰好相反。与我们一般认知差别较大的是，无论是城镇职工还是农民工，集体企业、民营企业和外资企业的工资均高于国有企业，即农民工和城镇职工的单位工资出现了倒挂现象。通过分析原始数据可以发现，单位工资之所以出现倒挂是因为所有调查样本中，在国有企业就业的70%以上的城镇职工和农民工从事的是办事员岗位，这一岗位工资较低，由此导致尽管劳动者在国有企业就职，但其工资收入却不高。

表7-3　　　　　　　　四个收入方程的回归结果

解释变量	城市职工系数	农民工系数	Omega 系数	全样本系数
户口				-0.0165
年龄	-0.0436 ***	-0.0430 ***	-0.0421 ***	-0.0421 ***
女性	-0.0653 *	-0.0062	-0.0439	-0.0443
已婚	0.0198	0.2126	0.0604	0.0605
教育背景（以初中及以下为参照）				
高中	0.1970 ***	-0.1893 **	0.1271 ***	0.1241 ***
大专及以上	0.4480 ***	0.6145 *	0.4427 ***	0.4394 ***
职业（以专业技术工作者为参照）				
管理者	-0.0480	0.5658 **	-0.0108	-0.0110
企业行政人员	-0.2674 **	0.2192	-0.2856 ***	-0.2866 ***
技术工人	-0.1697 ***	0.5283 ***	-0.1211 **	-0.1218 **
非技术工人	-0.3130 ***	0.3985 **	-0.2196 ***	-0.2160 ***
服务人员	-0.3455 ***	0.2910 *	-0.3062 ***	-0.3076 ***
企业性质（以国有企业为参照）				
集体企业	0.2132 ***	0.2664 ***	0.2231 ***	0.2285 ***
民营企业	0.3411 ***	0.4395 ***	0.3812 ***	0.3865 ***
外资企业	0.3736 **	0.4417 *	0.4124 ***	0.4150 ***
地区（以辽宁为参照）				

续表

解释变量	城市职工系数	农民工系数	Omega 系数	全样本系数
黑龙江	0.2452 ***	0.0948	0.2385 ***	0.2396 ***
江苏	0.1439 *	− 0.1811	0.0474	0.0483
山东	− 0.0111	− 0.3355 **	− 0.1199	− 0.1195
河南	− 0.1523 *	− 0.0164	− 0.1033	− 0.1023
湖北	− 0.1349	− 0.2110	− 0.1452 **	− 0.1443 *
湖南	− 0.2200 **	− 0.1490	− 0.1890 **	− 0.1877 **
广西	− 0.2012 **	− 0.2522 *	− 0.1914 ***	− 0.1895 ***
贵州	− 0.0695	− 0.2852 *	− 0.0850	− 0.0843
北京	0.9877 ***	0.9003 ***	0.8638 ***	− 0.0843 ***
上海	1.0787 ***	0.7968 *	1.0575 ***	1.0551 ***
重庆	0.8830 ***	0.5132	0.7907 ***	0.7931 ***
常数项	7.2469 ***	6.6161 ***	7.1824 ***	7.1851 ***
调整 R^2	0.2139	0.1452	0.1818	0.1816

注:" *** "" ** "" * "分别表示1%、5%和10%的显著性水平。

表 7 – 4　　　　　　　工资差距的 Oaxaca – Blinder 分解结果

	方法一	方法二 Omega 分解	方法三 全样本分解
E［lnY$_u$］ − E［lnY$_m$］	0.0790	0.0790	0.0790
可以解释的部分	0.0365	0.0687	0.0685
年龄	0.0244	0.0236	0.0236
性别	− 0.0034	− 0.0032	− 0.0032
婚姻状况	0.0000	0.0000	0.0000
教育程度	0.0890	0.0988	0.0974
职业类型	0.0533	0.0739	0.0722
企业性质	− 0.1651	− 0.1662	− 0.1691
地区	0.0382	0.0417	0.0475
不可解释的部分	0.0425	0.0103	0.0105
户籍歧视比重（%）	53.78	13.08	13.35

从表7-4可以看出，不同特征向量对工资差距的影响不尽相同。总的来看：

第一，教育程度和职业类型对工资差异的影响较为显著。以全样本系数的分解结果为例，有19.8%的工资差距可以由教育程度的不同来解释，而职业类型可以解释14.67%的工资差距，两者对工资差距的总贡献程度达到了34.5%，已经超过了户籍歧视对工资差距的影响。与这两个因素相比，包括年龄、性别、婚姻等在内的个人基本特征对工资差距的影响较小。而受调查样本的影响，这里的企业性质反而成为缩小工资差距的首要因素。

第二，采用不同的标准来确定无歧视系数，最终工资差距的分解结果差别较大。利用加权平均的办法时，农民工与城市职工53.78%的工资差距来自户籍歧视，利用Omega系数来确定无歧视系数时，户籍歧视的影响降低到只有13.08%，而利用全样本系数时，户籍歧视的影响为13.35%。按照章莉、李实等的解释，利用全样本系数的分解结果最为严格，误差最小。从这点出发，相对于已有研究成果，本书利用Omega系数和全样本系数所测算的2011年的户籍歧视显著下降。[①] 但是户籍歧视依然存在，并且是导致农民工与城市职工工资差距的三大原因之一。

第三节　劳动力流动对制度变迁的反作用

就业歧视一直存在，但是由于农民工群体的结构性变动，这种歧视的影响也发生了改变。相对于第一代农民工，第二代农民工的身份认同感有所强化，第二代农民工更加看重在工作中遭受到的各种身份歧视。因此两代农民工在遭受歧视时的劳动行为选择也不尽相同，第一代农民工更多选择忍耐，而第二代农民工则更加直接地选择了"用

---

① 章莉、李实等利用全样本系数对2007年我国劳动力市场上工资差距的分解结果显示，农民工与城镇职工36%的工资差距来源于户籍歧视。不同的是，其数据来源为CHIP。

脚投票"。这给我国农民工就业市场带来了较大变动，并为诱致性制度变迁提供了条件。

按照制度变迁的过程来分类，制度变迁可分为强制性制度变迁和诱致性制度变迁。强制性制度变迁是国家通过政策法令强制实施的自上而下的制度变迁，政府是强制性制度变迁的主要推动力。诱致性制度变迁则表现为自下而上的制度变迁，是人们主动追求获利机会的结果，政府以外的微观个体或群体是诱致性制度变迁的主要推动力量。建立在利益追求基础上的诱致性制度变迁，其最终结果也会导致利益分配格局的重新调整。

如第五、六章所述，农民工代际差异带来了劳动力市场的巨大变动，因为这种变动来自农民工群体内部，因此具有显著的内生性。而不同农民工群体对制度的需求不一样，要适应农民工代际差异带来的劳动力市场的变动，我们就必须重视不同农民工群体的差异性制度变迁需求。从制度变迁的路径来看，这种由农民工制度需求引发的制度变革主要表现为诱致性制度变迁，它同时作用于劳动力市场和经济要素结构，有利于通过制度改革改变既有的经济发展战略，对偏向性的制度安排进行逆向调整，并实现经济增长方式的根本性转变。

农民工的代际差异加快了农民工工资的上涨，改变了原有的劳动力无限供给的要素组合，也同时改变了农民工的低工资现状，而理论上工资的上涨带来生产成本的增加，迫使我们不得不另寻对策来解决成本过高的问题。对于东部地区的制造业企业而言，面对劳动力成本的不断上涨，它们可以选择两条路：第一条，加快技术进步，尽快实现企业的转型升级，获得新的发展机遇；第二条，在不改变技术水平的条件下向劳动力成本更低的中西部地区转移。因此，农民工的代际差异又进一步推动了我国制造业的跨区域转移，为实现区域均衡增长和产业结构调整提供了充分条件。而农民工代际差异带来的农民工区域结构的分流使得农民工向中西部地区回流的规模越来越大，这进一步为中西部地区在低劳动力成本的基础上承接劳动密集型制造业转移提供了充分条件。而东部地区有条件的企业也可以顺应劳动力成本上升的发展趋势，通过提高技术创新能力、转变技术进步类型实现原有产业的升级和优化，推动东部地区高新技术产业的发展。而中西部地区在承接制造业的同时也推动了区域经济增长，形成了农村劳动力本地转移的巨大吸引力，有利于加快农村劳动力的转移进程，推动地区城镇化和产业化的互动优化。

农民工代际差异的上述理论效应有利于我们最终转变经济增长方式，有助于我国经济发展目标的实现，因此是有利可图的。在对这种利益的追求下，不同区域、不同农民工群体会诞生出新的制度需求，为我们改变长时间以来形成的区域和城市双重偏向制度安排提供一个良好的契机，为我们开展自下而上的诱致性制度变迁提供了现实条件，有利于我们在变革体制机制的基础上，真正地把经济增长引入依靠创新的路径上来，实现真正的内生增长。

第八章　发挥农民工代际差异经济效应的政策导向

要顺应劳动力市场的动态变化，实现农民工代际差异的经济效应和制度效应，首先是要建立起针对农民工代际差异的农民工代际分流机制，包括区域分流机制、城乡分流机制和就业创业分流机制。其次，我们要正视农民工代际差异所带来的劳动力成本上升问题，树立正确的发展观念，防止以牺牲劳动力利益为代价推动企业成本的降低。再次，要实现农民工代际差异的诸多效应，就必须加快制度创新步伐，尤其是对于农民工而言，一定要继续深化户籍制度改革，坚决破除附着在户籍基础上的农民工与城镇居民的各项差异，实现真正的发展共享。最后，针对农民工堪忧的生存状况，我们也要采取多种配套措施，通过创新劳动就业和农民工职业培训制度、建立起真正的同工同酬的均衡工资增长机制、深化社会保障制度改革、坚决落实《劳动合同法》等手段保障农民工权益，同时也要建立起相应的体制机制，防止贫困的农民工代际传递，推进农民工就业结构与产业结构的协同调整，优化区域资源配置结构，提高产业转移效率。

第一节　构建农民工的代际分流机制

农民工作为最具流动性的劳动要素，适时在区域之间和职业之间做出基于市场机制的理性选择，进行"二次流动"，是优化人力资源配置、推动区域经济协调发展和现代农业发展的有效途径。基于前文分析结果，我们认为，农民工的代际分流应当从以下几方面展开。

一　农民工的区域分流

第一，东中西部地区分流机制。以产业承接与转移为载体的中国区域结构调整同时伴随着农民工的结构性变动。较为明显的是，在产业转移的过程中，农民工与待转移产业呈同向变动，这为中西部地区承接劳动密集型产业的转移提供了丰富的劳动力支撑，也倒逼推动了东部沿海发达地区的产业升级与转型，最终有利于我国区域经济的重新布局与调整。但是，产业升级是一个长时期的缓慢过程，在高新技术产业尚未完全成为发达地区的主导产业之前，一味强调传统劳动密集型产业的转出会导致发达地区出现产业空心化现象，因此，对于东部地区而言，关键是要做好产业转出与产业升级之间的衔接，在衔接过程中，丰富的劳动力依然是维持发达地区经济发展优势的客观条件。所以，东部地区应采取系列政策，着力降低农民工的回流意愿。结合前文分析，提高农民工工资待遇、制定完善的农民工社会保障制度、扩大社会保障覆盖范围、改善其居住环境等都可以有效延缓农民工的回流进程。相反，对于中西部地区而言，劳动力回流是其经济回归基于要素比较优势发展路径的重要条件，也是极大化产业转移效应的重要推手。因此，中西部地区应采取吸引农民工回流的政策，包括强化其与农村的联系、提供返乡创业资助等。

回归分析结果显示，20—40岁农民工的回流意愿最强，各区域应针对这一年龄段农民工的行为特征构建相应的回流或输出机制。同时，区域劳动力转移政策应与区域产业发展特色相匹配，避免区域间的劳动力竞争，最终通过区域间的差异化劳动力分流机制，形成农民工输出与回流返乡的良性互动。

结合前文模型分析，选择继续留在东部地区工作的农民工具有以下特征。其中，40岁以上的第一代农民工身份认同感较强，工作时间较长，受过职业培训，就业稳定性较高，拥有职业技能资格证书，工作权益良好，工资水平相对较高，社会保障相对完善，居住环境较好。20岁以下的第二代农民工身份认同感较强，进城务工时间相对较短，较少接受过职业培训情况，就业岗位不稳定，职业技能水平相对较低，工作收入较低。因此，东部地区应把20岁以下的第二代农民工和 40 岁以上的第一代农民工作为制度需求主体，增强其身份认同感，防止其选择回流。一是要弱化农民工与当地工人之间的工资差异，消除"同工不同酬"，提高农民工的身份认同感；二是要进一步深化户籍制度改革，加快完善居住证制度，破除农民工与当地居民的身份差异；三是要建立针对农民工的住房供给机制和购房偏向的制度安排，改善农民工的居住环境；四是要进一步完善农民工权益保护制度、农民工社会保障制度尤其是养老保险制度、农民工就业培训制度，增强对农民工权益的保护，扩大农民工社会保障范围和力度，推动农民工的可持续发展；五是要努力增强高技能农民工群体的留守意愿，推动产业转型与升级发展。

对于中西部地区而言，劳动力回流是其经济重回基于要素比较优势发展路径的重要条件。考虑到回流农民工的年龄特征，中西部地区应着重针对 20—40 岁农民工行为特征构建相应的回流机制。结合前文分析可以看出，回流的农民工中，第一代农民工进城务工时间不长，文化程度较低，社会保障的参保率较低，较少接受过职业培训，就业岗位不稳定，职业技能水平不高，工作收入较低，日工作时间较长，劳动权益缺乏保障，与农村联系较多。选择回流的第二代农民工职业培训情况良好，就业岗位稳定，职业技能水平相对较高，工作收入较高，日工作时间较长，劳动权益有一定的保障，与农村联系较多。因此，中西部地区应针对回流农民工的上述特点，制定针对性的回流机制，以为中西部地区产业发展提供必要的要素支撑。比如，可以从以下方面着手：一是强化其与家乡的联系，巩固其回流意愿；二是结合其返乡创业的发展意愿，为其提供包括资金、土地、税收等在内的各种政策支持。

第二，城乡分流机制。构建农民工城乡分流机制，关键是要加快推进农民工市民化进程。研究结果显示，受过职业培训、就业稳定性较高、拥有职业技能资格证书、工作权益良好的农民工更倾向于留城，因此，第一步应加强农民工专业培训、提升农民工职业技能、切实保护好农民工权益，增强农民工的留城意愿；第二步，通过进一步深化改革户籍制度、社会保障制度、农地流转制度、土地确权制度、宅基地腾挪制度、购房制度等，推动农民工真正地在城市"落地生根"。在城市"自有房屋"是影响农民工市民化的重要因素，"三期叠加"的新常态背景下，农民工市民化也是推动我国供给侧结构性改革、消耗房地产库存的重要举措，因此应建立针对农民工的住房供给机制和购房偏向制度安排。另外，"遭受歧视"也是导致农民工回流的最重要因素之一，因此市民以及城市政府应当破除针对农民工的身份认知偏见，正视农民工群体对城市经济增长的贡献，创新劳动就业制度，逐步实行城乡平等的就业制度，取消过去的"先城镇、后农村""先本地、后外地"的歧视性规定，逐步建立基于市场机制的自由流动和就业机制，推动实现农民工与城镇职工同工同酬，做到农民工与市民共享城市发展成果。针对选择返乡务农的农民工群体，各级政府应突破农业发展的体制机制障碍，加快构建集约化、专业化、组织化、社会化相结合的新型农业经营体系，培育和壮大新型农业生产经营组织；加大农业科技投入，以科技创新推动农业的规模化、产业化、现代化经营，切实提高农业经营收入；以"四化"同步推动农业发展，优化农业结构、转变农业发展方式，通过新型城镇化与新农村建设双轮驱动吸引农民工回流，构建农业发展与返乡回流的互促机制。最终通过建立合理的农民工城乡分流机制，倒逼二元化结构的快速转变。

对于愿意留在城市致力于市民化的农民工而言，关键是要构建多元的、科学的、合理的农民工市民化成本分担机制。其一，政府层面，中央政府可以针对农民工就业较为集中的地区，采取财政转移支付的形式增加对这些地区农民工就业、子女教育、医疗卫生等方面的补助。地区政府要适当增加在农民工就业、子女教育、医疗卫生等公共服务领域的支出。其二，企业层面，要严格按照《劳动合同法》的规定依法为农民工缴纳各项社会保障费用。同时，企业应当具有长期的战略眼光，积极引导和支持农民工技能培训，提升农民工的人力资本水平。

二　农民工就业与创业分流机制

第一，建立有效的创业引导机制。近年来返乡创业成为农民工回流的主要选择，也是"大众创业、万众创新"的重要一环，在此背景下 2015 年国务院发布《关于支持农民工等人员返乡创业的意见》，2016 年 12 月中央十部委进一步联合开展支持农民工返乡创业的试点工作，出台了《农民工等人员返乡创业培训五年行动计划》等有利于农民工返乡创业的制度性安排，初步建立了有效的创业引导机制。研究结果表明，返乡创业的农民工以中年和中等教育水平为主，他们中的大多数与农村有着较多的联系，因此创业政策优惠部分尽量贴近这部分农民工群体的偏好。当然，返乡创业只是农民工创业的一个方面，也有部分农民工选择留在城市创业，他们大多在城市工作时间较长，积累了足够的资金和丰富的工作经验，拥有一技之长，因此，转入地政府也应建立针对这部分群体的创业引导和帮扶机制，在推动其市民化的同时，强化城市生产能力，推动城市经济社会融合发展。

选择留守东部地区创业的农民工年龄大多在 40 岁以上，以第一代农民工为主，他们拥有丰富的工作经验，拥有一技之长，积累了一定量的资本。因此，东部地区在引导农民工创业时，政策的着力点应放在为农民工提供创业咨询、创业指导上。另外，农民工创业以小微企业为主，应完善小微企业发展、经营、资金支持和财税优惠方面的政策法规，创造有利于小微企业发展的政策环境。

选择返乡创业的农民工年龄聚集在 20—40 岁，以第二代农民工为主，其技能水平相对较高，职业培训情况良好，工作时间较长，积累有一定的资本。因此中西部地区的创业政策应尽量贴近这部分农民工群体的偏好，为其提供的帮助也不仅仅限于创业咨询和创业指导上。首先，政府应采取包括资金、技术、土地、税收等多方面的创新创业优惠措施，打通创业扶持政策落实的"最后一公里"，确保各项优惠政策能落地生根；其次，大力开展农民工返乡创业的培训工作，培育一批农民工创业带头人和农民工创业辅导师；再次，政府要注意支持政策的连续性和继起性，做好政策与政策之间的衔接，增强农民工对政府的信任；最后，政府要把农民工返乡创业与本地城镇发展相结合，推动产城互融。

第二，构建合理、稳定的就业机制。首先，把区域就业政策与区域产业发展政策相结合，推动实现产业结构调整和农民工就业的良性互动。产业政策要与区域比较优势相匹配，避免因为区域产业同构形成农民工就业的区域竞争。其次，农民工创业以小微企业为主，应完善小微企业发展、经营、资金支持和财税优惠方面的政策法规，创造有利于小微企业发展的政策环境，增加小微企业吸纳农民工就业的能力。再次，建立分层的农民工城市就业机制。回归分析结果表明工作权益与农民工回流意愿密切相关，因此对于农民工较为集中的大中城市而言，切实保障农民工权益是其吸引农民工持续转入的关键因素。而对于小城镇而言，积极承接产业转移是其吸引本地农村劳动力就近就业的有效途径。最后，建立区域差异化的农民工就业政策体系。东部沿海地区的发展重点在于产业转型，其就业政策应主要面向高技能农民工群体，政策的着力点在于如何提高农民工的职业技能水平。当然，在农民工回流的趋势影响下，保证其基本的劳动力供给也是东部沿海地区就业政策需要考虑的重点。而对于中西部地区而言，一是要合理利用产业转移的有利时机，积极承接与区域禀赋条件关联度较强的产业转移；二是要推动地区农业尤其是特色农业的产业化、规模化发展，最终引导农民工就近转移，解决其就业问题。

第二节　正视劳动力成本上升问题

一　企业减负不能以牺牲劳动者利益为代价

农民工工资的上涨在很大程度上提高了我国制造业企业的生产成本，降低了我国制造业的全球竞争力。时任财政部部长楼继伟 2016 年就曾指出，最近八年，我国工资增长率超过劳动生产率两三个百分点，使得我国竞争力越来越不足。在"中国经济 50 人论坛 2016 年年会"上，楼继伟说，劳动合同法对企业的保护严重不足，很大程度上降低了我国劳动力市场的灵活性，不利于提高全要素生产率，最终伤害的还是劳动者。

从理论层面而言，"企业工资增长过快，最终恐伤及劳动者"一说，只是道出了常识而已。然而，置之于现实语境中，此一提法还是不免令公众反感甚至焦虑。在"工资持续上涨"基础尚未夯实的前提下，动辄抛出这般言论，势必会触碰到众人最敏感的神经。甚至有一种观点认为，在经济减速的形势下，劳动者应当承受更多损失，以减少企业的损失。

一个客观事实是，近些年随着全社会工资水平的提升，确实推高了中国市场的劳动力成本，一定程度上削弱了企业的竞争优势。由此，自然可能导致投资资本外流，造成市场整体体量萎缩，部分企业难以为继。但若以此为据，认为要通过抑制工资的过快上涨来提高制造业的竞争力则不是明智之举。从企业的角度来看，工资构成企业的生产成本，工资上涨过快必然导致成本增加。但从经济系统的循环机制来看，工资上涨同时增加了劳动者收入，增强了劳动者的消费能力，有利于推动需求的扩张，而需求的扩张则可以刺激供给同步增加，有利于企业扩大生产，这并不是坏事。

在经济高速增长的时期，"人口红利"不断释放，在此基础上我国形成了偏向企业的国民收入分配格局。初次分配领域，劳动报酬占比长期低于资本收益占比，尽管近年来有所上升，但相对于同一发展水平的发展中国家和发达国家而言，我国劳动收入份额依然偏低。此时，如果要通过抑制劳动者工资和福利的增长来刺激资本利润的增长无疑会进一步加剧劳动收入份额偏低的事实。而劳动收入份额偏低的直接后果是收入分配的不公平，它使广大劳动者无法分享经济增长的成果，使中国的贫富差距不断拉大。同时，国民收入向企业和政府倾斜的失衡格局导致了居民收入低下，进而造成了我国居民消费需求的低迷，并通过消费影响到投资乃至我国经济的可持续增长。从社会影响来看，劳动收入份额偏低会激发社会的仇富心理，加剧深层社会矛盾，影响社会稳定。因此，为企业减负，不能以牺牲劳动者利益为代价，我们在为企业减负的同时，也应该维持劳动者工资和福利的适度增长。

难点在于如何实现"工资增长"与"企业发展"的平衡。事实上，工资只是构成企业生产成本的一部分，企业生产成本还包括能源成本、材料成本、税负、资金成本、土地成本等多个方面。如果综合测算制造业企业生产成本，我们就会发现导致我国制造业成本上涨的因素中，工资上涨只是其中一个原因。

比如，"江南化纤"就在衡量国内综合生产成本之后，决定去美国投资开厂，因为综合相比，在国内投资生产的成本要高于美国，但是劳动生产率却不高。国内生产成本高主要体现在以下几个方面：

第一，土地成本高。土地成本一方面体现在产权期限上，另一方面体现在用地成本上。土地产权上，我国工业用地的使用权只有50年，而美国是永久产权；土地成本上，按县城工业用地100万元/亩来计算，我国的用地成本是美国的50倍。

第二，物流成本高。我国的油价是美国的2倍，再加上各种过路费、过桥费等，综合考虑的话，我国的物流成本是美国的2倍。

第三，资金成本高。在国内，企业从正规金融渠道贷款的年利率在6%左右，而美国的贷款成本只有3%左右。进一步考虑正规渠道借贷难的话，利用民间金融进行融资的利率成本更高，甚至可能达到20%。

第四，能源成本高。以工业用电为例，我国是少有的工业用电价格高于生活用电的，进一步考虑美国较高的自动化水平，我国的用电成本大概是美国的2.2倍。

第五，税收成本高。世界银行曾经测算过中美企业税负，其结论认为美国企业包括所得税、社会保障费和其他税收在内的总税率大概是44%，而中国企业所要缴纳的各种税收的总税率高达68%，中国企业税负明显高于美国。

因此，要为企业减负，关键是要降低企业的上述成本，而不是以牺牲劳动者收入为代价，这就需要我们进一步深化供给侧改革，多举措降低企业成本。

二　深化供给侧改革，多举措降低制造业成本

自习近平在中央财经领导小组第11次会议的讲话中提出"在适度扩大总需求的同时，着力加强供给侧结构性改革，着力提高供给体

系质量和效率，增强经济持续增长动力，推动我国社会生产力水平实现整体跃升"之后，"供给侧结构性改革"便一跃成为 2015 年以来中国最火的经济学名词。随后，习近平在亚太经合组织 APEC 工商领导人峰会上进一步强调要加强供给侧结构性改革，指出"要解决世界经济深层次问题，单纯靠货币刺激政策是不够的，必须下决心在推进经济结构性改革方面做更大努力，使供给体系更适应需求结构的变化"。李克强也在 2015 年 11 月 11 日的国务院常务会议和 17 日召开的"十三五"规划纲要编制会议中强调了推动供给侧结构性改革的必要性和紧迫性，提出要"培育新供给、形成新动力"，把供给侧结构性改革作为推动产业向中高端迈进的重要动力。随后，习近平在 2015 年 12 月召开的中央经济工作会议中进一步提出"以供给侧结构性改革引领经济发展新常态"，加快实施以供给侧结构性改革为核心的经济政策，把供给侧结构性改革提升到了新的战略高度。

除此之外，中财办主任刘鹤、国家发改委副主任林念修、国家发改委规划司司长徐林等也在不同场合、从不同角度多次强调了供给侧结构性改革对于"新常态"下中国经济转型深化发展的重大战略意义以及推动供给侧结构性改革的具体路径。2016 年 1 月 27 日中共中央、国务院颁布的《关于落实发展新理念加快农业现代化实现全面小康目标的若干意见》中，进一步以"推进农业供给侧结构性改革"的内容把"供给侧结构性改革"首次写进中央一号文件。自此，包括政府、学者在内的中国各界人士纷纷开始转向针对供给侧结构性改革的研究，掀起了供给侧研究热潮。而"去产能、去库存、去杠杆、降成本、补短板"则成为供给侧改革的重大任务，其中降成本指的就是降低企业成本。

当前，在国内外市场竞争日趋激烈的大背景下，中国企业各种负担和成本较大，抑制了其供给能力的提升。对此，党的十八届五中全会提出："开展降低实体经济企业成本行动，优化运营模式，增强盈利能力"。中央经济工作会议进一步提出要多措并举，通过"组合拳"的方式，帮助企业降低成本，这也是供给侧结构性改革内在应有之义。因此，推进经济结构性改革，推动经济企稳迫切要求降低企业成本，让企业能够轻装上阵，提高有效供给能力。一是通过财税体制改革支持企业技术改造和设备更新；二是加快建立市场导向的投融资机制和长效的资金保障机制，提高投资有效性和精准性；三是通过制度改革降低企业生产经营的制度交易成本和社会保障成本；四是减少地方财政对于土地出让金的依赖；五是改革工业用水、用电价格制度，从细微处降低企业生产成本。

其中的关键还是在于制度创新。比如营改增政策的实施就有效降低了中国企业的税负成本。我国营改增的税改开始于 2012 年 1 月 1 日，以上海为试点，2016 年逐步推广至全国。究竟营改增政策的实施对我国企业税负有何影响，有测算表明，自 2016 年 5 月 1 日营改增在我国全面实施以来，截止到 2017 年 4 月，一年间我国企业税负累计减少约 7000 亿元。然而，营改增政策的红利效应远不止于此。营改增税改过程中，我国第二产业和第三产业之间的税收抵扣链条被贯通，加快推动了第三产业的发展，并为第二产业的转型升级提供了动力。所以说，降成本关键还是在于制度改革和制度创新。

第三节　加快制度创新步伐

一　加快制度安排的逆向调整

制度安排是影响一国经济增长的重要内生变量，它可以通过作用于劳动力流动来推进我国区域和部门间要素配置效率的不断优化。然而，如第六章所述，我国在长期的经济增长过程中，形成了包括区域偏向、城市偏向和要素偏向在内的制度安排，阻碍了我国劳动力流动进程。但是在代际分化的条件下，我国的劳动力市场发生了重要变化，劳动力在区域间、行业间和城乡间的流动发生了新的变动，这些新变动对改变我国偏向型的制度安排具有显著的反作用，有利于我国破除偏向型的制度安排，推动劳动力在区域间、行业间和城乡间的合理流动。理论上，劳动力流动对偏向型制度安排的这种反作用有利于推动诱致性的制度变迁，为经济增长提供内生动力。要实现劳动力流动对制度变迁进而对经济增长的推动，这就要求我们要顺应劳动力流动的新趋势，变革偏向型的制度安排，从主观意愿上自上而下地推动制度变迁进程。

其一，建立偏向农村的制度安排。通过改革户籍制度、农地流转制度和农村社会保障制度，推翻城乡二元分割的制度体系，使农村、农业和农民共享改革发展的成果，建立促进城乡均衡协调发展的制度体系。

其二，缩小区域间的制度差异。在不牺牲发达地区经济发展效率的前提下，通过改革完善中央转移支付制度、税收制度等，建立偏向中西部地区的制度机制，引导包括劳动力、资本、技术等要素在区域间的合理配置，推动中西部地区经济增长，最终实现区域均衡发展。

其三，改变制度安排中的要素偏向。在"人口红利"的发展阶段，我国的各项制度具有明显的资本偏向，在要素分配结构中形成了低工资偏好。劳动力供过于求的局面导致我国收入分配向资本和企业倾斜，而政府出于对政绩的追求，使得第三方政府形成了低工资的偏好，而这一偏好进一步加剧了由于劳动力市场因素形成的企业偏向，偏向企业的制度环境由此形成。对于政府而言，其最大的"政绩"莫过于经济增长速度，而长期依赖于投资和出口的经济增长动力结构以及对这一动力结构的依赖，使得我国的劳动者工资不得不长期保持在较低水平。而最低工资制度又为企业以极低的工资雇用劳动者提供了合法的借口，进一步强化了低工资制度，我国偏向资本的制度安排也因此被固化。而在劳动力日益短缺的时代，如果继续坚持偏向资本的制度安排必将削弱要素配置效率。因此，在用工荒长期性的条件下，我们应改变长期以来制度安排中的资本偏向，建立有利于提高劳动生产率、保护劳动者利益的制度安排。

二 深化户籍制度改革

受户籍制度的影响，农民工不能和城市户籍从业人员享有同等的就学、就医、住房、社会管理以及社会保障等待遇，也基本丧失了选举和被选举等政治权利。自 2008 年以来我国户籍制度改革加速推进，截止到 2015 年 9 月北京发布户籍制度改革意见，全国已出台户籍制度改革方案的省份达到 30 个，各地普遍提出取消农业户口与非农业户口性质区分，转而实行城乡统一的户口登记制度。按照国家现行的统计口径，只要外来务工人员在城市居住超过半年以上，就会被登记为常住人口。作为常住人口，农民工可以享受与户籍人口同等的就业、基本公共教育、基本医疗服务等权利，比如《河南省人民政府关于深化户籍制度改革的实施意见》中就规定，在城市居住半年以上的外来人员可以在居住地申领居住证，居住证持有人享有与当地户籍人口同等的劳动就业、基本公共教育、基本医疗卫生服务、计划生育服务、公共文化服务、证照办理服务等权利。但是常住人口与户籍人口依然有着本质区别，作为常住人口的农民工仍然不能享受与城市户籍人口完全对等的各项社会福利，包括住房保障、养老服务、社会福利、社会救助等。要享有上述权利，农民工必须满足连续居住年限和参加社会保险年限等条件，而且城市规模越大，落户门槛越高。这种现象在全国范围内普遍存在，在郑州，在市区购买建筑面积达 56 平方米以上的外来人员就可落户郑州，按照 2017 年 3 月份郑州市的平均房价计算，落户郑州大概需要 60 万元，才能享受同等的户籍人口待遇。在上海，居住证的积分值决定可享受待遇，只有达到 120 分的标准分值，自己与子女才可同上海户籍人口一样参加医疗、养老等社会保险，子女也可参照上海户籍人口统筹进入公办幼儿园、小学、初中，并在上海参加高考，但要有条件申请才能转为常住户口。结合积分的指标体系，一个 30 岁的农民工要实现上述待遇，必须是大专学历，连续缴纳职工社会保险（而非农民工社保）14 年以上，或者缴纳 4 年同时具备四级以上国家专业技术任职资格才能达到 120 分。据《2015 年农民工监测调查报告》中的数据显示，大专及以上文化程度的农民工仅占农民工总量的 8.3%。从社会保险缴纳的情况来看，农民工社保的参与率尚不足两成，农民工缴纳职工社会保险的比率会更低。

因此，现阶段户籍制度的改革红利只能惠及部分高技能和高收入的农民工群体，远远不能满足农民工市民化的现实需求。首先，我们应进一步深化户籍制度的改革，使农民工平等地享受经济发展红利。其中，最关键的在于要尽快把利益分配功能从现有的户籍制度中剥离出来。目前，城市居民所享有的包括住房保障、养老服务、社会福利、社会救助等在内的权利均与城市户籍相挂钩，要保证常住人口与户籍人口享有同等权利，就要逐步降低城市户籍的含金量，把城市户籍和与其相联系的社会福利剥离开来，还原户籍的核心职能，即人口登记功能。另外，实行渐进式的城镇化方式，在保证城市人口基本公共服务的基础上，首先放宽中小城镇的户籍制度，并将财政、教育、医疗等公共资源向中小城镇倾斜。待条件成熟以后，再逐步放开一二线城市和特大型城市的落户条件，推动渐进式的城镇化进程。

其次，要同时消除农民工的所有制歧视、职业限制和社会保障歧视，一是要加快发展混合所有制经济，打破行政垄断体制，增加农民工就业机会。作为农民工就业的主要集中地，加快发展非公有制经济，提高非公有制经济效益，增加农民工收入。二是要通过提高农民工技能水平来解除其职业锁定。这要求我们改革农民工培训制度，完善农民工职业培训体系，切实围绕不同农民工群体的技能需求，制定更具针对性的培训方案和制度，要建立起包括政府、企业和农民工共同参与的培训体系，建立合理的农民工职业培训成本分摊机制，帮助农民工能够在成本较低的基础上提升技能水平。三是进一步加快构建城乡统一的、完善的社会保障体系。第一，要加快建立城乡一体化的社会保障体系，消除农村社会保障和城镇社会保障之间支付标准不一致的问题；第二，在一体化的社保体系尚未真正建立起来之前，一定要处理好城乡社会保障的衔接问题，做到城乡社会保障之间能够相互连通，接转顺畅；第三，农民工就业的流动性较强，当农民工异地就业时，一定要做好其各项社会保障的转移接续工作，确保农民工的社会保障权益不会因为变更工作地而遭受损失，从而提高农民工的参保意识；第四，要建立起覆盖全体农民工的完善的社会保障体系，从根本上保障农民工的社保权利。

最后，要消除日益凸显的农民工隐性歧视，关键是要市民正视农民工对城市经济社会发展的贡献，增强其对农民工的身份认同，媒体和政府应积极宣传农民工群体的正能量，减少市民因归因偏差对其形成的偏见。同时，政府和社会团体也应当强化培养农民工的文明意识，提升农民工群体的整体素质。

第四节　其他相关措施

一　创新农民工就业和职业培训制度

通过改革农民工就业和培训制度，有利于进一步推动农民工群体内部的阶层分化，引领劳动力要素的重新配置，提高劳动力要素的区域、城乡和行业配置效率。就业制度的改革关键在于如何实现就业上的城乡平等，消除农村劳动力在城市正规就业市场上遭遇的就业歧视，减少因为非正规就业对农民工就业权益的损害，从源头上实现农民工与城镇职工的同工同酬。这要求我们一要取消农村劳动力进城就业的各项限制性政策和不合理规定，二要严整各种乱收费现象，减少农村劳动力进城务工的成本。

改革农民工培训制度，关键是要完善农民工职业培训体系，切实围绕不同农民工群体的技能需求，制定更具针对性的培训方案和制度，提高农民工的技能水平，增强其在收入分配过程中的讨价还价能力，为提高农民工收入提供基础支撑。要建立起包括政府、企业和农民工共同参与的培训体系，建立合理的农民工职业培训成本分摊机制，帮助农民工能够在成本较低的基础上提升技能水平。

二　建立同工同酬的工资增长机制

尽管近年来农民工工资上涨速度较快，尤其是第二代农民工的工资水平明显高于第一代农民工，但是相对于城镇职工而言，农民工与城镇职工之间的同工不同酬现象并没有消失。相对于农民工创造的经济收益，其收入与城镇职工收入严重不对等。相关数据显示，1991～2010 年我国非农经济产出中有 16.4% 来自农民工群体，有 26.7% 来自城镇职工，城镇职工对非农经济产出的贡献率是农民工群体的 1.6

倍。如果同工同酬的话，城镇职工的工资也应当是农民工的1.6倍，但是统计数据表明，城镇职工的工资是农民工工资的3.4倍。相对于对非农经济产出的贡献，农民工的工资明显偏低，同工不同酬现象依然存在。经济意义上，同工不同酬抑制了农民工消费需求的增长，对我国的经济增长起到了阻碍作用。社会意义上，同工不同酬是身份认同在经济层面上的延伸，其根源依然来自针对农民工的就业歧视。而这种歧视必将弱化农民工尤其是第二代农民工的留城意愿，进而加剧城市的用工短缺，对企业生产成本造成过大压力。因此，我们应当建立起真正的均衡工资增长机制，保证农民工与城镇职工的同工同酬。这就要求我们把工资增长机制与就业制度的变革联系起来，建立起一系列的均等化制度，保证农民工在城市真正过上体面、有尊严的生活。

三 强化农民工社会保障意识

经过近20年的建设，中国目前已基本建成了多层次、广覆盖的社会保险体系。当然，受经济发展水平所限，大部分中国人所能享受的社会保障水平并不高。下一阶段，我国社会保险体系建设的主要任务是完善现有的社会保险体系，包括打破城乡分割、提高统筹层次以及增加财政支持的力度等。在这个阶段，"非工非农""亦工亦农"的农民工作为一个特殊群体，虽然和城镇职工同样就业于城镇非农就业岗位，但是他们却难以加入城镇职工"四险一金"或"五险一金"的高保障体系，有些人不得不加入保障水平极低的农村居民保险体系，而有些人则处于没有任何社会保障的不安全状态。将超过2亿的农民工纳入城镇职工社会保险体系中，既是实现农民工公平的参保权的要求，也是实现农民工市民化的必要条件。

无论是第一代农民工还是第二代农民工，其社会保障意识均不强，各项社会保险的参保比例均不高。主观上是由于农民工文化素质不高，社会保障意识不强，客观上是因为现阶段针对农民工的各项社会保障制度存在一定的缺陷，无法调动起农民工的参保意识。因此，要提高农民工的社会保障意识，应从以下方面着手。

第一，建立城乡统一的社保体系。我国城乡间的社会保险体系存在鲜明的分割性，其中农民工权益受损最为严重。20世纪90年代以来建立的社会保险体系实际上仍然以户籍为基础，城乡社会保险受益水平差距显著。以养老金为例，2013年城镇退休职工人均养老金为2.3万元，是城镇居民基本养老金的二十多倍，占当年城镇职工平均工资的44%；与之对应，农村居民人均养老金仅有980元左右，不到城镇职工退休金的1/20，仅占当年农村居民人均可支配收入的10%，保障水平极低（见表8-1）。设想，2013年1.66亿的外出农民工中仅有不足20%的人参加了城镇职工养老保险，意味着80%以上的农民工要么加入了保障水平极低的农村居民养老保险，要么处于无养老保险状态。显然，以户籍为基础的社会保险体系对农民工实行了差别对待。类似的区别对待同样发生在其他几项职工保险项目上。

表8-1　　　　　　　2013年各项社会保险的人均受益金额

	城市				农村	
	（城镇职工）基本养老保险	（城镇员工）基本医疗保险	城镇居民基本养老保险	城镇居民基本医疗保险	基本养老保险	农村医疗保险
（1）总支（亿元）	18470	5830	1348	971	1348	2909
（2）受益人（万人）	8040	27443	13768	29629	13768	80200
（3）（1）*10000/（2）	22970.3	2124.4	979.1	327.7	979.1	362.7
收入	城镇职工平均工资		城镇居民人均可支配收入		农村居民人均可支配收入	
（4）元/年	52388	26467	26467	26467	9430	9430
（5）（3）/（4）	0.44	0.08	0.04	0.01	0.10	0.04

　　资料来源：《2013年度人力资源和社会保障事业发展统计公报》《中国卫生和计划生育统计年鉴2015》《中国统计年鉴2014》。

第二，简化异地转社保手续，提高异地转社保的成功率。社会保险项目大多统筹层次低，跨地区的转移接续非常困难，限制农民工加入社保体系。例如城镇职工基本养老保险是在省级统筹，职工的社会保险账户和个人保险账户在省际最初完全不能转移，缺乏便携性与农民工就业流动性大的特征产生了矛盾，妨碍了农民工及时参加城镇职工养老保险。为了方便农民工跨省转接养老保险，中央政府在2009年颁布了《城镇职工基本养老保险转移接续暂行办法》，根据暂行办法，农民工可以跨省转移100%的个人账户资金，60%的社会统筹账户资金。不仅如此，2014年中央政府又出台了《城乡养老保险制度衔接暂行办法》，依据该办法，在缴满城镇职工基本养老保险15年后，农民工可以从农村居民基本养老保障转入城镇职工基本养老保险；缴费不满15年，也可以将城镇职工基本养老保险的个人账户资金全部转入农村居民基本养老保障。尽管在制度上已基本消除转接障碍，但是由于转接手续繁杂，在实践中农民工成功实现养老金转接的比例相当低。因此，应该加快推动全国社保部门联网工作，简化社保异厂、异地转接的手续，打破社保制度的区域分化。

第三，要处理好农民工社会保障制度与各类制度之间的衔接问题。一是农民工就业的流动性较强，这就要求我们当农民工异地就业时，一定要做好其各项社会保障的转移接续工作，确保农民工的社会保障权益不会因为变更工作地而遭受损失。二是我国农村实行的是农村新型养老保险、农村新型合作医疗制度、农村居民低保，其支付标准与城镇所实行的城镇居民养老保险、城镇职工基本医疗保险和城镇居民低保并不一致。如果农民工在进城之前已经在农村地区投保，那么进城之后如何实现农村社会保障和城镇社会保障之间的转接就变得至关重要。如果城乡之间不能转，农民工的参保意识必将受挫，因此应保证城乡社会保障之间能够相互连通，接转顺畅。

第四，政府的作用不能放松。要将2亿农民工纳入城镇职工社会保险体系成为政府的两难选择。一方面，农民工平均年龄较小，将其尽快纳入城镇职工社会保险体系，其现期缴费将会即刻注入社会保险资金池中，缓解财政负担的作用立竿见影。但是，另一方面，生于1965—1970年的第一代农民工在2020年前后将陆续达到退休年龄，而他们的社会保障账户资金积累不足，届时，可能会出现更大的财政赤字。随着中国经济增速放缓的迹象越来越明显，2015 年下半年以来，中国政府将生育和医疗保险合并，只保留四险一金，而且暂时性降低了企业养老金缴费的比例，限制公积金缴费的上限。如果中央政府降低保费的临时性政策演变成放松对农民工的劳动保护的行为，大批企业不和农民工签订劳动合同、不为农民工缴纳社会保险，地方政府则放松监管、对其行为视而不见，未来一段时间农民工的社会保险状况堪忧。

四　坚定不移地实施《劳动合同法》

2008 年 1 月实施的新《劳动合同法》，其目的在于要求用人单位与劳动者签订劳动合同，并以此保护劳动者的各项权益。该法律规定中明确指出保护的人群包括农民工。Gallagher 等（2015）通过评估发现，该法的严格程度在经济合作与发展组织（OECD）各成员国中排名第三。2012 年全国人民代表大会还对 2008 年《劳动合同法》进行了修正，要求严格限制劳务派遣形式的就业，而农民工正是该修正措施的重要保护群体。在劳务派遣形式下，农民工和劳务派遣公司签订劳动合同，而最终用人单位不需要和农民工确立正式的雇佣关系，不需要承担为农民工缴纳各项社会保险费用的义务，从而导致农民工的权益受损。由此不难看出，《劳动合同法》的实施能够有效保障农民工的合法权益。然而，问题的关键在于多数企业并不能完全按照《劳动合同法》的相关规定与农民工签订劳动合同，从而导致其利益受损。因此，从法律的角度看，要保障农民工权益，一定要从根本上保障《劳动合同法》的切实实施。

五　防止贫困的农民工代际传递

对于留城意愿较强、市民化能力较高的第二代农民工而言，其市民化的实现不仅有利于推动我国的城镇化进程，稳定城市秩序，也是应对农民工短缺、劳动力成本优势逐渐弱化的有利选择。但是第二代农民工群体内部也出现了分化，部分第二代农民工因为进城务工时间较长，自身技能水平和受教育程度较高，已经成为农民工群体中的佼佼者，对于这部分农民工群体的市民化我们仅仅需要做到锦上添花即可。但是第二代农民工群体中同时存在这样一群人，他们没有务农经历，对农村陌生，向往城市的现代化生活，然而因为受教育程度不高、缺乏相应的技能水平、自身适应能力较差，面对理想与现实之间的差距，他们非常容易迷失自我甚至误入歧途，沦为城市中的贫困群体。针对这部分农民工，我们应当高度重视，通过降低其职业培训和继续教育成本，提高其技能水平和受教育程度，帮助其更好地融入城市生活，提高其市民化能力，满足其对市民化的切实需求。

六 推进农民工就业结构与产业结构的协同调整

结合我国和三大区域产业结构与农民工就业结构的综合分析，要实现农民工就业结构与产业结构的均衡协调发展，具体可从以下方面着手。

其一，充分发挥发达地区制造业技术进步的就业"衰减效应"。尽管伴随着制造业占比的持续下降，农民工就业占比也在下降，但是农民工就业的变动滞后于制造业结构的变动，制造业的农民工就业吸纳能力依然较强。究其根本原因在于农民工就业较为集中的劳动密集型制造业依然占据较大比重，高新技术制造业发展却相对不足。2014年高技术制造业增加值在工业中的占比仅为10.60%，2015年上半年占比为11.40%，虽然有所提升，但体量仍然较小。尤其是对于制造业偏离程度较高的东部地区而言，尽管近年来制造业区域转移进程不断加快，越来越多的劳动密集型制造业从东部地区转入中西部地区，但是其制造业依然占据全国40%以上的份额。而且，现阶段东部地区制造业技术水平不断提高的就业增加效应要大于其衰减效应，这也是为什么制造业技术水平不断提高的同时，其就业吸纳能力并未显著下降的原因。作为重要的生产力，一方面技术进步的"补偿效应"形成了技术进步的就业创造机制，市场能够通过自发作用产生自动的补偿来抵消因技术进步带来的就业损失。另一方面，技术进步的就业"衰减效应"形成了技术进步的就业破坏机制，由于技术进步导致节约劳动，产生对就业的破坏性作用，导致就业困难和失业率上升。东部地区目前高新技术产业尚未形成主导产业，劳动密集型产业仍然占据主导地位，因此，技术进步的就业"衰减效应"尚不明显，这也是第二产业尤其是东部地区第二产业农民工就业占比下降速度较慢的原因。因此，要推动农民工从第二产业向第三产业转移，关键是要充分发挥第二产业技术进步的就业"衰减效应"，通过不断增加技术和资本投入，提高技术进步效率，推动高新技术产业快速发展，倒逼推动农民工向第三产业的转移。

其二，转换经济增长动力结构，打破经济增长对固定资产投资的依赖。较长时间以来，固定资产投资对我国经济增长的贡献率持续保持在较高水平，这也直接推动了房地产业，进而带动了建筑业规模的不断扩大。2010年以来，我国建筑业增加值占GDP的比重从2010年的6.11%增加至2015年的6.79%，而且，三大区域的建筑业均保持了和全国一样的上涨态势。在第二产业增加值占比持续下降的前提下，伴随着建筑业占比的持续上升，三大区域建筑业农民工就业占比也持续上升，而且其上升幅度远远大于产业本身的发展速度，其农民工就业吸纳能力持续增强，导致了第二产业就业结构与理论上的较大背离。要实现第二产业内部产业结构与就业结构的均衡发展，就要打破长期以来中国经济增长对固定资产投资的依赖，转换经济增长动力。

其三，加快产业转移步伐。制造业自东向西的转移有力推动了中西部地区的经济发展，其制造业占全国的比重不断提高，从2004年的51.69%增加至2015年的57.88%，同时也吸引了大量农民工自东向西的回流，2008年以来中西部地区农民工省内转移规模持续扩大，内地省内转移农民工人数占外出农民工的比重分别从2008年的29%和37%上升至2015年的38.96%和46.47%，中西部地区制造业农民工的就业占比持续提升。但是相对而言，中西部地区制造业增长速度较为缓慢，其制造业增加值占比的变动明显滞后于农民工就业占比的变动，中西部地区制造业的发展不足以支撑庞大劳动力的回流。因此，应持续推进产业转移战略，加快产业转移步伐，以制造业的规模发展带动产业结构与农民工就业结构的协调发展。

其四，加快第三产业发展。一是持续深化户籍制度改革，实现市民化—城市化—第三产业的良性互动。应进一步破除阻碍农民工市民化的种种藩篱，推动农村剩余劳动力向城市的集聚、定居，依靠失业经济补偿等多种方式切实解决进城农民工就业的稳定性问题，以农民工市民化带动城镇化水平的提高，并进一步带动第三产业发展，增强第三产业的农民工就业吸纳能力。二是保持服务业内部的均衡发展。交通运输、仓储和邮政业及住宿和餐饮业、批发和零售业等行业的产值占比均低于农民工就业占比，即传统服务业吸纳了更多的农民工就业，但是伴随着其他服务业产值占 GDP 的比重从 2010 年的 19.81%上升到 2015 年的 27.54%，其农民工就业占比则从 19%上升至20.4%，其中有 12%左右的农民工就业于居民服务业。这说明，一方面，相对于第三产业的快速发展，其农民工就业吸纳能力增长缓慢；另一方面，现代服务业对农民工的就业吸纳能力严重低于传统服务业。当然，囿于房地产业、金融业等新兴服务业对就业人员素质的较高要求，农民工就业占比较低具有一定的合理性。因此，第三产业内部的农民工就业问题更多的是结构性问题，要解决这一问题，一方面要以转型深化带动传统服务业的发展，保持其良好的就业吸纳能力；另一方面要继续强化对农民工的就业培训，以人力资本的提升带动农民工的职业分化，增加其在新兴服务业就业的比重。

七 优化区域资源配置结构，提高产业转移效率

第一，匹配产业所需要素结构与要素供给结构，推动本土化整合。推进转入产业的本土化整合，是实现产业集聚发展、充分发挥其网络协同效应的根本。要实现转入产业的本土化，关键是要实现转入产业与转入地要素的耦合发展，要使转入产业发展所需的要素结构与转入地的要素资源禀赋相匹配，使转入地的资源配置效应最大化。我国幅员辽阔，无论是先天的自然要素禀赋还是后天发展形成的要素资源，区域间的差异都十分显著，而不同产业发展所需的要素结构也不尽相同，因此，在产业转移过程中切忌一刀切，一定要确保转出产业最终转入资源、要素最具成本优势、最适合其发展的地区。所以，在对转出产业进行区位选择时，一定要对各待转入地产业的发展状况进行合理评估，根据产业发展需要引导产业和要素的区间配置，避免导致转出地要素供给不足而转入地要素过剩的结构错配。具体手段包括：完善区域产业发展评价体制、构建区域差别化的要素流动机制、构建承接地政府间的良性竞争机制等。

第二，促进区域间的技术溢出，提高中西部地区的技术学习效率。梯度发展模式下，我国区域间的技术水平高低不一，相应的各地区在生产过程中的要素投入和产出关系就会不同。促进区域间的技术溢出是缩小区域技术差距、推动生产要素区间重置、减少产业转移产出损失的重要举措。要促进区域间的技术溢出，关键是要打破"隔绝机制"路径下的技术锁定，在由跨国公司主导的产业集群中，依靠跨国公司技术的主动扩散可能性较小，因此，提高中西部地区自身的技术学习效率成为首要选择。事实上，承接地技术学习效率的高低对技术溢出效应的强弱有着直接的影响，承接地技术学习效率越高，产业转移中的技术溢出效应就越强。基于此，中西部等承接转移地区应采取综合措施推进自身技术学习效率的提高，包括加大研发投入、增强教育投资、促进产学研一体化、改革技术体制和制度环境、强化职业培训等。

第三，打造产业转出地区的"创新主导产业"。除了承接地以外，产业转出地产业的发展对产业转移经济效应的改善也很重要。基于产业转移速度落后于要素流动速度，加快产业转出地的产业转出速度是提高产业转移效应的根本选择。要加快产业转出速度，关键是要打破转出地对于传统劳动密集型产业的依赖，加快打造其创新主导产业。然而，受 GDP 和分税制体制的影响，我国东部地区各个省份争相发展高科技产业，其产业结构相似度较高，同时使得要素资源被分散，抑制了创新产业的快速成长。因此，东部地区应该打破行政区域限制，从整个区域协同发展的视角出发，通过建立区域产业发展联盟，实现资本、劳动力和技术等要素资源的共享，加快创新产业的发展，倒逼劳动密集型产业的向外转移。另外，受多方面因素的限制，即便是发达的东部地区其创新基础也较为薄弱，核心企业单枪匹马的发展难以实现所在产业的快速升级，理应推动整个产业内部相关企业的协同创新，既能分摊技术创新的成本，也能提高创新技术的扩散速度，进而推动产业的创新发展。具体措施包括：建立产业内部的企业发展联盟、完善区域产业链条、丰富创新主体、增强技能培训的针对性、促进知识在区域内部的自由流动、构建区域内部的技术创新共享平台等。

第四，制定科学合理的产业转移与承接规划。其一，中西部地区应结合自身产业发展实际，在遵循产业发展规律的基础上，综合考虑区位、要素资源等因素，制定科学合理的产业承接规划。其二，为了优化资源配置效率，避免重复建设，承接地应充分发挥自身比较优势，集中力量重点发展特色化的产业集群，注重区域结构的互补性，避免产业转移中的恶性竞争，推动产业转移的有序进行。其三，合理定位政府与市场在产业转移中的角色和功能。目前我国大部分的产业承接主要依靠政府推动，也正是这样的发展模式带来了区域政府间的恶性竞争，带来了资源浪费和产业同构，因此我们需要正视政府在推动产业转移与承接中的积极作用与负面效果，对政府的地位和职能进行合理定位，完善区域产业发展的"软环境"。其四，谨防决策的碎片化。无论是国家层面，还是地方政府层面，我国政策决策的碎片化现象比较突出。在实际的区域规划和产业规划中，一区一策、一地一策、一届一策的做法在地方政府的政策制定中十分普遍，导致政策制定的碎片化。为此，中央政府应在科学设计顶层规划的同时，也要确保地方政府的相关政策服从国家区域战略与产业转移政策安排，强化政策的统一性与长期性。

参考文献

［1］蔡昉、白南生：《中国转轨时期劳动力流动》，社会科学文献出版社 2006 年版。

［2］李培林、李强、孙立平等：《中国社会分层》，中国社会科学出版社 2004 年版。

［3］李强：《农民工与中国社会分层》，社会科学文献出版社 2004 年版。

［4］李实、邢春冰等：《农民工与城镇流动劳动人口经济状况分析》，工人出版社 2016 年版。

［5］刘传江、程建林、董延芳：《中国第二代农民工研究》，山东人民出版社 2009 年版。

［6］刘传江、徐建玲等：《中国农民工市民化进程研究》，人民出版社 2009 年版。

［7］刘俊彦主编：《新生代——当代中国青年农民工研究报告》，中国青年出版社 2007 年版。

［8］刘林平等：《农民工权益保护理论与实践研究》，经济科学出版社 2015 年版。

［9］刘易斯：《劳动无限供给条件下的经济发展》，北京经济学院出版社 1989 年版。

［10］［德］马克斯·韦伯：《经济与社会》（上卷），商务印书馆 1997 年版。

［11］彭红碧：《中国农民工工资形成机制（1985～2016）》，经济管理出版社 2017 年版。

［12］孙文凯：《中国劳动力流动问题研究》，中国人民大学出版社

2016 年版。

[13] [美] 托达罗:《经济发展与第三世界》,中国经济出版社 1992 年版。

[14] 杨晓军:《中国劳动力流动就业与政策变迁研究》,经济科学出版社 2014 年版。

[15] 张桂文:《中国二元经济结构转换的政治经济学分析》,经济科学出版社 2011 年版。

[16] 赵泽洪、周绍宾:《现代社会学》,重庆大学出版社 2003 年版。

[17] 郑功成、黄黎若莲等:《中国农民工问题与社会保护》,人民出版社 2007 年版。

[18] 朱农:《中国劳动力流动与"三农"问题》,武汉大学出版社 2005 年版。

[19] 安虎森、颜银根、朴银哲:《城市高房价和户籍制度:促进或抑制城乡收入差距扩大? ——中国劳动力流动和收入差距扩大悖论的一个解释》,《世界经济文汇》2011 年第 4 期。

[20] 柏培文:《中国劳动要素配置扭曲程度的测量》,《中国工业经济》2012 年第 10 期。

[21] 蔡昉、都阳:《工资增长、工资趋同与刘易斯转折点》,《经济学动态》2011 年第 9 期。

[22] 蔡昉、王德文、曲玥:《中国产业升级的大国雁阵模型分析》,《经济研究》2009 年第 9 期。

[23] 蔡昉、王美艳:《为什么劳动力流动没有缩小城乡收入差距》,《经济学动态》2009 年第 8 期。

[24] 蔡昉、都阳、王美艳:《户籍制度与劳动力市场保护》,《经济研究》2001 年第 12 期。

[25] 蔡武、陈广汉:《异质型人力资本溢出、劳动力流动与城乡收入差距》,《云南财经大学学报》2013 年第 6 期。

[26] 陈斌开、林毅夫:《重工业优先发展战略、城市化和城乡工资差距》,《南开经济研究》2010 年第 1 期。

[27] 陈如:《代际分流——当前农民工就业的必然选择》,《南京社

会科学》2009 年第 9 期。

[28] 陈珣、徐舒:《农民工与城镇职工的工资差距及动态同化》,《经济研究》2014 年第 10 期。

[29] 陈甬军、陈爱贞:《从劳动力转移到产业区域转移——新型工业化背景下我国城市化演变趋势分析》,《经济理论与经济管理》2007 年第 2 期。

[30] 成艾华、姚上海:《农民工的代际差异分析》,《统计与决策》2005 年第 10 期。

[31] 程李梅、庄晋财、李楚、陈聪:《产业链空间演化与西部承接产业转移的"陷阱"突破》,《中国工业经济》2013 年第 8 期。

[32] 邓曲恒:《城镇居民与流动人口的收入差异——基于 Oaxaca - Blinder 和 Quantile 方法的分解》,《中国人口科学》2007 年第 4 期。

[33] 丁静:《中国新生代农民工市民化问题研究》,《学术界》2013 年第 1 期。

[34] 丁凯:《农民工市民化障碍与难点研究综述》,《经济体制改革》2013 年第 4 期。

[35] 杜建军、刘博敏:《农村转移劳动力价格趋同对国民经济的冲击效应》,《上海经济研究》2014 年第 7 期。

[36] 杜建军、孙君:《农村劳动力转移与劳动力价格动态趋同研究》,《中国人口科学》2013 年第 4 期。

[37] 杜毅、肖云:《农民工二次分化及其制度障碍——基于对 2834 名农民工的调查》,《南京农业大学学报》(社会科学版)2008 年第 6 期。

[38] 段均、杨俊:《劳动力跨部门配置与居民收入差距——基于省级面板数据的实证分析》,《数量经济技术经济研究》2011 年第 8 期。

[39] 樊士德、江克忠:《中国农村家庭劳动力流动的减贫效应研究:基于 CFPS 数据的微观证据》,《中国人口科学》2016 年第 5 期。

[40] 樊士德、姜德波：《劳动力流动与地区经济增长差距研究》，《中国人口科学》2011 年第 2 期。

[41] 樊士德：《中国劳动力流动与收入差距的库兹涅茨效应研究》，《经济评论》2011 年第 4 期。

[42] 冯根福、刘志勇、蒋文定：《我国东中西部地区间工业产业转移的趋势、特征及形成原因分析》，《当代经济科学》2010 年第 3 期。

[43] 符平等：《农民工的职业分割与向上流动》，《中国人口科学》2012 年第 6 期。

[44] 高新才、周一欣：《基于 α 和 β 趋同检验的西北五省区产业结构趋同分析》，《西北大学学报》（哲学社会科学版）2012 年第 1 期。

[45] 葛晓巍、叶俊涛：《刘易斯拐点下农民工就业结构及产业结构变化——基于苏、浙、粤的调查》，《经济学家》2014 年第 2 期。

[46] 郭力、陈浩、曹亚：《产业转移与劳动力回流背景下农民工跨省流动意愿的影响因素分析——基于中部地区 6 省的农户调查》，《中国农村经济》2011 年第 6 期。

[47] 国务院发展研究中心课题组：《"十二五"时期推进农民工市民化的政策要点》，《发展研究》2011 年第 6 期。

[48] 国务院发展研究中心课题组：《农民工市民化进程的总体态势与战略取向》，《改革》2011 年第 5 期。

[49] 韩靓、原新：《多重分割视角下外来人口就业与收入歧视分析》，《人口研究》2010 年第 1 期。

[50] 何景熙、何懿：《产业—就业结构变动与中国城市化发展趋势》，《中国人口·资源与环境》2013 年第 6 期。

[51] 何军：《代际差异视角下农民工城市融入的影响因素分析——基于分位数回归方法》，《中国农村经济》2011 年第 6 期。

[52] 何军：《江苏省农民工城市融入程度的代际差异研究》，《农业经济问题》2012 年第 1 期。

［53］何瑞鑫、傅慧芳：《新生代农民工的价值观变迁》，《青年探索》
　　　2005 年第 6 期。

［54］宏观经济研究院课题组：《"十二五"时期促进农民工市民化的
　　　总体思路》，《宏观经济管理》2011 年第 9 期。

［55］侯东民、王德文：《从"民工荒"到"返乡潮"：中国的刘易斯
　　　拐点到来了吗?》，《人口研究》2009 年第 2 期。

［56］胡伟、张玉杰：《中西部承接产业转移的成效——基于地理信息
　　　系统的空间分析方法》，《当代财经》2015 年第 2 期。

［57］江小国、贾兴梅、成祖松：《人口流动的经济增长效应及其模
　　　型解释》，《统计与决策》2016 年第 17 期。

［58］金沙：《农民工回流与我国二元经济结构的转换》，《经济纵横》
　　　2009 年第 1 期。

［59］金晓彤、韩成、聂盼盼：《新生代农民工缘何进行地位消
　　　费?——基于城市认同视角的分析》，《中国农村经济》2017 年
　　　第 4 期。

［60］金晓彤、杨潇：《差异化就业的新生代农民工收入影响因素分
　　　析——基于全国 31 省（市）4268 个样本的实证研究》，《青年
　　　研究》2015 年第 3 期。

［61］柯善咨、赵曜：《产业结构、城市规模与中国城市生产率》，
　　　《经济研究》2014 年第 4 期。

［62］蓝庆新、陈超凡：《新型城镇化推动产业结构升级了吗?——基
　　　于中国省级面板数据的空间计量研究》，《财经研究》2013 年
　　　第 12 期。

［63］李翠锦：《贫困地区劳动力迁移、农户收入与贫困的缓解：基
　　　于新疆农户面板数据的实证分析》，《西北人口》2014 年第
　　　1 期。

［64］李强、龙文进：《农民工留城与返乡意愿的影响因素分析》，
　　　《中国农村经济》2009 年第 2 期。

［65］李诗然、方小教：《新生代农民工市民化路径选择的新趋势》，
　　　《江淮论坛》2014 年第 3 期。

［66］李桢：《区域产业结构趋同的制度性诱因与策略选择》，《经济学动态》2012 年第 11 期。

［67］廖显浪：《我国农村劳动力流动与城乡收入差距研究》，《人口与经济》2012 年第 6 期。

［68］林彭、余飞、张东霞：《"新生代农民工"犯罪问题研究》，《中国青年研究》2008 年第 2 期。

［69］林善浪、张作雄、林玉妹：《家庭生命周期对农村劳动力回流的影响分析》，《公共管理学报》2011 年第 4 期。

［70］刘传江、程建林：《我国农民工的代际差异与市民化》，《经济纵横》2007 年第 7 期。

［71］刘传江、徐建玲：《"民工潮"与"民工荒"——农民工劳动供给行为视角的经济学分析》，《财经问题研究》2006 年第 5 期。

［72］刘传江：《第二代农民工及其市民化研究》，《中国人口·资源与环境》2007 年第 1 期。

［73］刘红光、刘卫东、刘志高：《区域间产业转移定量测度研究——基于区域间投入产出表分析》，《中国工业经济》2011 年第 6 期。

［74］刘慧、伏开宝、李勇刚：《产业结构升级、劳动力流动与城乡收入差距——基于中国 30 个省级面板数据实证分析》，《经济经纬》2017 年第 5 期。

［75］刘俊彦、胡献忠：《新一代农民工发展状况研究报告》，《中国青年研究》2009 年第 1 期。

［76］刘伟：《基于 WLS 的农民工消费影响因素分析》，《统计与决策》2011 年第 13 期。

［77］刘晓光、苟琴：《劳动力转移、技术进步与资本回报率变动》，《产业经济研究》2017 年第 2 期。

［78］刘一伟：《劳动力流动、收入差距与农村居民贫困》，《财贸研究》2018 年第 5 期。

［79］刘友金、吕政：《梯度陷阱、升级阻滞与承载产业转移模式创新》，《经济学动态》2012 年第 11 期。

［80］刘祖云：《社会分层的若干理论问题新探》，《江汉论坛》2002年第 9 期。

［81］柳建平、张永丽：《劳动力流动对贫困地区农村经济的影响：基于甘肃 10 个贫困村调查资料的分析》，《中国农村观察》2009 年第 3 期。

［82］卢海阳、李祖娴：《迁移模式、市民化意愿与农民工消费——基于 2016 年福建省的调查数据》，《调研世界》2018 年第 9 期。

［83］卢小君、孟娜：《代际差异视角下的农民工社会融入研究——基于大连市的调查》，《西北农林科技大学学报》（社会科学版）2014 年第 1 期。

［84］罗明忠：《农村劳动力转移后回流的原因：逻辑推演与实证检验》，《经济学动态》2008 年第 1 期。

［85］吕晓兰、姚先国：《农民工职业流动类型与收入效应的性别差异分析》，《经济学家》2013 年第 6 期。

［86］聂辉华、贾瑞雪：《中国制造业企业生产率与资源误置》，《世界经济》2011 年第 7 期。

［87］聂辉华、邹肇芸：《中国应从"人口红利"转向"制度红利"》，《国际经济评论》2012 年第 6 期。

［88］庞念伟、陈广汉：《城镇与外来劳动力工资差异分解——人力资本和歧视贡献及其变化》，《人口与经济》2013 年第 6 期。

［89］培林、田丰：《中国农民工社会融入的代际比较》，《社会》2012 年第 5 期。

［90］彭国胜、陈成文：《关于就业质量问题的研究综述——以青年农民工为例》，《中国青年研究》2009 年第 12 期。

［91］钱正武：《新生代农民工的主观诉求与政策建议》，《中国青年研究》2006 年第 4 期。

［92］秦晓娟：《城市对中国农民工消费行为影响的实证分析》，《经济问题》2014 年第 9 期。

［93］屈小博：《城镇本地与迁移劳动力工资差异变化："天花板"还是"黏地板"?》，《财经研究》2014 年第 6 期。

[94] 任太增、刘新争：《进城农村劳动力代际差异的实证研究》，《经济问题》2009年第1期。

[95] 任远、部民乐：《城市流动人口的社会融合：文献述评》，《人口研究》2006年第3期。

[96] 盛来运：《农村劳动力外出的动因》，《中国统计》2007年第8期。

[97] 石智雷、杨云彦：《家庭禀赋、家庭决策与迁移劳动力回流研究》，《社会学研究》2012年第3期。

[98] 倡传振、崔琳琳：《农民工城市融入意愿与能力的代际差异研究——基于杭州市农民工调查的实证分析》，《现代城市》2010年第1期。

[99] 宋国凯：《分群体分阶段逐步改革农民工体制问题——基于农民工分化与社会融合的思考》，《北京工业大学学报》（社会科学版）2012年第2期。

[100] 孙超骥、郭兴方：《新生代农民工的消费行为研究》，《价格月刊》2010年第11期。

[101] 孙婧芳：《城市劳动力市场中户籍歧视的变化：农民工的就业与工资》，《经济研究》2017年第8期。

[102] 唐灿、冯小双：《"河南村"流动农民的分化》，《社会学研究》2000年第4期。

[103] 万海远、李实：《户籍歧视对城乡收入差距的影响》，《经济研究》2013年第9期。

[104] 王春超、荆琛：《中国城市化进程中农民工对经济产出的贡献与收益分享》，《经济体制改革》2012年第3期。

[105] 王春超、吴佩勋：《产业结构调整背景下农民工流动就业决策行为的双重决定——珠江三角洲地区农民工流动就业调查研究》，《经济社会体制比较》2011年第10期。

[106] 王春光：《新生代的农村流动人口对基本公民权的渴求》，《社会学研究》2000年第1期。

[107] 王东、秦伟：《农民工代际差异研究——成都市在城农民工分

层比较》，《人口研究》2002 年第 5 期。

[108] 王美艳：《城市劳动力市场对外来劳动力歧视的变化》，《中国劳动经济》2008 年第 1 期。

[109] 王美艳：《城市劳动力市场上的就业机会与工资差异——外来劳动力就业与报酬研究》，《中国社会科学》2005 年第 5 期。

[110] 王艳华：《新生代农民工市民化的社会学分析》，《中国青年研究》2007 年第 5 期。

[111] 王正中：《民工潮到"民工荒"：当代中国农民的理性跃迁》，《求索》2006 年第 2 期。

[112] 王子成、赵忠：《农民工迁移模式的动态选择：外出、回流还是再迁移》，《管理世界》2013 年第 1 期。

[113] 魏下海、余玲铮：《我国城镇正规就业与非正规就业工资差异的实证研究——基于分位数回归与分解的发现》，《数量经济技术经济研究》2012 年第 1 期。

[114] 吴贾、姚先国、张俊森：《城乡户籍歧视是否趋于止步——来自改革进程中的经验证据：1989—2011》，《经济研究》2015 年第 11 期。

[115] 吴晓刚、张卓妮：《户口、职业隔离与中国城镇的收入不平等》，《中国社会科学》2014 年第 6 期。

[116] 相征、赵鑫：《农民工市民化与产业结构升级的互动关系研究》，《社会科学辑刊》2014 年第 2 期。

[117] 谢呈阳、周海波、胡汉辉：《产业转移中要素资源的空间错配与经济效率损失：基于江苏传统企业调查数据的研究》，《中国工业经济》2014 年第 2 期。

[118] 谢桂华：《中国流动人口的人力资本回报与社会融合》，《中国社会科学》2012 年第 4 期。

[119] 邢春冰：《农民工与城镇职工的收入差距——基于半参数方法的分析》，《数量经济技术经济研究》2009 年第 10 期。

[120] 幸丽萍：《城乡二元结构视角下的农民工消费研究》，《中国城市经济》2010 年第 5 期。

[121] 徐凤辉、赵忠:《户籍制度和企业特征对工资收入差距的影响研究》,《中国人民大学学报》2014 年第 3 期。

[122] 徐小霞、钟涨宝:《新生代农民工权利缺失现象的理性思考》,《中国青年研究》2006 年第 4 期。

[123] 许传新:《新生代农民工的身份认同及影响因素分析》,《学术探索》2007 年第 3 期。

[124] 薛伟玲:《嵌于流动的增长:空间格局、经济增长》,《宏观经济研究》2014 年第 10 期。

[125] 杨靳:《人口迁移如何影响农村贫困》,《中国人口科学》2006 年第 4 期。

[126] 杨菊华:《流动人口在流入地社会融入的指标体系——基于社会融入理论的进一步研究》,《人口与经济》2010 年第 2 期。

[127] 姚俊:《“路在何方”:新生代农民工发展取向研究——兼与老一代农民工的比较分析》,《青年研究》2010 年第 6 期。

[128] 姚先国、赖普清:《中国劳资关系的城乡户籍差异》,《经济研究》2004 年第 7 期。

[129] 姚先国、黄志岭:《职业分割及其对性别工资差异的影响——基于 2002 年中国城镇调查队数据》,《重庆大学学报》(社会科学版)2008 年第 2 期。

[130] 应培礼、肫宏海:《关于农民工第二代犯罪问题的若干思考》,《青少年犯罪问题》2007 年第 5 期。

[131] 应瑞瑶、马少晔:《劳动力流动、经济增长与城乡收入差距——基于 1993—2007 年重新估算的面板数据》,《南京农业大学学报》(社会科学版)2011 年第 2 期。

[132] 于丽敏、王国顺:《促进农民工消费对我国扩大内需的影响分析》,《工业技术经济》2009 年第 9 期。

[133] 余运江、孙斌栋、孙旭:《社会保障对农民工回流意愿有影响吗?——基于上海调查数据的实证分析》,《人口与经济》2014 年第 6 期。

[134] 袁志刚、解栋栋:《中国劳动力错配对 TFP 的影响分析》,《经

济研究》2011 年第 7 期。

[135] 张爱婷:《农村劳动力流动的经济增长效应理论模型》,《统计与信息论坛》2009 年第 8 期。

[136] 张车伟、薛欣欣:《国有部门与非国有部门工资差异及人力资本的贡献》,《经济研究》2008 年第 4 期。

[137] 张公嵬、梁琦:《产业转移与资源的空间配置效应研究》,《产业经济评论》2010 年第 9 期。

[138] 张建丽、李雪铭、张力:《新生代农民工市民化进程与空间分异研究》,《中国人口·资源与环境》2011 年第 3 期。

[139] 张世伟、郭凤鸣:《分位数上的性别工资歧视——基于东北城市劳动力市场的经验研究》,《中国人口科学》2009 年第 12 期。

[140] 张展新:《从城乡分割到区域分隔——城市外来人口研究新视角》,《人口研究》2007 年第 6 期。

[141] 张志新、杨琬琨、何双良:《农村劳动力流动对城乡收入差距的影响——基于山东省 17 地市的面板数据分析》,《华东经济管理》2018 年第 5 期。

[142] 章莉、高琴、杨穗、裴宝雨:《农民工社会保险参与状况及其变化趋势》,北京师范大学中国收入分配研究院工作论文,CI-IDWPNo.47。

[143] 章莉、李实、William A. Darity Jr. and Rhonda Vonshay Sharpe:《中国劳动力市场上工资收入的户籍歧视》,《管理世界》2014 年第 11 期。

[144] 赵峰、姜德波:《产业结构趋同的合意性与区域经济发展——以苏北地区为例》,《财贸经济》2011 年第 4 期。

[145] 赵立:《新生代农民工的市民化心理适应——对浙江省 904 个样本的调查与分析》,《管理世界》2014 年第 11 期。

[146] 甄月桥、陈蔚、葛列众:《农民工就业心理的代际差异探析》,《杭州电子科技大学学报》(社科版)2007 年第 3 期。

[147] 钟甫宁:《劳动力市场调节与城乡收入差距研究》,《经济学动

态》2010 年第 4 期。

[148] 周加来、李刚：《区域经济发展差距：新经济地理、要素流动与经济政策》，《经济理论与经济管理》2008 年第 9 期。

[149] 周可、王厚俊：《两代农民工流动动因与择业期望代际差异的比较》，《统计与决策》2009 年第 16 期。

[150] 周密、张广胜、黄利：《新生代农民工市民化程度的测度》，《农业技术经济》2012 年第 1 期。

[151] 周明宝：《城市滞留型青年农民工的文化适应与身份认同》，《社会》2004 年第 5 期。

[152] 周勤、周绍东：《产品内分工与产品建构陷阱：中国本土企业的困境与对策》，《中国工业经济》2009 年第 8 期。

[153] 周莹、周海旺：《新生代农民工融入城市的影响因素分析》，《当代青年研究》2009 年第 5 期。

[154] Acemoglu, D. , "Directed Technical Change", *Review of Economic Studies*, Vol. 69, No. 4, 2002, pp. 781 – 809.

[155] Agesa, J. and Agesa, R. U. , "Gender Differences in the Incidence of Rural to Urban Migration: Evidence from Kenya", *The Journal of Development Studies*, Vol. 35, No. 6, 1999, pp. 36 – 58.

[156] Antecol, H. , Kuhn, R. and Trejo, S. , "Assimilation Via Prices or Quantities? Sources of Immigrant Earnings Growth in Australia, Canada and the United States", *Journal of Human Resources*, Vol. 41, No. 4, 2006, pp. 821 – 840.

[157] Banerjee, A. V. and B. Moll, "Why Does Misallocation Persist", *American Economic Journal: Macroeconomics*, Vol. 2, No. 1, 2010, pp. 189 – 206.

[158] Bardhan, Pranab and Christopher Udry, *Development Microeconomics*, Oxford University Press, 1999.

[159] Becker, G. S. , *The Economics of Discrimination*, Chicago: University of Chicago Press, 1957.

[160] Bell, G. , "Clusters, Network and Firm Innovativeness", *Strate-*

gic Management Journal, Vol. 26, No. 3, 2005, pp. 287 – 295.

[161] Bergmann, "The Effect on White Income of Discrimination in Employment", *Journal of Political Economy*, Vol. 79, No. 2, 1971, pp. 294 – 313.

[162] Bertoli, Simone, Marchetta and Francesca, "Migration, Remittances and Poverty in Ecuador", *Journal Development Studies*, Vol. 50, No. 8, 2014, pp. 1067 – 1089.

[163] Borjas and George, J., "Self – Selection and the Earnings of Immigrants", *American Economic Review*, Vol. 77, No. 4, 1988, pp. 531 – 553.

[164] Carrington and William, J., Detragiache, Enrica, Vishwanath, Tara, "Migration with Endogenous Moving Costs", *American Economic Review*, Vol. 86, No. 4, 1996, pp. 909 – 930.

[165] D. J. Bagne, *Principles of Demography*, New York: Johnson Wiley and Sons, 1969.

[166] Dale W. Jorgenson, "Surplus Agricultural Labour and the Development of a Dual Economy", *Oxford Economic Papers*, Vol. 19, Issue 3, November 1967, pp. 288 – 312.

[167] Dan H. Black, "Discrimination in an Equilibrium Search Model", *Journal of Labor Economics*, Vol. 13, No. 2, April 1995, pp. 309 – 334.

[168] Diane J. Macunovich, "A Conversation with Richard Easterlin", *Journal of Population Economics*, No. 10, 1997, pp. 119 – 136.

[169] Doringer, P. and M. Piore, *Internal Labor Markets and Manpower Analysis*, Massachutte: D. C. Heath and Company, 1971.

[170] Dustmann, "The Optimal Migration Duration and Activity Choice after Remigration", *Journal of Development Economics*, Vol. 67, No. 2, 2002, pp. 351 – 372.

[171] Eckstein, Z. and Weiss, Y., "On the Wage Growth of Immigrants: Israel, 1990 – 2000", *Jounal of the European Economic*

Association, Vol. 2, No. 4, 2004, pp. 665 – 695.

[172] Nicole M. Fortin, "The Gender Wage Gap among Young Adults in the United States: The Importance of Money Versus People", *Journal of Human Resources*, Vol. 43, No. 4, 2008, pp. 884 – 918.

[173] R. M. Friedberg, "You Can't Take It with You? Immigrant Assimilation and the Portability of Human Capital", *Journal of Labor Economics*, Vol. 18, No. 2, 2000, pp. 221 – 251.

[174] G. Ranis and J. C. H. Fei, "A Theory of Economic Development", *American Economic Review*, Vol. 51, No. 4, 1961, pp. 533 – 565.

[175] Gendarme, R., "Urbanization and the Development of Nations", *Mondes Dev*, Vol. 22, No. 85, 1994, pp. 9 – 22.

[176] Giuliani, E., "Multinational Corporations and Patterns of Local Knowledge Transfer in Costa Rican High – tech Industries", *Development and Change*, Vol. 39, No. 3, 2008, pp. 385 – 407.

[177] Gunnar Myrdal, *An American Dilemma: The Negro Problem and Modern Democracy*, New York: Harper & Row, Publishers, 1962.

[178] Hick, *The Theory of Wages*, New York: Peter Smith, 1948.

[179] Hu W. Y., "Immigrant Earnings Assimilation: Estimates from Longitudinal Data", *American Economic Review*, Vol. 90, No. 2, 2000, pp. 368 – 372.

[180] Hugo, G., "Circular Migration in Indonesia", *Population and Development Review*, Vol. 8, No. 2, 1982, pp. 59 – 83.

[181] Ivarsson, I. and Alvstam, C. G., "Technology Transfer from TNCs to Local Suppliers in Developing Countries", *World Development*, Vol. 33, No. 8, 2005, pp. 1325 – 1344.

[182] Jann, Ben, "The Blinder – Oaxaca Decomposition for Linear Regression Models", *The Stata Journal*, Vol. 8, No. 4, 2008, pp. 453 – 479.

[183] Jones, C. I., "Misallocation, Economic Growth, and Input – output Economics", *Working Paper*, *National Bureau of Economic Research*, 2011.

[184] Kahn, L. K., "Customer Discrimination and Affirmative Action", *Economic Inquiry*, Vol. 29, No. 3, 1991, pp. 555 – 571.

[185] L. C. Thurow, *Generating Inequality*, New York: Macmillan Press, 1975.

[186] Lee, E. S., "A Theory of Migration", *Demography*, Vol. 3, No. 1, 1966, pp. 78 – 95.

[187] Levy, M. B., Wadycki W. J., "What is the Opportunity Cost of Moving? Reconsideration of the Effects of Distance on Migration", *Economic Development and Cultural Change*, Vol. 22, No. 2, 1974, pp. 198 – 214.

[188] Lucas, R. E. B., "Migration Amongst the Batswana", *Economic Journal*, Vol. 95, No. 378, 1985, pp. 358 – 382.

[189] Massey, S., "Social Structure, Household Strategies, and the Cumulative Causation of Migration", *Population Index*, No. 1, 1990, pp. 3 – 26.

[190] Meng Xin and Zhang Junsen, "The Two – Tier Labor Market in Urban China", *Journal of Comparative Economics*, Vol. 29, No. 3, 2001, pp. 485 – 504.

[191] Michael, P. Todaro, "A Model of Labor Migration and Urban Unemployment in Less Developed Countries", *American Economic Review*, Vol. 59, No. 1, 1969, pp. 138 – 148.

[192] M. L. Wachter, "A Labor Supply Model for Secondary Workers", *Review of Economics & Statistics*, Vol. 54, No. 54, 2001, pp. 141 – 151.

[193] Morrison, A., "Gatekeepers of Knowledge Within Industrial Districts: Who They Are, How They Interact", *Regional Studies*, Vol. 42, No. 6, 2008, pp. 817 – 835.

[194] Nguyen, Cuong Viet, Van den Berg, Marrit, Lensink and Robert, "The Impact of Work and Non – work Migration on Household Welfare, Poverty and Inequality", *Economics of Transition*, Vol. 19, No. 4, 2011, pp. 771 – 799.

[195] Helena Skyt Nielsen, Michael Rosholm and Nina Smith, "Qualifications Discrimination or Assimilation? An Extended Framework for Analysing Immigrant Wage Gaps", *Empirical Economics*, Vol. 29, No. 4, 2004, pp. 855 – 883.

[196] Oded Stark and J. Edward Taylor, "Migration Incentives, Migration Types: The Role of Relative Deprivation", *the Economic Journal*, Vol. 101, No. 408, 1991, pp. 1163 – 1178.

[197] Ramon Lopez and Maurice Schiff, "Migration and the Skill Composition of the Labour Force: the Impact of Trade Liberalization in LDCs", *The Canadian Journal of Economics*, Vol. 31, No. 2, 1998, pp. 318 – 336.

[198] Rachel Sabates – Wheeler, Ricardo Sabates and Adriana Castaldo, "Tackling Poverty – Migration Linkages: Evidence from Ghana and Egypt", *Social Indicators Research*, Vol. 87, No. 2, 2008, pp. 307 – 328.

[199] R. E. B. Lucas, "The Economic Well – Being of Movers and Stayers: Assimilation, Impacts, Links and Proximity", *Australian Journal of Public Administration*, Vol. 32, No. 1, 2003, pp. 28 – 41.

[200] Rudolph Heberle, "The Causes of Rural – Urban Migration a Survey of German Theories", *American Journal of Sociology*, Vol. 43, No. 6, 1938, pp. 932 – 950.

[201] Shaohua Zhan, "What Determines Migrant Workers' Life Chances in Contemporary China? Hukou, Social Exclusion, and the Market", *Modern China*, Vol. 37, No. 3, 2011, pp. 243 – 285.

[202] Stark, "Return and Dynamics: The Path of Labor Migration When

Workers Differ in Their Skills and Information Is Asymmetric", *The Scandinavian Journal of Economics*, Vol. 97, No. 97, 1995, pp. 55 – 71.

[203] Stephen, K. S. , *Macrosociology: An Introduction to Human Society*, New York: Harper Collins Publishers Inc. , 1991.

[204] Subrata Ghatak, Paul Levine and Stephen Wheatley Price, "Migration Theories and Evidences: An Assessment", *Journal of Economic Surveys*, Vol. 10, No. 2, 1996, pp. 159 – 198.

[205] Suyanto, S. and Salim, R. , "Foreign Direct Investment Spill – overs and Technical Efficiency in the Indonesian Pharmaceutical Sector: Firm Level Evidence", *Applied Economics*, Vol. 45, No. 3, 2013, pp. 383 – 395.

[206] Taylor, J. E. , "Undocumented Mexico – U. S. Migration and the Returns to Households in Rural Mexico", *American Journal of Agricultural Economics*, Vol. 69, No. 3, 1987, pp. 626 – 638.

[207] Schultz, "Investment in Human Capital", *American Economic Review*, Vol. 51, No. 1, 1961, pp. 1 – 17.

[208] Zenou, Yves and Smith T. E. , "Efficiency Wages, Involuntary Unemployment and Urban Spatial Structure", *Regional Science and Urban Economics*, Vol. 25, No. 4, 1995, pp. 547 – 563.

[209] Zhang, D. , Meng, X. and Wang, D. , "The Dynamic Change in Wage Gap between Urban Residents and Rural Migrants in Chinese Cites", *Working paper*, 2010.